MINERVA 歴史・文化ライブラリー 28

# ムッソリーニの子どもたち

## 近現代イタリアの少国民形成

藤澤房俊 著

ミネルヴァ書房

# はしがき

少国民という言葉は、戦前に少年少女をさす言葉として使われたが、今や歴史用語である。それはナチの青少年団ヒトラー・ユーゲントで用いられたJungvolk（若者、青年）の訳語と言われる。近現代イタリアで軍国的・愛国的な少国民を表す言葉は「バリッラ」である。

一八世紀に北イタリアを支配していたオーストリア軍に投石し、反乱の口火を切った伝説的少年のニックネーム「バリッラ」は、リソルジメント（一九世紀の独立・統一運動）からファシズムの時代まで、勇敢な愛国少年の代名詞であった。それはファシズム期に子どもの準軍事組織名となった。

世界的に有名な児童書『クオーレ』（一八八六年）のなかで、著者のエドモンド・デ・アミーチス（Edmondo De Amicis 一八四六〜一九〇八）は、小学校を「第二の軍隊」、小学生を「小さな兵士」、小学校のクラスを「あなたの分隊」、教科書を「あなたの武器」と記している。

少国民形成の「武器」として、文学・道徳・自然・科学などを網羅した「読本」教科書は、国の言葉であるイタリア語の習得のほかに、国家が重視する諸価値、社会規範などを教えた。「歴史」は国家の成り立ちを通じて愛国心を育成し、「地理」は地図を使って、イタリアの国境を教えた。圧倒的多数の子どもが、民族意識の覚醒の象徴となった「長靴」というイタリアの表象が自分たちの国であることを知ったのは小学校であった。このような教育を通じて、国家は生まれ育った小さな郷土から民族共同体という大きな祖国へ、郷土感情から国民意識へ、小さなアイデンティティから大きなアイデンティティへの転換を子どもに求めた。

教科書には、国家が政治の変化に合わせて出す教育指導要領で追求する理念が直接的に反映している。それだけに、教科書は、国家による少国民形成のプロセスと特質を検証できる第一級の史料である。

ところで、イタリアは一八六一年、日本は一八六八年と、ほぼ同時期に国民国家を樹立した両国の少国民形成に類似点が存在するが、それらは日本とイタリアの間だけでなく、フランス革命後に誕生する国民国家に共通する、交換可能な国民形成の構成要素、モジュールだからである。

日本とイタリアの歴史的背景や国家形成期の国際環境も大きく異なり、安易な比較はできないが、近現代日本の少国民形成に見られる、イタリアと共通するいくつかの要素を指摘しておこう。まず、福沢諭吉の『学問のすゝめ』とともに明治期の青年に立身出世を促し、小学校の教科書にも影響を与えたのが、中村正直が翻訳したサミュエル・スマイルズの『西国立志編』である。そのスマイルズの著書は統一直後のイタリアでも翻訳され、時代思潮の実証主義と相まって、二〇世紀初頭までイタリアの教育に大きな影響を与えた。これについては本書で論じている。

イタリアで国定教科書が導入されたのはファシズム体制下の一九三〇年であるが、日本では日露戦争開戦の年、すなわち一九〇四年から国定教科書が使用された。日本の国定教科書では、時代を追うごとに、万世一系の天皇を統合原理とする忠君愛国の精神を刷りこむ教育が強化され、死んでもラッパを放さなかった木口小平、爆弾三勇士などの軍国美談が登場している。

イタリアの教科書にも、世紀末から第一次戦争の時期の愛国教育、一九三〇年代後半に色濃くなるムッソリーニの神格化などが見られる。また、近現代イタリアの小学校教科書では、イタリア王国を樹立したサヴォイア家を統合原理とし、初代のイタリア国王ヴィットーリオ・エマヌエーレ二世を「祖国の父」と称揚する記述が一貫して見られる。日本では天皇を、イタリアではサヴォイア家を、それぞれ統合原理とする少国民形成が追求されているが、少国民形成に不可欠な国の言葉、国の歌、国の旗、すなわち国語・国歌・国旗についての記述で、イタリアと日本には類似性が見られる。イタリアについては本文で述べるとして、日本について紹介しておこう。

昭和一八（一九四三）年発行の六年後期用の『初等科國語八』の「二〇　國語の力」で、幼児期に母や祖母に抱かれて聞いた歌、「ねんねんころりよ、おころりよ、ばうやはよい子だ、ねんねしな」を引いて、この「やさしい歌に歌はれてゐることばこそ、わがなつかしい國語である」とある。それに続いて、「君が代は千代に八千代に」で始まる国歌を「奉唱する時、われわれ日本人は、思はず襟《えり》を正して、榮えますわが皇室の萬歳を心から祈り奉る。この國歌に歌はれてゐることばも、またわが尊い國語にほかならない」と國歌と國語を関連付けるだけでなく、天皇制と國語の関係を次のように説明している。

「神代このかた萬世一系の天皇をいただき、世界にたぐひなき國體を成して、今日に進んで來た」日本では、「國語もまた、國初以來繼續して現在に及んでゐる」。その「國語には、祖先以來の感情・精神がとけ込んでをり、今日のわれわれを結びつけて、國民として一身一體のやうにならしめてゐるのである。もし國語の力によらなかつたら、われわれの心は、どんなにばらばらになることであらう」として、「國語を尊べ。國語を愛せよ。國語こそは、國民の魂の宿るところである」と國語のもつ意義を述べている。

国旗については、一九三三（昭和八）年から一九四〇（昭和一五）年まで使用された「國語読本」（小学校六年用）の第一三課「國旗」で、次のように記述されている。国旗は「国家を代表する標識」であり、それを制定していない国はない。各国の国旗には、「それぞれに深き意義」がある。「雪白の地に紅の日の丸をゑがける我が国の国旗」は、「皇威の発揚、国運の隆昌さながら旭日昇天の勢ある」もので、「白地は我が国民の純正潔白なる性質」を示し、日の丸は「熱烈燃ゆるか如き愛国の至誠」を表すものと説明している。

その後に、イギリス、アメリカ、ドイツ、フランス、中華民国に続いて、イタリアの国旗が次のように説明されている。「緑・白・赤の三色を縦に染分け」たイタリア国旗の「中央の白地中に王家の紋章」があるが、「イタリヤ中興の王エンマヌエル王、国土統一の時、其の家の紋章の色なる白と赤とに、統一の成功を祈る希望の色として緑を加へ、更に王家の紋章を配したるものなり」。

日本とイタリアの少国民形成で類似点が見出せるのは教科書だけではない。児童読み物やマンガが少国民形成において果たした役割を忘れてはならない。イタリアでは、子どもたちの想像力をかき立て、一喜一憂させたピノッキオが、二〇世紀に入るとリビア戦争、第一次世界大戦に動員されている。そこには、子どもたちに身近な存在であるピノッキオを通じて、植民地獲得や第一次世界大戦への参戦に対する子どもの理解と同意を獲得しようという意図があった。

はしがき

日本では、大人にも広く読まれた一九三一年に始まる田河水泡のマンガ『のらくろ』がある。黒色の野良犬、のらくろが二等兵として陸軍に入営し、失敗を重ねながら、大尉にまで昇進するという内容である。人気を博したマンガに合わせて、キャラクター商品のはしりとして、「のらくろハーモニカ」なども売られた。教科書だけでなく、マンガや児童書による軍国少年の形成においても、両国には類似点が見られる。

本書は、イタリアの子どもが実際に使用した、書きこみや落書きの見られる教科書を通じて、近現代イタリアで追求された少国民形成を解明するものである。本書はイタリアと日本の少国民形成の比較を目的とするものではないが、近現代イタリアの少国民形成のプロセスと特徴を通じて、近現代日本の少国民形成が透かして見えるのではないであろうか。

ムッソリーニの子どもたち――近現代イタリアの少国民形成

# 目　次

# 序　章　近現代イタリアの国民形成

## ナショナル・アイデンティティに関わる諸問題

本書はタイトルを『ムッソリーニの子どもたち』とし、ファシズム期の少国民形成にそれなりの紙数を費やしているが、それに先行する時代の、とくに国民国家の誕生と深く関わる近代イタリアの問題を踏まえておく必要がある。それは、ファシズムの少国民形成が一九三〇年代に突然に登場するのではなく、第一次世界大戦が「ファシズムの母」と呼ばれるように、それに先立つ時代の少国民形成のプロセスと深く関連しているからである。とりわけ、近現代イタリアを理解するのにきわめて重要なテーマであるサヴォイア家と憲法を基幹とする立憲君主制について言えば、ムッソリーニの独裁下にあっても、憲法も君主制も廃止されることはなかった。「二頭政治」と呼ばれるムッソリーニと国王ヴィットーリオ・エマヌエーレ三世のきわめて微妙な関係は、とくに一九三〇年代後半の教科書に明確に見ることができる。

また、近代イタリアでは、宗教が国家への帰属意識を強化するのではなく、阻害する機能を果たしたという、カトリック教会の存在も踏まえておかねばならない。イタリア王国誕生以来、半世紀以上も続いた国家と教会の対立関係を抜きにして、イタリアの世俗化教育にもとづく少国民形成を理解することは難しい。さらに、イタリアの国民形成は識字率向上との戦いであると言われたように、南と北で存在した文化・経済格差の問題もある。このような近現代イタリアのナショナル・アイデンティティに関わる諸問題を序章として、ファシズム時代に先行する時代、すなわち自由主義時代の少国民形成の特徴を明らかにしておこう。

### 国民形成を阻む諸要因

イタリアを代表する国民的作家アレッサンドロ・マンゾーニ（Alessandro Manzoni 一七八五～一八七三）は、イタリア王国誕生の一〇年近く前に書いた頌歌「一八二一年三月」のなかで、国民形成に不可欠な三要素として「武器、言語、祭壇」を挙げている。「武器」は軍隊、「言語」は古代ギリシアの共通語コイネのように国民に共通する言語、すなわち国語、「祭壇」は宗教である。

軍隊が国民形成で果たす役割について、作家で政治家のフランチェスコ・ドメーニコ・グエルラッツィ（Francesco Domenico Guerrazzi 一八〇四～一八七三）は、きわめて的確、かつ雄弁に次のように語っている。「悪童を紳士に、反逆的な輩を市民に、粗野な農民あるいは粗暴な労働者を行儀の良い人間にする」のが軍隊である。「イタリアのさまざまな地域と言葉」を超越して、「祖国と国王への尊敬の象徴である国旗」のもとで、「イタリアを樹立した後に、軍隊がイタリア人を創る」。イタリア全土の青年が軍隊のなかで家族のように生活し、祖国の防衛のために訓練することは、国民形成のとりわけ有効な方法である。軍隊は「国民の偉大な小学校教員」であり、「主要な教育者である」。

イタリア王国は、一八五四年にサルデーニャ王国で制定された徴兵制を、シチリアのように徴兵が存在していなかったところも含めて、全土に一律に適用した。徴兵制にもとづくイタリア軍が最初に動員されるのは国内秩序の確立においてである。徴兵忌避者も巻きこんだ、統一直後の南部イタリアの農民反乱、いわゆる「匪族の反乱」の鎮圧である。続いて、ガリバルディが「ローマか死か」を掲げてローマ併合を要求した蜂起を封じこめるためである。対外戦争はプロイセン側に立って参戦した一八六六年の普墺戦争である。それは、陸と海で敗北したにもかかわらず、同盟国プロイセンの勝利で戦勝国となった「不思議な勝利」で、ヴェーネト地方がイタリアに併合された。

軍隊では、地方の反乱にその地出身の兵士が加わることを阻止するために、南の出身者が北に、北の出身者が南に配属された。そこには国民形成の意図があった。生まれ育った地から遠く離れた任地で長期にわたって兵役に服する青年が、それまで知らなかった地域と同国人を知り、国の実体を認識し、国民としての帰属意識をもつことを期待してのことであった。

マンゾーニが挙げた国民形成の第二の要素である言語について、サルデーニャ王国で一八四八年に発布された欽定憲法をそのまま継承したイタリア憲法第六二条に次のように明記されている。「イタリア語を両議院の公用語とする。ただし、フランス語が用いられている地方から選出された議員がフランス語を用いるのは任意である。この議員に対する答弁もまた同様である」。イタリア王国初代首相カヴールのようにフランス語で議会演説を行った者もいるが、その条文はフランスと国境を接するサルデーニャ王国の言語状況を反映していた。

イタリア王国の言語問題はフランス語ではなく、まさに全土に存在する地方語、いわゆる方言であった。イタリア語はインド・ヨーロッパ語族イタリック語派に属するが、イタリア半島では長年にわたって続いた領邦国家という歴史的要因もあり、ラテン語の俗語という共通性ももつ方言がきわめて多様に存在していた。イタリアはまさしく巨大な「バベルの塔」（旧約聖書の創世記によれば、人類はノアの洪水ののち、シナル（バビロニア）の地にレンガをもって町と塔を建て、塔の頂点を天にまで届かせようとした。神はこれを見て、人間の傲慢さを戒めるために、それまで一つであった人類の言語を乱し、人間が互いに意思疎通できないようにしたという）のごとき状況にあった。そのために、国の言葉としての国語を創造することにイタリアは成功しなかった。

第三の要素である「祭壇」について、敬虔なカトリック教徒であったマンゾーニは、宗教と国家の分離、すなわち世俗化の必要性を認めつつも、宗教がイタリアの国民形成に果たす役割を強く意識していた。イタリア王国憲法第一条では、「使徒伝承のローマ・カトリックは、唯一の国家宗教である」と定められている。しかし、イタリア王国成立宣言の翌日、一八六一年三月一八日、教皇ピウス九世は、イタリア王国成立の過程で教会国家の大部分がイタリア王国に併合されたことを「不当で、暴力的な簒奪」として、それに関与した者をすべて破門とした。一八六四年には回勅「今世紀の誤謬一覧表」（シラブス）が発表され、個人の自由を保障する近代性は神と教会を否定する誤りとし、国家に対する非妥協的な立場を明確にした。

イタリア王国は、ローマ遷都後の一八七一年五月一三日、カヴールの「自由な国家の自由な教会」という原則にもとづき、教皇の不可侵性と自由を尊重する、いわゆる「保障法」を発布した。しかし、教皇の世俗権は完全に否定され、その権力範囲はローマのヴァチカン地区など限られたものとなった。

これに激怒したピウス九世はイタリア王国の正統性を認めず、一八七四年には「ノン・エクスペディト（適切ではない）」を宣言し、カトリック教徒に国政選挙への参加を禁じた。敬虔なカトリック教徒はイタリア王国を認めず、国政選挙に参加することなく、国家の公的行事や愛国的儀式を拒否した。この教会と国家の対立は、一九二九年のファシズム政権との和解、ラテラーノ協定まで続くことになる。

イタリアにはローマ教会からは異端と見なされ、現在はプロテスタントの一派とされるワルド派やユダヤ教徒も存在していたが、きわめて少数であった。圧倒的多数がカトリック教徒であった。カトリックは一般的な意味での宗教を超えた、政治的・イデオロギー的存在であった。

価値観の多様化した現代にあっては想像することさえ困難であるが、一九世紀には、カトリック教会の精神的・道徳的・政治的な支配力は圧倒的で、毛細血管のように張りめぐらされた教会組織が、とりわけ農村部の民衆を全面的に支配していた。

国家と教会の対立について、「近代イタリア史は正反対の信仰心で特徴付けられる」と指摘したのはベネデット・クローチェ（Benedetto Croce　一八六六～一九五二）である。一方はローマに総本山を置くカトリック教会、他方はイタリア民族の国家を絶対的な原理とし、あたかも宗教のように固有の倫理・道徳を国民に強く要求する「世俗宗教」としてのナショナリズムである。統一国家イタリアは、「二つの信仰心」、「二つの宗教」の対立・抗争に決定的に規定されていた。

そのために、イタリアでは宗教組織が、「他のヨーロッパの国民国家建設の過程で見られたような形で凝集力を発揮することはなく、それどころか国民統合を深く分裂させる主体として立ち現れることになった」。ここに、近代イタリアが国民形成に難渋した大きな要因の一つがあった。

マンゾーニが指摘した国民形成に不可欠な三要素――軍隊・言語・宗教――に欠落していたのが教育である。小学校は、軍隊と並んで、すべての国民国家に共通する少国民形成の重要な国家装置であるが、イタリアではそれが長年にわたって機能しなかった。このことについては後述する。

## 王朝の子孫ではなく、国民を代表する国王

イタリア憲法第二条では、「国家は代議制議会にもとづく君主制の政府が、これを統治する」となっている。国民形成の重大な阻害要因であったカトリック教会に対抗し、宗教に頼らない国民形成を推し進めるためには、イタリアは独立と統一を牽引したサヴォイア家と憲法を柱とする立憲君主制に依拠するほかなかった。

イタリアは、統一国家を樹立した一八六一年からファシズム期を経て、一九四六年に国民投票で共和制を選択するまで、立憲君主制であったことを忘れてはならない。その間に、イタリア王国を統治したのは三人の国王――ヴィットーリオ・エマヌエーレ二世、ウンベルト一世、ヴィットーリオ・エマヌエーレ三世――である。初代国王は「祖国の父」、二代目は「善良王」、三代目は「一番目の兵士」として、それぞれの時代背景を反映する統合原理として機能した。

フランスの歴史家アンヌ・マリ・ティエスは、『国民アイデンティティの創造』のなかで、一九世紀後半のヨーロッパにおける立憲君主制国家について、きわめて的確な指摘を行っている。それをイ

タリア王国の国民形成に当てはめると、次のように言えるであろう。イタリアは、国民主権の共和国ではなく、「君主政の枠組みを使って国家としての存在」を獲得した。「国内および諸外国との力関係から」、共和制国家を樹立することが困難であったことから、国王をそのまま仕位させる「歴史的な妥協」が行われ、「君主はもはや臣民の上に権力をふるう王朝の子孫」ではなく、「国民を代表する者」と見なされた。政治指導者は君主にその役割をつとめるように仕向けた。君主を軸とする国民化が進展したという事実は、「公の場で使われる図像や祝賀行事を組織する際に、アイデンティティの象徴体系」のなかに歴然と表れている。

イタリア王国成立に先立ち、サルデーニャ王国への併合を問う住民投票（Plebiscito レフェレンドム Referendum は付託された案件に対する賛否の意思表示）が北から南の順に行われた。国民の意思による国家成立を演出した住民投票は、愛国的な祝典としてイタリア全土で祝われ、集合的な「記憶の場」として道路や広場が「住民投票」と命名された。

しかし、イタリア王国が成立した時点で、国王とサヴォイア家の知名度は南に下るに従って低くなり、南部イタリアの民衆にはその存在すら知られていなかった。ヴィットーリオ・エマヌエーレ二世の名が知られていたのは、対オーストリア戦争の舞台となった北イタリア、中部イタリアまでである。オーストリア支配が直接的に及ばない、その支配からの独立も実感できない南部イタリアの民衆には、リソルジメント運動も、オーストリア軍と戦ったヴィットーリオ・エマヌエーレ国王も、イタリアという国も無縁で、異国の出来事であった。

「イタリア　万歳」が飛び交う「住民投票」の祝典で、シチリア民衆のなかに「ラターリア」La

Talia を新しい国王の名前と信じていた者、ナーポリでは「イタリアとは何か」と尋ねる者がいたという。ジョヴァンニ・ヴェルガ（Giovanni Verga 一八四〇～一九二二）の小説『国王とは何か』の主人公である「駕籠かきコジモ」のように、新しい国家の誕生も国王が変わったことも理解できない者が南部イタリアには広く存在していた。王妃を駕籠に乗せたコジモは、ヴィットーリオ・エマヌエーレ二世が新しい国王であり、「古い国王（両シチリア王国フランチェスコ二世）が鞍から落ちた」ことに得心がいかなかった。それは、決して稀なことではなく、南部イタリアで広く見られた民衆意識であった。

ヴィットーリオ・エマヌエーレ二世は、リソルジメント時代から憲法を順守する近代的で民主的な「紳士王」という神話が創られ、イタリア統一のシンボルとして機能させられていた。イタリア王国の政治指導者は、サヴォイア家のイタリア王国に帰属する意識を国民に刷りこむために、「祖国の父」であるヴィットーリオ・エマヌエーレ二世を国民の前に押し出す必要があった。そのために、公的表象である切手、貨幣に国王の肖像が印刷・刻印され、イタリア全土で流通することになる。生身の国王を国民の前に押し出し、その存在を知らしめる巡幸などの政治技術も駆使された。もちろん、それは国王が自ら望み、実行したのではなく、国王を統合のシンボルとして機能させようとした政治指導者の意志であった。一八七八年の「祖国の父」死去後、国王の名と功績を顕彰し、不朽のものとするために、大理石やブロンズの国王像がイタリアの広場に建立されることになる。

サヴォイア家と憲法の二本の柱からなる立憲君主制のイタリアを理解する鍵は公的表象である国旗と国家祭日にある。フランスにならって三色旗を採用したのはイタリアが最初である。フランス革命期に北イタリアに誕生した「姉妹共和国」であるチスパダーナ共和国は、一七九七年に三色旗を国旗として採用した。それはナポレオン時代のイタリア王国でも用いられ、その後は愛国的な運動、とりわけ民主主義者、マッツィーニ主義者による運動のシンボルとなった。

サルデーニャ王国は緑・白・赤の三色旗を一八四八年に正式に国旗とし、白地にサヴォイア家の十字の紋章を入れた。イタリア王国でもそれが国旗となった。共和主義を主張するマッツィーニ主義者はサヴォイア家への忠誠を拒否し、その紋章が入った国旗に敬意を払うことはなかった。世紀末の広場に躍り出る社会主義者は、三色旗よりも赤旗を選んだ。

長い間にわたってイタリア王国の唯一の国家祭日であったのが、六月の第一日曜日の憲法記念日である。これについて、統一後にイタリア王国の政治を主導した「歴史的右派」には憲法記念日を「厳粛に祝う意思」がなく、サヴォイア家の「内部」的な出来事を記憶するものでしかなかった、という指摘がある。しかし、自由主義時代に憲法記念日の祝賀とともに小学校の優等生が表彰され、立憲君主制を子どもに刷りこむ重要な機会となったことは事実である。

新しい王国のシンボルとして、擬人化した女性の寓意像「塔を戴くイタリア」がイタリア王国成立直後に現れている。フランスにはマリアンヌ像、ドイツには刀剣をもつ女性の姿ゲルマーニア像が存在する。「塔を戴くイタリア」は古代ローマ風の服装をし、都市（塔）を表す冠を頭にかぶる女性の寓意像である。それは、いつ、どこで、だれによってつくられたのか、明らかではない。それは印象も弱く、林立する「祖国の父」やガリバルディの銅像の前で公的なシンボルとはならず、時とともに消えていくことになる。三色旗、憲法記念日、「塔を戴くイタリア」の寓意像は、いずれも「イタリア人の弱い祖国」を反映した象徴であり、儀礼であったという指摘さえある。

## 自由主義時代の「イタリア人を創る」

イタリア王国成立からファシズムの権力掌握までのイタリアは、自由主義時代と呼ばれる。それは、制限選挙を基盤とする、基本的にはブルジョアと貴族が共生する時代であった。それが自由主義時代と呼ばれるのは、個人的権利（信教・出版・結社の自由など）を保障した憲法、国家の世俗化、公的機関の機能などを特徴としたからである。

その自由主義時代のイタリアは、最初に「歴史的右派」が政権を担当した時期、一八七六年に政権をとった「歴史的左派」の時期、帝国主義政策を推進したクリスピ時代、二〇世紀のジョリッティ時代に分けられ、個々の時代の特徴を有しているが、共通して古典的自由主義の基本的な特徴を保持している。

穏和的自由主義者からなる「歴史的右派」の時期（一八六一～七六年）は、ヴィットーリオ・エマヌエーレ二世治世の一七年間（一八六一～七八年）とほぼ一致する。その時期に、国王は「国民がサヴォイア王家と一体化すべきである（その逆ではなく）」と確信し、君臨するだけでなく、統治することも強く求めた」。しかし、政治指導者は、国王の政治への介入を認めず、憲法にもとづく議会主義に重点を置く政治を追求した。彼らは、絶対君主制の慣習と伝統から抜け出せずに、とくに軍事と外交に関心を示した国王の権限を制限し、憲法にもとづいて国家を機能させようとした。

「歴史的右派」の政治指導者は、イタリア王国を祖国として国民に認識させ、それに対する帰属意識を植え付けることが急務であることを十分に認識していた。一八六四年七月二日、公教育大臣フランチェスコ・デ・サンクティス（Francesco de Sanctis 一八一七～一八八三）は議会演説で次のように述べている。

国民を代表する議員がいまだに、自分たちの過去を、その記憶を、その伝統を自らのなかに引きずっている。我々の一人ひとりがイタリア人であるにもかかわらず、まだナーポリ人、ロンバルディーア人、トスカーナ人のなにかを感じている。

その上で、ウェルギリウスの言葉、「オク　オプス　ヒク　ラボル　エスト」Hoc opus, hic labor est、「これこそが課題、これこそが仕事である」（『アエネーイス』第六歌　冥界に行くのはたやすいが、そこから地上に戻るのは難しい）という言葉で演説を結んでいる。

この言葉は、国民形成を喫緊の課題としながらも、それがいかに困難であるかを吐露したものである。その困難性は『二つのイタリア』で表現される。「二つ」という言葉は、同質で、一体であるべき国民国家のなかに、国家と教会、君主主義者と共和主義者、親サヴォイア家派とナーポリの親ブルボン家派、統一主義者と連邦主義者といった政治勢力の分裂、および北部と南部、都市と農村といった社会的・地域的な格差が存在していることを意味する。それらは深刻な対立を惹起し、イタリアに二重、三重に深い亀裂を生み出していた。ただ、国民形成の必要性を認識しながらも、「歴史的右派」政権には取り組むべき課題が山積していた。政治指導者は、その数々の課題を解決し、国家統合を推し進めることをなによりも優先した。

その課題の一つは国内秩序の確立であった。誕生して間もない国家で生じた五年間にわたる南部イタリアの「匪族の反乱」を鎮圧しなければならなかった。続いて、誕生したばかりの国家の崩壊にもつながりかねない、フランス軍の駐屯するローマ併合を要求するガリバルディの騒擾を軍事力で鎮圧して、国内秩序を一日も早く確立しなければならなかった。その国内秩序の確立に続くのが統一国家の完成である。トリーノからフィレンツェへの遷都(一八六五年)、統一国家の最初の対外戦争である第三次独立戦争(一八六六年)を通じてのヴェーネト併合、さらにローマ併合と遷都(一八七一年)である。

「歴史的右派」は、県とコムーネ(市町村)に関するラタッツィ法によって、フランス式の中央集権的国家体制をとった。教育と義務徴兵の制度はサルデーニャ王国で制定されていた法律が全イタリアに適用された。「歴史的右派」は、統一前の諸邦から引き継いだ債務と第三次独立戦争の戦費などによる多額の赤字財政を収支均衡にする一方で、イタリアを「縫い合わせる」機能を果たす鉄道網の拡充を行った。イタリアの鉄道網は一八七〇年の二一七五キロから一八八〇年には八七一三キロに延びた。それが国内市場の確立や、文化統合としての電信・電話や郵便物の搬送などコミュニケーションの発達に大きく寄与したことは指摘するまでもない。

たしかに、「歴史的右派」は、第三共和政のフランスやビスマルク時代のドイツと異なり、国民形成に本格的に取りこむことはなかった。それには、政治指導者が「国家はエリート的な性格をもつべきであり」、「いかなる形であれ民衆を巻きこむこと」を警戒し、「民衆の合意を得る必要はない」と考えていたことがあった。とくに、「歴史的右派」は、パリコミューンに震撼し、民衆の同意を獲得することよりも、その排除のための権威的な中央集権的政治体制を強化した。

## カザーティ法とその問題点

教育制度に関わる法律は、軍制度とともになによりも早かった。それは、政治指導者が内外の敵から国家を守る軍隊の整備とともに、同質的な国民の形成に教育が不可欠であるという認識をもっていたことを示している。

教育に関わるカザーティ法は、イタリア王国誕生が今や手の届くところとなった一八五九年一一月一三日に、サルデーニャ王国で発布された。近代イタリアの教育制度を定めた「マグナ・カルタ」と呼ばれるカザーティ法は、一九二三年のジェンティーレ改革まで六〇年以上にわたって存続することになる。

カザーティ法は、啓蒙期から教育に関心が高かったサルデーニャ王国だけでなく、ロンバルディーア地方の先進的な教育状況を前提にしていた。サルデーニャ王国は一八世紀前半から教育改革を開始し、フランス・ナポレオン支配時代にはフランスの教育体系を導入した。一八四八年以降は、ボンコムパーニ法によって、教育の世俗化と教育行政改革が進行した。オーストリアの支配下にあったロンバルディーア地方ではオーストリアの教育制度が導入され、ナポレオン支配時代にはフランス式教育を経験し、一八五九年には四〇〇〇以上の小学校が存在し、学齢期の子どもたちの七〇％が教育を受けていた。

イタリアで経済的・社会的に最も先進的なこの二つの地方を想定して公布されたカザーティ法は、イタリア王国の成立にともなって、後進地域の南部イタリア、シチリア島・サルデーニャ島にも適用された。両シチリア王国では復古時代に「王冠」と「祭壇」の連携が強まり、初等教育は聖職者に委ねられていた。ブルジョア階層が未成熟な、後進地域の南部イタリアで、カザーティ法は社会的・経済的現実に合致せず、長い間にわたって機能しなかった。

「歴史的右派」は、もっぱら大学とリチェーオなどの高・中等教育に関心を払い、初等教育に対しては関心が薄かった。そのことは、高・中等教育機関だけに国家予算が充てられ、技術専門学校は農・工・商省の管轄とし、初等教育はコムーネに、幼児教育は教会の活動に委ねられたことからも分かる。ただ、国家は小学校をコムーネに委ねたが、公教育大臣を頂点に県知事、コムーネの長という中央集権的システムによって、政治的・イデオロギー的な規定や教育指導要領を通じて、「統合と監視」として、初等教育の現場に国家意思を貫徹させようとした。

初等教育を六~九歳までの四年間とし、「下級二年と上級二年」(第三一五条)に分けたカザーティ法三一七条で、「初等教育はすべてのコムーネで無償とする。それは、コムーネの住民の能力に応じて、住民の需要に従って行われる」となっている。校舎建設・教員の給与など初等教育に関わる予算はコムーネの負担とするが、財政的「能力」を欠き、住民の「需要」がないコムーネでは無償義務教育は行わなくてもよいというものである。第三一九条では、小学校は男女別学制で、「各コムーネに初等下級教育を男子と、女子に行う、少なくとも一つの学校を設置する」となっている。ここに、明確な「義務」の文言は見られないが、小学校の下級二年が無償義務となった。

それはフランス、イギリスよりも先進的であったが、とりわけ識字率が極端に低い南部イタリア、シチリア島、サルデーニャ島では義務教育期間の二年は短く、読み書きを教えるには不十分であった。なお、義務教育が二年から三年に延長されるのは一八七六年においてである。

その義務教育も南部イタリアの貧しいコムーネでは有名無実の状況が続いた。厳しい財政状態にあった南部イタリアのコムーネでは、小学校を建設せずに教会などを使用し、設置されても不十分な施設で、教員の教育能力はきわめて低かった。彼らの待遇もコムーネの裁量に委ねられ、低い給与であった。この状況は、学校建設のための低利の融資や教員給与の補助など改善策はとられるものの、一九一一年に小学校が国家に移管されるまで続くことになる。

# 第1章　「イタリア」誕生と初等教育

## 国勢調査の結果に驚愕した政治指導者

ガリバルディ率いる「千人隊」に参加し、その克明な記録を残したジュゼッペ・チェーザレ・アッバ（Giuseppe Cesare Abba 一八三八〜一九一〇）は、自らが学んだ小学校のことを次のように回想している。場所は出身地の絹織物で栄えた北イタリアのビエッラで、時代は一八四八年頃であろう。

読み書き、算数を学ぶ学校は中心的な村にだけあった。教員はほとんど、どこでも、とりわけ子どもを恐れさせることを知っている司祭であった。彼のもとに、自分たちができなかったなにかを子どもに身につけさせようという、願望、可能性、希望をもつ、町の支配的な、中流家庭のわずかな数の子どもが集められた。その子どもは、賞状を手にするか計算をおぼえることで満足しなければならなかった。それでも彼らは恵まれていた。路上に群れている多数の子どもは、親が食べ物を手に入れるのに精一杯で、子どものことを考える暇もない状況にあった。教員は、少数の子どもの席しかない学校から、多数の子どもを軽蔑して遠ざけていた。

この回想に見られるように、一九世紀中葉の、豊かな農村部でも小学校に通えるのは特権階層の子弟に限られており、そこで教えるのは地域の数少ない知識人である教会の司祭であった。教会の慈善活動に依存していた貧しい農村部であればあるほど、学校に対する教会の影響力が強かった。この状況はイタリア王国成立後も長い間変わることはなかった。

イタリア王国は、国民国家にとって絶対不可欠な納税の基礎となる土地台帳や徴兵制に必要な戸籍簿を整備するために、一八六一年に国勢調査を行った。それは誕生したばかりのイタリア王国の実態を知ること、その存在をすみやかに国民に知らしめる意味もあった。

この国勢調査について、ラッファエーレ・ロマネッリは次のように指摘している。イタリアが「ヨーロッパの高い文明の慣習と時代に即応できる能力を誇示する」もので、「奇妙なイタリアを一つの形にまとめた王国の全住民の名前と生活状況」と、統一に際して行われたサルデーニャ王国への併合を問う「住民投票の統計的再照合と見なされた」。

政治指導者は国勢調査の結果に驚愕した。字が読めない、自分の名前が書けない者、すなわち非識字者がイタリア全土で平均七四・七％という高い数値であることが判明したからである。地域的な識字率は、北イタリアのピエモンテが四八％、ロンバルディーアが四六％であったのに対して、南部イタリアのバジリカータ、サルデーニャ島が一〇％、南部イタリアのカラーブリア、シチリア島が一一％であった。

北イタリアの識字率は、当時のフランス、ベルギー、オーストリアといったヨーロッパの国々とそれほど大きな差はなかった。しかし、南イタリアの識字率はスペインやポルトガルと同じ水準で、ロシア帝国だけを上回っていた。この南北の大きな識字率の格差は、国民形成とも深く関わる重大な問題であった。イタリアの国民形成は低い識字率を向上させるための戦いであったと言われるように、文字の読めない者に国家の意志を浸透させ、イタリア王国に対する帰属意識をもたせることはできないからである。

## 一八六四年の小学校調査報告

国勢調査に続いて、新生イタリアの教育全般に関わる報告書が一八六五年に発表される。それは統一国家を樹立して三年目の教育現場の実態を赤裸々に示している。少国民形成の現場である小学校の調査場所は、北イタリアのトリーノ、ミラーノ、ポルト・マウリツィオ（リグーリア海岸のインペリア県）、中部イタリアのボローニャ、ルッカ、アレッツォ、南部ではナーポリ、シチリア島のパレルモ、サルデーニャ島のカーリアリである。その時期に「匪族の反乱」で社会混乱が極みに達していた南部イタリア、いまだ併合されていないヴェーネト地方、ローマなどの報告はない。

初等教育に関する報告の総論として、北から南に下るに従って、「文明の光が弱くなっている」と指摘されているが、南と北だけでなく、農村と都市の歴然とした格差も存在していた。質問項目は、小学校数の変遷、生徒数、教員の平均給与、教員の資格の有無など教育行政に関わるもののほかに、学童の通学率、不登校の原因、学習用具の補助、暖房用の薪を持参することを児童に義務付けているかといったものもある。ここでは、少国民形成に直接的に関連する学童の就学、教育の世俗化と関わる小学校と教区の関係、イタリア語と方言に関わる国語の問題、教科書問題などを見ることにする。

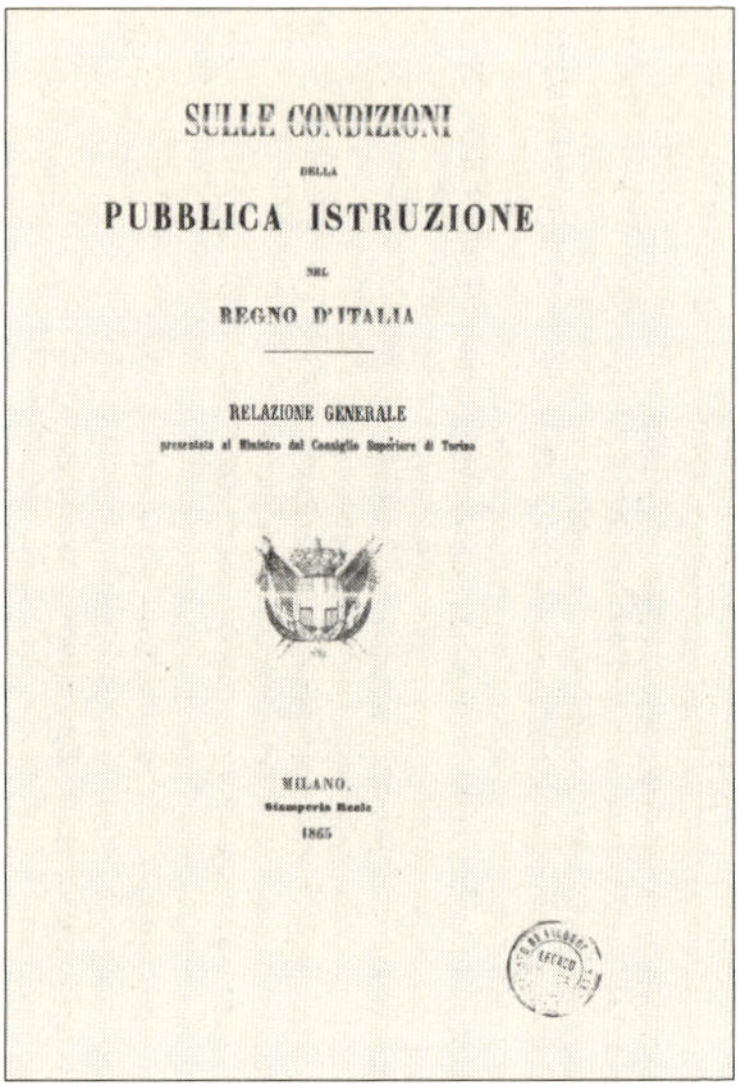
SULLE CONDIZIONI

DELLA

PUBBLICA ISTRUZIONE

NEL

REGNO D'ITALIA

RELAZIONE GENERALE

presentata al Ministro dal Consiglio Superiore di Torino

MILANO,

Stamperia Reale

1865

図1-1　1864年に行われた小学校調査報告書の表紙

## 不登校の問題

「学童の通学はどうか」、「夏に農村の学校で学童は通学しているか」という質問に対して、トリーノでは、人口の多い町では「通学は持続し」、農繁期でも「学童の著しい減少はない」が、「農村部のコムーネの大部分で、学童の半分、あるいは三分の一が四月、五月に通学しない。山間部の学校はまったく通学していない」。その理由は、親の「大部分が羊を山の高いところで放牧し、農作業や家畜の見張りに幼い子どもを」働かせていることにある。その時期に学校を開校することは「無駄なことである」という報告になっている。

ミラーノでは、都市部で通学者は「非常に多く」、「一月から六月まで変化はない」。農村部では夏期はしばしばわずかの子どももしかいない。親は、「教育がもたらす利益を考慮せず」、「幼いにもかかわらず、小さな労働力による目先の収入」を優先している。

ポルト・マウリツィオでは、「オリーブ収穫期の一二月から五月にかけて、多くの子どもが労働に従事し、通学していない」。ボローニャでは、女子教育がとくに農村部では重視されていないことから、女子の通学率は低い。農繁期に合わせて、夏休みを早く開始する措置をとっている。ルッカでも農村部の子どもはオリーブや栗の収穫に動員されている。アレッツォでは農場で働かされる子どもに「日曜学校が不可欠」という指摘もある。ナーポリでは「夏でも冬でも通学者はわずかである」。パレルモでは通学は「申し分なく」、夏期に「農村では通学率は低下する。それは父親が農作業を手伝わせるか、地主のところで働かせるためである」。カーリアリでは「全体として通学者は少ない。夏期の農村では学校から学童がほとんどいなくなる」。

カザーティ法（第三二六条）では、「父親、その代理をつとめる者は、最も適切な方法で、下級学級の学齢の男女に教育を受けさせるようにつとめる義務がある」とし、それを履行しない親には「市長が子どもを通学させるように勧告する。正当な理由なく、怠慢でそれが続く時は、国の刑法規定で処罰される」となっている。

しかし、子どもの就学義務を果たさない親に対する具体的な罰は刑法には示されておらず、一般的な警告に限定されていた。この義務教育に関わる措置は、つねに、「ヘロデからピラトに送り返される」（ルカ伝）、すなわち責任の転嫁、あるいは問題が先送りされることになる。

## 児童労働の問題

「学童の欠席の原因は両親の拒否か、怠慢か、あるいは教員に問題があるのか」という質問について、「とりわけ親の怠慢」（ボローニャ）、「両親の無知、怠慢、貧困」（カーリアリ）、「貧困、両親と学童の怠慢」（ナーポリ）、「主たる要因は教育の必要性を理解できない親の怠慢」（パレルモ）となっている。

教員の能力については、「教員の無能」から「親が教員をほとんど評価していない」（ミラーノ）、「教員の資質の問題」（ナーポリ）、「熱意に乏しく、能力が欠けている」（カーリアリ）、「神聖な使命感の欠如」（パレルモ）とある。また、「多くのところで、学校がないか、非常に遠い」（ボローニャ）という指摘もある。

学童の不登校の問題を具体的に、かつ詳細に報告しているのがポルト・マウリツィオである。第一の要因は、その地の主要農産物であるオリーブの収穫に、コンタード（都市周辺の農村）では子どもまで動員されたことである。「子どもは高額の賃金」を得て、「冬場の大人の収入を上回っている」。貴重なオリーブの実を長く放置できないために、「地主は子どもを雇用することで大きな利益を得ている」。第二の要因は「教育をほとんど信用していない親の無知」、第三の要因は学童に通学を促す教員の「能力と熱意」の欠如である。その上で、「教員を任命し、学校を開校したことで、自らの任務を果たしたとして、放置しているコムーネの大きな怠慢」を指摘している。

## 世俗化教育と司祭

一八六四年の調査時点で、イタリア全土で小学校教員が決定的に不足していた。教員資格も、経験もない、リソルジメントの戦争に参加した在郷軍人、市長や助役の友人が、数カ月の臨時教員養成コースに通って、教員となっていた。

教員の不足を補ったのが司祭であった。一八六二～六三年学期に、公立・私立小学校教員の総数が三万一四二一人であり、そのうち九〇九二人が聖職者であった。この時期の小学校における聖職者の教員の割合は、北部から中部、そして南部と下るにつれ高くなり、カラーブリアでは五〇％に達している。政治指導者のなかに、教会と国家の対立を踏まえて、「初等教育は、過去のように、司祭に委ねるべきである」という意見が稀ではなかった。

その時期の小学校教員のイメージは、「一種の世俗の教区司祭」のようなもので、とくに小さなコムーネでは「教員と司祭の役割」が一体となっていた。教員は、「文明化とともに（国家に対する）同意の振興を目的とする一種の家父長主義的な行動」により、「徳と秩序」をモデルとして、「子どもを父親の感覚で教育した」。

## 小学校に影を落とす国家と教会の対立

国家と教会の対立が学童の不登校に関わる問題にも影を落としていることが、ルッカの報告に見られる。教員の「あまりに貧弱な給与」の改善を迫る報告で、学童の不登校の理由として、「看過できない要因」を挙げている。

それは、「幸いにして非常に限られた学校」と断った上で、「現体制に敵対する反動勢力が故意に流した馬鹿げた中傷」を信じている親の存在である。中傷とは、次々と開校される学校で「反カトリックの教義、実際はプロテスタントが教えられている」というものである。その目的は、農村部の親たちに小学校を「疑い、怪しませ、恐怖に陥れ、コムーネの学校に子どもを通学させないようにする」ためである。何人かの司祭によって流された「悪辣な」風評を逃れるために学校を移転したコムーネの英断を、報告者は称賛している。

この報告に、統一直後の農村部で見られた国家の世俗化教育に対する教会・教区による妨害行為を見ることができる。もう一つのコムーネ（ピエトラサンタ）の例を挙げ、「開設された二つの男子校を生徒の減少にもかかわらず堅持し、農民の偏見に忍耐強く打ち勝ち、利害関係や悪意の声を事実で反証することを期待する」と述べている。そこに、世俗化教育の最前線で、教会の妨害工作や農民の無知と戦っている農村部の教員の状況を知ることができる。

政治的配慮からであろうが、匿名のコムーネでは、「教区の司祭、彼らと関係のある俗人、その支持者が広めた悪意ある声」を受けたコムーネ議会の議員によって、任命された女性教員が待機させられている。この報告は、公的な教育分野に女性が進出し、教壇に立つことが伝統的な社会規範に反するというメンタリティーが農村部に広く存在していたことを示している。都市出身の若い女性教員が農村部の小学校に赴任した時に、学校に汚物をまき散らし、女性教員を拒否する、いわゆるシャリヴァリ現象も存在していた。

農村部での教育をめぐる国家と教会の対立は、アレッツォでも見られる。そこでは、教育への親の無関心・怠慢は「大きな町では日々、減少している」が、農村部では「現体制に好意的でない教区が教育に関連して住民に影響力を行使していることは明白である」という報告がある。

教会、コムーネ議会の保守的な議員による義務教育に対する妨害は、ルッカ、アレッツォに見られる特殊な例ではなく、イタリア全土の、とくに農村部で広く見られた。これこそ、イタリア王国で長い間に見られた「聖」と「俗」の教育権をめぐる対立・抗争であり、とくに農村部の教育現場の実情であった。

## 南部イタリアの司祭の証言

一八六四年の調査報告では欠落していた地域だが、南イタリアのポテンツァの小村モリテルノのコムーネ議会に提出された、一八七五～七六年学期の小学校に関する報告がある。それは、イタリア王国成立から一四年後のものであるが、コムーネの教育責任者として、就学率の向上や憲法にもとづく教育を推進している司祭の証言である。

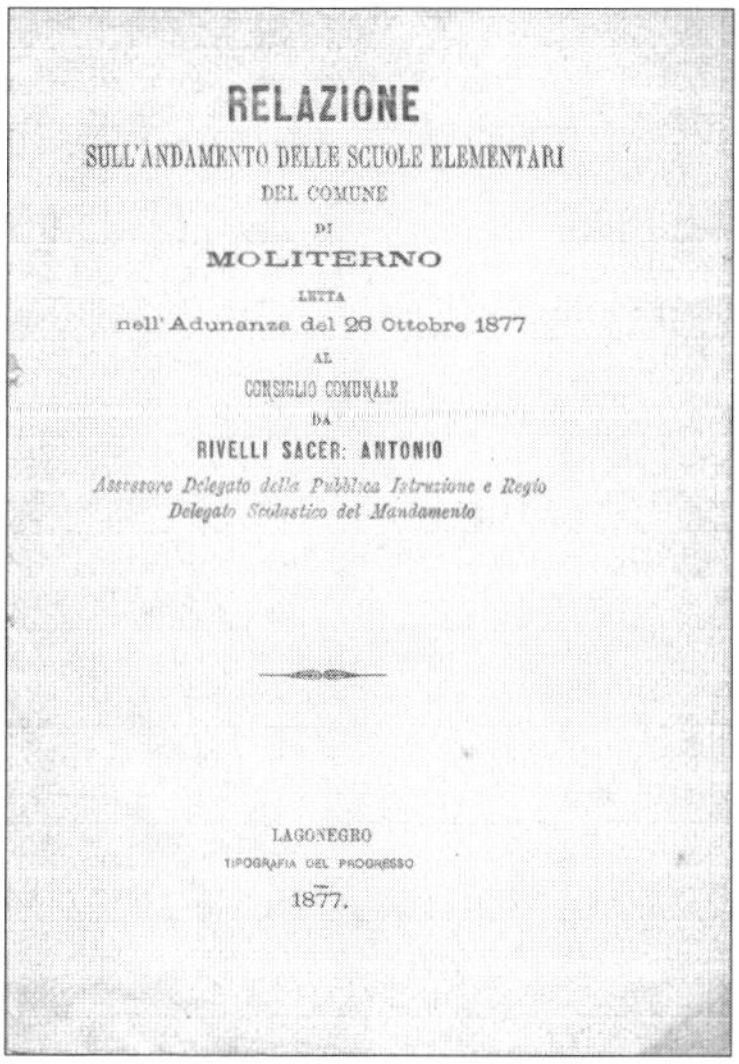
RELAZIONE
SULL'ANDAMENTO DELLE SCUOLE ELEMENTARI
DEL COMUNE
DI
MOLITERNO
LETTA
nell'Adunanza del 26 Ottobre 1877
AL
CONSIGLIO COMUNALE
DA
RIVELLI SACER: ANTONIO
*Assessore Delegato della Pubblica Istruzione e Regio Delegato Scolastico del Mandamento*

LAGONEGRO
TIPOGRAFIA DEL PROGRESSO
1877.

図1-2　モリテルノのコムーネ議会に提出された，1875～76年学期の小学校に関する報告

モリテルノの教育に関わる代表という肩書の、司祭アントーニオ・リヴェリは次のような報告を行っている。

一八七五～七六年学期に、モリテルノに存在する四つの公立小学校に登録したのは一九八名で、そのうちの一三五名は男子校、六三名は女子校である。しかし、就学義務のある子どもの数は七七九名で、私立小学校に通学する五三名を除いても、五二八名の子どもが未就学である現状に、司祭は「なんという怠慢か！」と驚きと嘆きの声を挙げている。

この状況にコムーネが手をこまねき、放置していたわけではない。学校増設のほかに、義務教育を親に周知させるために、就学していない子どもの親の名前を印刷物で発表している。それによって、昼間の学校だけでなく、夜間学校でも就学者が増加したが、その子どもも、とくに農繁期には登校しなかった。

モリテルノの年間予算の一七％弱が教育関係費で、教員給与・教育設備・校舎建設などに充てられた。そのなかには優等生への賞品代も含まれていた。このことについて、報告者の司祭は次のように記している。「この費用の有効性について述べる必要はないであろう。公正で厳しい基準で与えられる賞が、子どもの心に競争意識を目覚めさせ、いかに有益であるかということは容易に理解できるであろう。公的な国家祭日にその授与式を行うことが適切であることを語る必要はない。国家基本法の日（憲法記念日）にそれを行う習慣があるが、この日を選んだことを喜ばないはずがない。その日は、自由を獲得した記憶に、教育でしか自由が保持できないという考えに通じているからである」。

この司祭の報告から、一八七五年の時点で、南部イタリアの小村でも、優等生の表彰と一体となった憲法記念日が祝われていることが分かる。司祭は、国家に対立する教会を代弁するのではなく、国家の教育政策を支持し、積極的に推進する自由主義思想の持ち主であったと考えられる。

カトリック教会の慈善信徒会は、「教員の競争意識にも強烈な刺激」となる優等生への賞品だけでなく、冬場に着るものがない子どもに洋服を与え、食料がない者にはお金で支援している。その支援を必要としない子どもには貯蓄銀行から本が与えられた。この報告によれば、南部イタリア全体で世俗化教育が機能していなかったと結論付けることはできず、それがコムーネの政治指導者の意志と能力にかかっていることが分かる。

## 憲法記念日と優等生の表彰

優等生表彰式で「コムーネから賞品が授与されるか、それはなにで、どのような形態で行われるか」という質問に対して、トリーノでは「主要なコムーネは生徒に賞品を与え、いくつかのコムーネでは国家祭日か宗教祭日に厳粛に行われる」とある。賞品は児童向けの道徳本で、農村部では「衣料品や教科書」のところもある。「小さなコムーネの学校では賞品はない」が、「教員、司祭、コムーネが用意した本あるいは聖像画を成績優秀で勤勉な生徒」に授与している。憲法発布の地で首都であったトリーノにおいてすら、調査の行われた一八六四年の時点で憲法記念日の表彰式が常態化しておらず、時には宗教祭日に行われたことが分かる。

ミラーノでは、「すべてのコムーネが年末に賞品として本を与える。貯蓄銀行が本や書類入れだけで五一〇七リラを寄付したミラーノの寛大さは特別である。小規模のコムーネでも本、時には服、画材、書類入れが与えられる」。現在でも、ロンバルディーアの貯蓄銀行は、学会参加者にメモ帳、筆記用具などがセットになった書類入れを提供していることから、これはミラーノに根付いた伝統的なメセナ文化と言える。

ポルト・マウリツィオでは、一一～一二月にかけて、優等生にコムーネが用意した本や聖人像が賞品として授与され、ボローニャではコムーネの紋章が入ったメダルが授与されている。ルッカでは、授賞式を「憲法記念日に行うと定めた」コムーネで、「行政の長が厳粛に、優等生に本、書類入れ、メダル、衣服」などの賞品を授与する。

憲法記念日と優等生の表彰の一体化は、コムーネの判断によるところが大きく、地方ごとに違いがあることが分かる。他方、アレッツォの視学官は、「表彰の方針に反対」と表明した上で、「真の賞は神が創った非凡な青年」に与えられるべきであると述べている。

パレルモでは、優等生の表彰式が、「コムーネの大部分で」で年末に行われている。賞品は本、聖人画像、表彰状、メダルで、表彰式は「コムーネの役場、広い学校、あるいは教会」などで行われる。カーリアリでは、「すべてのコムーネが児童を表彰するためになんらかの予算を組んでいるが、それを利用するところは少ない」。

一八六四年の調査時点で、憲法記念日と優等生の表彰式を一体化して祝賀する方針を明確に示しているのはルッカだけである。それは、憲法の意義を子どもに刷りこむことより、教会関係の組織と協力して貧しい家庭の子どもに衣服や食料を給付する慈善的な意味合いが強いことが分かる。

### 小学校での宗教教育

「学校でキリスト教の祈りを教えるか、教理問答を学ぶか、どのような成果があるか」という質問について見てみよう。宗教について、トリーノでは、ユダヤ人の学校を除く「すべての学校でキリスト教の祈り」と「司教区の教理問答」が教えられている。農村の学校で、子どもが「道徳や宗教についてなにも知らないで成長することがないように、多大な関心をもって」、宗教教育が行われている。その上で、「すべての学校で、この教育は今のところ満足すべき成果を上げている」という報告である。

ミラーノは異なる報告である。「教員が祈りや教理問答を教えることは決して容易ではない。成果は乏しい。その教育が役に立つようにするには、教員が広い知識をもち、教員自ら教えることに確信をもつことが必要であろう」とした上で、宗教教育は「学校よりも宗教的場所で」、俗人ではなく司祭によって行われることを、公教育大臣に直訴している。そのことは世俗教育の徹底化を求める視学官の意志表明にほかならなかった。

ポルト・マウリツィオでは、「毎朝、授業の初めに朝の祈り、午後の授業の終わりに夕べの祈り」を行い、「教理問答も実り多く学んでいる」。その上で、子どもは学校での授業だけでは「完全に理解できない」が、「歳をとるに従って、司祭が教会で行う説教、冬場に家庭で行われる夕べの教え」によって理解するようになると指摘し、「神の言葉は、すぐに成果をもたらさないが、時間とともに成果を生む良き種である」と結ばれている。この視学官はカトリックの社会規範を重んじる一般的なカトリック信者であることが想像される。

ボローニャでは「学時暦に従ってすべての学校で教理問答が教えられている」が、それを教える教員には「特別な方法と多くの忍耐」が必要とされ、成果については保証できないと述べ、その「縮小」を学校教育関係局に提案している。

ルッカでは「小学校で例外なく、全般的に」宗教教育が行われている。その成果については「家庭の教育によるところが多い」として、「農村部ではキリスト教の掟や格言を全体として守っている」。いくつかの学校では「祈り、宗教教育を過度に延長」し、「とくに聖職者の教員は宗教教育となんらかの反動的な企みを混合している疑いがあるが、確たる証拠はない」と、水面下での教会と国家の軋轢の一端を指摘している。

アレッツォでは「朝の祈り」、「教理問答」が「いかなる学校でも忘れられていない」が、多くのところで「司祭が神聖な使命を受け入れず、世俗の教員が教理問答を教えなくてはならない」とある。また、「修道女が祈りを長く唱えさせる方法」は、女子生徒を「うんざりさせ、集中力と熱意を欠くことになるので中止する必要がある」と指摘している。これは、当時の宗教教育の現場を彷彿とさせて、興味深い。

ナーポリでは、授業の「最初の三〇分」が教理問答に充てられている。パレルモでは、宗教教育に「教員はあまり気を配っていない」。カーリアリは、「すべての学校で、祈りを行い、教理問答と聖書を教えている」。

## 司祭と学校の関係

上記の質問と関連して、「司祭は学校に来るか、教員は教会とどのような関係にあるか」と、学校と教会の関係を問うている。カザーティ法（三二五条）では、宗教の授業は聖職者ではなく世俗の教員が行い、学期末に行う試験は「コムーネと教区の協定にもとづいて決められた時間と場所において、教区司祭が行う」と定められているが、宗教教育は自ら行うと表明した親の児童は免除された。

統一前から教育の世俗化が進行していたトリーノでは、司祭が「気遣いながら学校を訪れ、試験に関わり、宗教教育を見守っている」か、「まったく無関心で、学期最後の試験の時以外には学校に足を踏み入れることはない」か、あるいは、「学校へのあらゆる関与を完全に控えている」かで、それぞれ三分の一である。「小学校に敵対する者はきわめて少数である」。「教員の大部分は教会関係者と良い関係」にあり、「世俗教員と司祭の間に合意」が存在している。

統一前に教会国家に属していたボローニャでは、五九のコムーネのなかで「教理問答の試験に司祭が学校を訪れる」コムーネは四八であるが、「教員は司祭といかなる関係ももっていない」。ナーポリでは「いくつかのコムーネ」で司祭が学校を訪れるが、「大部分が訪れていない」。パレルモでは「全体として、司祭は民衆教育の促進、改良に協力することにまったく無関心である」。カーリアリでは「教員は教会の権威を尊敬している」。

「コムーネとの協約で、（宗教）祭日に農村部の教員は生徒を教会に連れていくか」という質問に対して、トリーノではそれを「コムーネの大部分が教員の義務」としており、「賞賛すべき習慣」であり、「住民に良き影響」を与えているとある。ミラーノでは、「多数の生徒を教会に集めることは、彼らが典礼への参列を学校の義務と見なすようになり、危険である」とある。ボローニャでは「子どもにはそれぞれが通う教会があり」、生徒が教員と教会に行くことはない。しかし、「ボローニャの町では男性教員には実質的な義務となっている」。ナーポリではいくつかのコムーネで見られるが、パレルモでは両親が子どもを教会に連れていく習慣に反しており、ほとんどのコムーネではこの義務を教員に課していない。カーリアリでもこの義務を課しているのは限られたコムーネである。

この報告から、宗教教育は地域によって大きな相違があることが明らかである。国家が教育の世俗化を打ち出しながらも、とりわけ教会の影響力の強い南部イタリアの学校では、世俗の教員ではなく教会関係者が教える状況が長い間にわたって続き、世俗教育とはほど遠い状況にあった。

## イタリア語で教えられていたか

「学校で方言とイタリア語のどちらが話されるか、イタリア語は大きな誤りなく話されているか」という質問に対して、トリーノでは、「両親が使用する言葉を話す七歳の生徒が、イタリア語で自分の考えを表現しなければならないことに困惑しているのは当然である」という報告になっているが、「多くの誤りをおかしながらも、容易に言葉を操るようになっている。小さなコムーネの学校では方言の使用がいまだに一般的である。生徒がイタリア語を望まないという口実で、教員はつねにピエモンテ語を話している」とある。

フランスと国境を接する地域では主としてフランス語が使用されていたが、「(方言の) ピエモンテ語ではなくフランス語を話すアオスタ、チェザーナ、ウルクス、フェネストレッレの小学校でイタリア語が教えられているけれども、使用はいまだに全面的ではない」。

ミラーノでは「農村部の学校のことであるが、見苦しくも、方言が使用されている。教員はイタリア語を知らないし、子どもが望まないことを口実に、それを使おうともしない」。「読本の教科書を使って持続的に、根気強くイタリア語を教えることは、友愛の真の絆、文明の真の力である唯一の言語を話すイタリア人へと導くことになる」と述べている。ここに、報告者は共通の言語としての国語が少国民形成で果たす役割を認識していることが分かる。

ボローニャでは、「つねにイタリア語が語られている」。トスカーナ語と同系のボローニャにおいては、「イタリア語が容易に日常的なものとなった」。しかし、「短期間に、小学校でそれを正しく直すことは不可能である」という報告になっている。ナーポリでは、「年老いた教員は方言を使用し、学校でイタリア語を話す者は、非常に正しいイタリア語を話す」。パレルモでは、「都市の学校ではイタリア語が使用されている。しかし、農村部のほとんどの学校でいまだに方言の使用が続いている」。カーリアリでは、「一般的にイタリア語が使用されている。イタリア語は方言に内在する誤りをもって話されている」。

この報告からも明らかなように、カザーティ法が発布されてからも長い間、教員でもイタリア語を正確に話せる者は少数であった。そのことについて、統一前の一八五五年に、後に公教育大臣をつとめることになるナーポリ出身のルッジェーロ・ボンギ（Ruggiero Bonghi 一八二六〜一八九五）は、イタリア語で書くことは、フランス語で書く以上に「苦労が多く、骨が折れる」と記している。フィレンツェの師範学校を卒業したばかりのシチリア出身の女性教員は、シチリアでイタリア語を教えることは「私たちにとってドイツ語以上に多大な困難を要する」と一八六三年に述べている。

## 「国語」をめぐる論争

国民国家において、共通の言葉が存在しなければ、国の方針を中央から地方に伝え、制度を効率よく運用することは困難である。青年男子は義務として軍隊に組みこまれていくが、そこで命令を正確に理解させるためにも共通語が不可欠であった。

そのために、国家は、地域差も階級差も超えて国民を同質化・一体化する手段として、「国」という枠組みの言葉である共通語としての国語を創り、国民に強要する。政治的で、恣意的な国語が国家にとって不可欠であったがゆえに、国家は方言に対して圧力をかけ、その消滅を図ろうとする。

イタリアでは国語をめぐる議論が一八六〇年代にあった。マンゾーニは、「政府、軍隊、法律の統一の後に、言語の統一は国民の統一を緊密に、効果あるものとする最も有効なものである」として、方言の高い壁が存在するイタリアで共通語としての国語の必要性を主張した。

彼は、フランス語やスペイン語などの周辺言語からの影響が弱く、ラテン語に近い中部イタリアのトスカーナ語を国語とすることを提案した。ただ、国民国家イタリアの誕生の時点で、そのトスカーナ語を正確に理解し、表現できたのは、新しい国民のうちわずか二〇万人にすぎなかった。残りの二〇〇〇万人は、互いに異なる方言を使用していた。

フィレンツェが首都であった一八六八年に、トスカーナ語による言語の統一を主張するマンゾーニは、国民国家の「新しいイタリアの司祭」となる師範学校の成績優秀者を表彰し、フィレンツェで研修させる制度を提案した。この提案は、方言とそれに見いだせる文化を排除する傾向があった。そのことは、「古い体制の野蛮な残滓である方言の継続的使用で言語を教えることができるという迷信を、教員の頭からいかなることがあっても取り除く必要がある」という、ある視学官の報告に見ることができる。

マンゾーニの提案に対して、イタリア王国上院議員をつとめた著名な文学者・言語学者のグラツィアディオ・イザィア・アスコリ（Graziadio Isaia Ascoli 一八二九〜一九〇七）は、口語の標準化は文化の普及に先立って自発的に行われるべきものとして、方言の尊重を主張し、トスカーナ語の国語化に反対した。この主張に少なからず賛同があったが、「方言に代表される地方のエートスを救済する」という提案も言語政策に反映されることはなかった。

多様な方言が存在するイタリアにおいて、その歴史的・文化的特徴と価値を重視する主張や、国家による言語政策の不徹底もあって、国民形成に不可欠な要素としての国語を創出することは出来なかった。その結果、方言の多様性は、地域主義と強い郷土意識（カンパニリズモ）とともに、イタリアの国民化を遅らせた要因の一つとなったことは否めない。

## 使用されていた教科書

一八六四年の調査では、教科書について次のような報告がある。公教育大臣を委員長とする二一名の委員からなる「公教育高等委員会が認定していない教科書が当面の優先条件という合意のもと学校で使用されている。それに代わらねばならないはずの認可された教科書はタイトルすら知られてない」。「毎日のように出版され、送り届けられた教科書がほとんどの学校の入口にいつもある。いたるところで生じている由々しき混乱は南部では一層重大である」。それらの学校では「学校の関心よりも著者の利害を優先している。良い教科書は非常に稀である」。

出版されたばかりの教科書が小学校で採用されることを期待して、出版社から学校に送り届けられた。その教科書は営利目的から頻繁に改訂され、子どものいる家庭に大きな経済的負担となっていた状況は、一九二九年の国定教科書の導入決定時まで続くことになる。

カザーティ法を制定した教育学者たちは国定教科書を目指していたが、統一国家成立後に明らかになった歴史的・文化的・社会的な地域格差に応じた、多様な教科書の使用を認めざるを得なかった。また、教育の自由、教員の教科書選択の権利といった主張も根強く存在していた。

そのような背景もあって、教科書の認可権が「公教育高等委員会」から「県教育委員会」に移動することになる。その措置は地方の状況を熟知した者による最適な教科書の選択を可能にしたが、同時に視学官や教育関係者が執筆した教科書を優先的に選択するという弊害を生むことになる。その結果、この地方主義が批判を受けて、教科書認可の権限が「公教育高等委員会」に再び戻ることになるが、その後も中央と地方の間で教科書認可権が移動するという混乱状況が、一九二九年の国定教科書の決定まで続いた。その間、緩やかな教科書認可制が続き、大量の教科書が出版され、モンダドーリのような一大出版社へと発展する教科書会社も出現した。

一八六四年の「全体的に最も使用されている教科書はなにか」という調査報告から、イタリア王国誕生直後に小学校で使用されていた教科書の特徴を知ることができる。第一の特徴は、義務教育の導入に合わせた新しい教科書の出版が間に合わなかったこともあり、統一前にトリーノ、ミラーノ、フェレンツェなどで使用されていたものが引き続いて使用されていたことである。そのなかには、統一前にフランス語から翻訳され、サルデーニャ王国の小学校で使用されていた地理の教科書もあった。統一前に出版され、改訂が加えられて長い間にわたって使用されたのが、小学校校長をつとめたことのあるルイージ・アレッサンドロ・パッラヴィチーニ（Luigi Alessandro Parravicini 一八〇〇〜一八八〇）が一八三七年に出版した『ジャンネット』である。これは、イタリア王国誕生の二六年も前の一八三五年にトスカーナ大公国で、「児童の道徳教育の読本として使用されるオリジナルな作品」を対象とした教科書コンクールで一等をとったものである。次点は後に下院議員になる文学者・歴史家でもあるチェーザレ・カントゥー（Cesare Cantu 一八〇四〜一八九五）の『良き子ども』であった。その選考委員会は、パッラヴィチーニの作品を「良識を日々喚起させ、イデオロギー性のない啓蒙主義思想」と評価した。次点のカントゥーのものには「厳格なカトリックの道徳論」と「権威的で、保守的な」特徴を指摘した。

筆者はパッラヴィチーニの『ジャンネット』を二冊所有している。一冊は一八七三年に出版されたもので、別の一冊は一八八五年に出版されたものであるが、それはこの教科書がいかに長い間にわたって使用されてきたかを示している。この教科書を使用した子どもが描いたのであろう、先生と思われる人物の鉛筆画がある一八七三年改訂版で、パッラヴィチーニは、「今日の教科書のなかでは古いものである」が、「可能な限り体裁や言葉を改良した」と記している。

『ジャンネット』の内容は、主人公のジャンネットの家庭を中心に展開し、権利、義務、技術・職業の三つの要素から構成されている。「正直で誠実な」父親は、大都市近郊の町で、ハム・ソーセージを扱う食料品店と小間物屋を営んでいる。ジャンネットは、立派な職人となり、裕福な家の女性と結婚し、相続した財産と企業家としての能力によって、外国から機械を輸入し、企業を発展させる。そのなかで最も強調されるのは他者に尽くす慈善家となることである。『ジャンネット』は事業に成功したジャンネットが徳を奨励する賞を設立することで終わるが、最後に次のように記されている。

ジャンネットが設けた素晴らしい賞は住民をたちまち幸せにした。農民たちは善良で、熱心に畑を庭園のように耕した。刑務所に入る者もおらず、住民は勉強し、働き者で、裕福になった。全員がジャンネットを褒め讃え、彼の名前を祝福し、正しくも次のように言った。もし各地にジャンネットがいたならば、イタリアはたちまち地上の楽園となるであろう。

第二の特徴は、パッラヴィチーニのように、著者のほとんどが視学官、小学校校長、師範学校の教員、公教育省の役人など、教育関係者であったことである。時には教員が印刷屋から自費出版するケースも少なからず存在していた。一八七二年にナーポリで出版された手帳サイズの「学校用の発音練習帳」には、付録として道徳的格言や聖書の有名な教訓話などがある。この教科書は購入者が製本したのか革表紙で、一見すると祈禱書と見間違うほど立派である。それにはナーポリの守護聖人の名前に由来する「ジェンナーロ・チマルータの費用で出版」と記されており、教育に関心をもつ篤志家が自費で出版したことが分かる。

トリーノ、ミラーノの小学校で使用されていた教科書の著者ピエトロ・トゥーアル（Pietro Thouar 一八〇九〜一八六一）は、マッツィーニが結成した「青年イタリア」に参加した共和主義者で、一八四八年には矯正施設所長となり、一八六〇年にはフィレンツェで最初の男子師範学校の校長をつとめている。彼は一八三四年にイタリアで『子ども新聞』を発行し、それにコッローディが『ピノッキオ』を最初に発表している。単行本となった『ピノッキオ』のなかに、トゥーアルの教科書が鯨に飲みこまれる話がある。

ヴィンチェンツォ・トローヤ（Vincenzo Troya 一八〇六〜一八八三）は、サルデーニャ王国で教育改革に取り組んだ教育学者で、数多くの教科書を執筆している。筆者の所有するのは一八五一年に出版された『小学校用のイタリア語基礎文法』である。この教科書を使用した男子の名前であろうバルトロメーオ Bartolmeo が記されているが、lとmの間にoが抜けていて Bartolomeo と書き直されている。

一八六六年にジェーノヴァで出版されたトローヤの『小学三年用の読本』には、同年の教育指導要領に対応したものであることが明記されている。トローヤは、その序言で小学校とその教員の役割について、「国民文化」は「教養のある、礼儀正しい家庭のなかで生まれ、育まれる。しかし、民衆の若者の大部分にとって、国民文化は小学校で育まれる」。それゆえに、教員は「真の教育者、文明の真の布教者」であらねばならない、と述べている。この教科書の特徴は、三〇〇頁近くが宇宙・気候・植物・動物など近代科学の成果の説明に充てられ、愛国心の形成に関わる歴史や地理の記述がまったくないことである。

一八六五年出版の『初等教育の実践マニュアル』で、トローヤは次のような教訓話を記述している。年老いた農民が死ぬ間際に、子どもに畑をよく耕せと、次のように語った。

「子どもよ、私の生命も尽きようとしている。お前たちにこのあばら家とわずかの畑しか残すことができない。だが、もし畑をよく耕せば、宝を発見するだろう」。子どもは畑に宝が隠されていると信じて、父親の死後に畑すべてを耕した。宝は発見できなかったが、よく耕された畑から小麦とブドウがとりわけたくさん収穫できた。そこで、子どもは、最大の宝はたゆまず働くことだと理解した。

ここには、勤勉で、実直に生きよというキリスト教にもとづくモラルが示されている。

ボローニャの報告に「道徳的に系統立って、非常に明確かつ平易に書かれているので最適であり」、「最も使用されている」と評価されたのが、ジョヴァンニ・スカヴィア（Giovanni Scavia 一八二一～一八九七）の書いた教科書である。視学官であったスカヴィアは、一八五四年出版の『人間とその義務、四年生用』のなかで、語彙を教えるのに、類義語と同音同形異義語を取り上げている。類義語では、「貧しい人 Povero は、財産、一切の所有物のない人のことを言う。強欲な金持ちは哀れな人 Meschino と言い、ただ貧しいだけでなく、不遇で、やる気もなくした人は不運な人 Tapino と言う」。同音同形異義語では leva を取り上げている。梃子 leva の力は非常に大きい。国家は青年の徴兵 leva を行う。ここにも、同音同形異義語の説明を通じて、国民の義務としての徴兵や勤勉の教えが示されている。

## 「歴史的右派」の教育指導要領

イタリア王国の最初の教育指導要領は、一八六〇年九月、ガリバルディ率いる「千人隊」がシチリア島・南部イタリアを征服し、ナーポリに入城した時、すなわち、イタリア王国が誕生する前に出ている。それによれば、上級学級の四年生用読本は「人間の諸義務」として「基本法との関連で人間の義務、市民の義務」を教えるほかに、イタリア王国を先取りするように「国民史 storia nazionale の有名な事件」、「ヨーロッパの主要国とその首都、イタリアの簡単な説明」を行うよう指導されている。四年生の「イタリア語」でも、文法事項に加えて、とくに祖国史に関わる歴史的・道徳的な話をすることが指導されている。

二番目の教育指導要領は、右記のものを補うものとして、「一八六〇年九月一五日付勅令で承認された教育指導要領を実践する方法についての小学校教員に対する指示」である。そのなかの上級三年の「認可された教科書の講読と説明」では、「人は政府、他の市民に対して義務をもつ」が、その義務とは憲法を尊重し、「政府が社会のために求めることに自発的に」応じる「服従」と、「公益の原理を尊重し」、「祖国を愛し、それに奉仕する」ことであると、少国民形成の観点から指導が行われている。

上級四年の「講読と説明」では、サヴォイア家の起源、アメデーオ五世からヴィットーリオ・エマヌエーレ二世にいたるサヴォイア家国王の「主要な業績」を教えるように指導している。それと合わせて、「イタリアの名を上げた作家や芸術家」の名前も教えることが指導されているが、それは子どもたちに祖国イタリアへの誇りをもたせるためであることは言うまでもない。このように、イタリア王国成立期に、サヴォイア家を統合原理とする少国民形成が政治指導者において意識され、それを推進しようとしていたことを知ることが出来る。

この指導要領に添付された「全般的注意事項」のなかで、教員への義務も示されている。「怠惰とは無縁の生活をし、仲間との諍いに巻きこまれることなく、同僚と仲良くし、富む者とも貧しき者とも平等に対処し、生徒たちに示すべき健全な道徳・文明規範をすべてにわたって実践する」。ここに教員に対して国家が求める道徳律が示されている。

第三番目の教育指導要領は、一八六六年の「小学校におけるイタリア語と算数の教育についての指示と綱領」であり、「小学校で最も重要なのは、イタリア語の学習と習得である。それに賢明な教育者のあらゆる努力が向けられる」となっている。教員は授業においてつねにイタリア語を使用し、生徒が使用する「方言をやさしく忍耐強く直す」ことが求められた。

その時の公教育大臣ミケーレ・コッピーノ（Michele Coppino 一八二二〜一九〇二）は、各地に存在する方言の多様性を国の統一に立ちはだかる大きな障害の一つと考え、方言は「生徒が知らないイタリア語の意味を説明する必要のある時にのみ使用」するように教員に指導している。

算数については、イタリア王国に併合されたヴェーネト地方も含めて、統一前の諸邦で異なっていた計算基準が十進法に統一されたことを受けて、それを指導することが要点であった。その統一はイタリアの経済統合の一環であった。

この教育指導要領には、ヴェーネト地方をイタリアに併合した第三次独立戦争、すなわち普墺戦争でオーストリアに勝利したプロイセンの力を見たイタリアの政治指導者が、「有効な初等学校体系は国力の単なる証ではなく、本質的な要素である」という認識をもったことが示されていた。

## 教育指導要領にもとづく教科書

二番目の教育指導要領に対応した教科書のタイトルには、サヴォイア家によるイタリア王国樹立が強調されている。その代表的な教科書が、一八六四年の調査報告でも名前が挙がっていた、トリーノの工業学校校長アントニーノ・パラートが書いた小学校用『イタリア史の小さな概説書』である。

筆者が使用したのは、一八七九年に出版された「ヴィットーリオ・エマヌエーレの生涯」とイタリア地図を加えた一五版で、コロンビア大学図書館に所蔵されているものの復刻版である。表題に加えて、本書がトリーノで開催された第六回教育学学会で一等賞を授与されたことが記されている。

「祖国の父」死去の一年後に出版されたこの一五版の教科書は、第一部がローマ史、第二部が中世、第三部が近代と分かれている。その第三部ではエマヌエーレ・フィリベルト Emanuele Filiberto 一五二八〜一五八〇)に始まるサヴォイア家歴代の王の功績が紹介され、終章は「一八四九〜六六年 イタリア史年表 ヴィットーリオ・エマヌエーレ二世」として、一三頁を割いている。そのなかには一七〇六年にフランス軍のトリーノ侵入を阻止した砲兵ピエトロ・ミッカや愛国少年バリッラも叙述されている。

「初代イタリア王」ヴィットーリオ・エマヌエーレ二世については、その誕生から一八七八年一月九日に五七歳で生涯を終えるまで、憲法を順守する「紳士王」など、神話化されたエピソードが配列されている。「非常に庶民的な国王で、イタリアを創るために生まれてきた」ヴィットーリオ・エマヌエーレ二世は、教会と国家の対立にあって、「切に和解を望んだ信仰心の篤い」、「国民の中心にあった国王と記されている。

ガリバルディについては、「民衆の英雄」という評価にとどまり、シチリア・南部イタリアの征服をサルデーニャ王国の政治的・軍事的戦略の範囲内にあるものとしている。また、国王の死去に際して、愛国者たちはイタリア統一という勝利を自らの目で見て、「亡命や苦しい投獄」を忘れ、泣いたと、共和主義者との対立が霧散したかのような叙述になっている。

その教科書は、一八六五～六六年学期にトリーノからシチリアのトラーパニまでの県教育委員会で認可され、ローマ遷都後の一八七一～七二年学期にはローマでも認可され、広く使用されたことが記されている。そのことは、教科書認可制度が機能し始め、サヴォイア家を中心とする歴史教育がイタリア全土で行われていたことを示している。

一八六四年の調査報告には出ていないが、長い間にわたって宗教系の私立学校で使用されていたカトリックの立場から書かれた『若者に語るイタリア史』と題する教科書がある。著者は貧しい子どもの救済を目的として一八五九年にサレジオ会を創設したカトリックの司祭で、教育者であったドン・ボスコ（Giovanni Melchiorre Bosco　一八一五～一八八八）である。ドン・ボスコは、一八四九年に誕生したローマ共和国について、次のように記している。

ジェーノヴァ人のジュゼッペ・マッツィーニに鼓舞されたトスカーナの革命家たちが、ローマを大きなイタリア共和国の首都にするために、そこに侵入した。マッツィーニは他の反乱者によって歓喜をもって受け入れられた。反乱者は、資金を調達するために紙幣を発行し、教会の金銀財宝を奪った。貨幣をつくるために、多くの鐘が鐘楼から降ろされ、溶かされた。この時期に野蛮人が行ったことを語ることは、なんとおぞましいことか。身ぐるみはがれ、修道院から追い出された修道女、宗教関係者。虐殺された司祭、修道士。マッツィーニとその支持者は、王権と宗教に対する憎しみから、限りない打撃を与えることで、自分たちの企てを続行した。法を欠き、宗教もない一八四九年のローマ共和国の崩壊後に、ピウス九世に象徴されるカトリックの宗教はローマに復帰し、恩知らず者に憐憫を、後悔する者に許しを与えて権力を取り戻した。カトリック勢力が成し遂げた復古事業は、礎石であるキリスト教の長をもとの場所に戻した。

このドン・ボスコの教科書は、「教皇派の厳格な国民史」であり、「カトリックが道徳的・市民的発展と、人類共同体の真の進歩の代替できないもので、これからもそうである」ことを示すものであった。

カトリックの司祭でありながら、ドン・ボスコとは異なる史観の『イタリアの子ども向けの読本』を一八六三年に出版したのは、聾唖者施設の校長をつとめたジューリオ・タッラ（Giulio Tarra 一八三二～一八八九）である。彼は、サルデーニャ王国によるイタリア統一を支持した司祭であり、ヴィットーリオ・エマヌエーレ二世とカヴールの偉業を強調した、サルデーニャ王国を中心とするリソルジメント運動を記述している。

## 「歴史的右派」時代の教育論争

公教育大臣チェーザレ・コッレンティ（Cesare Correnti 一八一五～一八八八）は、「多大な時間、多大な労力、多大な費用を必要とする」義務教育を検討する委員会を一八六九年に発足させた。その委員の一人に、ナーポリ出身の著名な歴史家で、南部主義の先駆者となるパスクワーレ・ヴィッラリ

（Pasquale Villari 一八二七～一九一七）がいた。彼は、一八六六年にオーストリア軍に勝利したプロイセンを称賛し、その勝利の要因を初等教育に求めた。その上で、とくに南部イタリアの農民大衆を貧困から解放する手段は教育であるとして、「農民、労働者に通学を義務付け、本や新聞を読めるように教育し、人間の義務と権利を教える」ことの必要性を訴えていた。彼は、義務教育の小学校が機能しないことの主たる要因として、日々のパンを得るために、明日のことを考える贅沢が許されなかった家族の貧困、小学校校舎を建設できない、教員の給与も払えないコムーネの貧困を挙げている。「学校問題は社会問題である」というヴィッラリの告発は支持を集めるが、政策に反映されることはなかった。ただ、それによって南部イタリアの後進的な状況を告発し、その改善を求める南部主義の流れをつくり出した。

コッレンティが追求した義務教育の強化は教育の世俗化の戦いであっただけに、教育における絶対的優位を主張するカトリック教会はそれに反対した。一八七四年の第一回イタリア・カトリック会議で、緊急の課題として教育問題が取り上げられ、「教育の権利は神からそれを授けられた教会だけにある」として、国家による初等義務教育を否定し、公立学校に代えて宗教団体が経営する私立学校を増加させることを要求している。

他方、民主主義者、自由主義者は全市民に最低限の教育と市民教育を行うことが国家の義務であり、国家と同様に学校も世俗的であるとして、小学校で世俗の教員に託された教理問答による宗教教育だけでなく、中学校で宗教教育の責任者である「指導司祭」を廃止することを要求していた。

反教権主義者のコッレンティは、中学校で聖職者がつとめる「指導司祭」の廃止に失敗し、一八七二年に大臣を辞任した。彼の後を継いだアントーニオ・シャローヤ（Antonio Scialoja 一八一七〜一八七七）も、住民の要求に応える十分な数の学校の開設をコムーネに求め、義務教育の強化に関する法案を提出したが否決され、公教育大臣を辞任した。

「歴史的右派」の政治指導者の多くは、教会との対立が激化することを望まず、基本的には教会を支持した。「歴史的右派」の初等教育政策は、教会、とくに教区との決定的な対立を避けて、怠慢なコムーネに過度に介入せず、民衆の公的生活への参加要求に無関心であった。

# 第2章　本格化する少国民形成

## 「歴史的左派」の政権

ヨーロッパの国際政治体制は、普仏戦争でのプロイセンの勝利、ドイツ帝国の成立、フランスでの第二帝政の崩壊、第三共和政の成立によって、一八七〇年を境に大きく変わった。その変化に合わせて、フランスの「衛星国家」に等しかったイタリアは、しだいにドイツに接近することになる。

国内政治においては、イタリアは製粉税導入などによって一八七六年には収支均衡を達成した。しかし、その製粉税導入に対する南部イタリアの批判によって、議会では左右勢力が拮抗することになり、右派から左派への政権交代、いわゆる「議会革命」がおこる。

一五年間にわたる「歴史的右派」に代わって、一八七六年に「歴史的左派」が政権についた。「左派」とは言え、君主制を否定する、社会主義勢力でないことを確認しておく必要がある。一八九三年発行の小学校教科書『国家制度のもとづく市民の権利と義務』で、「右派と左派」について、次のように説明されている。

選挙で選ばれた（下院）議会を全体として二分する政党を示す言葉である。右派は、議長の右側の席を占め、保守的あるいは穏和な政党から構成されている。左派は議長の左側に座る、進歩主義者あるいは自由主義者から構成されている。

「歴史的左派」は、多くがイタリア王国成立後に国王への忠誠を表明したマッツィーニ主義、民主主義者であった。その代表的人物が、ロンバルディーア人のアゴスティーノ・デプレーティス（Agostino Depretis 一八一三～一八八七）とベネデット・カイローリ（Benedetto Cairoli 一八二五～一八八九）、アルバニア系シチリア人のフランチェスコ・クリスピ（Francesco Crispi 一八一八～一九〇一）である。マッツィーニと行動をともにした共和主義者で、「千人隊」の中心的な組織者であったクリスピは、一八六四年に「君主制は我々を結合するが、共和制は我々を分断する」として、君主制支持に転向した人物である。

「歴史的左派」が政権をとった時期に、リソルジメント運動の主役たちが政治舞台から次々と姿を消した。一八七二年のマッツィーニに続いて、一八七八年にはヴィットーリオ・エマヌエーレ二世と教皇ピウス九世、一八八二年にはガリバルディが亡くなった。イタリアはポスト・リソルジメント時代に入った。

## 「銅像の季節」

「祖国の父」ヴィットーリオ・エマヌエーレ二世の葬儀は「自由主義期のイタリア史の分岐点」で

ある。その葬儀を取り仕切ったのが当時内務大臣であったクリスピである。彼は国家祭日、銅像、儀礼にリソルジメント運動の民主主義的精神を取りこんだ。

「祖国の父」の死去後に「銅像の季節」が訪れる。軍服を身にまとい、馬にまたがった統合のシンボルである「祖国の父」の銅像がイタリア各地の広場に建立される。国王の顕彰は、フィレンツェ郊外のフィエーゾレにある銅像のように、民衆の英雄ガリバルディと対になっている場合がある。それは、慈愛に満ちた国民思いの国王を敬慕するガリバルディという位置付けになっている。それこそ、「祖国の父」（サヴォイア王家）とガリバルディ（民主主義者）によってイタリア王国が実現されたというクリスピの政治的演出であった。

「祖国の父」が埋葬された古代ローマの建物であるパンテオンと、ガリバルディが眠るカプレーラ島は、祖国イタリアの聖地となり、巡礼の対象として国民形成の教育的価値をもつようになる。一八八〇～九〇年代に組織されるパンテオンへの巡礼は君主主義者の退役軍人会、カプレーラ島は共和主義者や義勇兵の相互扶助会が中心となった。

徹底した反教権主義者で、フリーメーソン員であったクリスピの存在もあって、反教権主義、世俗主義の運動が高揚するのも「歴史的左派」の時期である。それは、近代イタリアを席巻したとさえ言える実証主義との関連で、後述する一八八八年の教育指導要領と、それを受けた教科書に明確に表れている。

## ウンベルト一世治世の特徴

「祖国の父」の顕彰やサヴォイア家に関わる儀礼などとともに、『ヴィットーリオ・エマヌエーレ二世の生涯』というタイトルの小学校教科書や読み物が出版された。それらが、「祖国の父」の歴史的役割を通じて子どもの愛国心を鼓舞し、サヴォイア家を統合原理とする少国民形成を意図したものであることは言うまでもない。

「祖国の父」を継いだウンベルト一世の治世(一八七八~一九〇〇年)は、「歴史的左派」時代と一致している。武人としての「祖国の父」に比べて影が薄いウンベルト一世は「善良王」と呼ばれた。その国王を補い、時には国王以上にサヴォイア家を統合原理として機能させたのが王妃マルゲリータである。「善良王」は自然災害に際して国民に寄り添う勇敢な父、王妃は国民を慰めるやさしい母とする、サヴォイア家を頂点とする家族国家が演出された。ウンベルト時代に、王室の結婚式、国王の誕生日などが「世俗的祭日」として機能するようになり、王家の世俗宗教化が一段と促進された。

## コッピーノ法の特徴

「歴史的右派」と「歴史的左派」の基本的な違いは、どのように民衆と向き合うか、いかに民衆を取りこむかということである。そのことは、「歴史的左派」が最初に取り組んだ教育改革のコッピーノ法と、一八八二年の新選挙法に示されている。識字率の向上を目指す教育改革と、読み書き能力を資格に加えた選挙権の拡大は深く関連していた。

一八七七年七月、コッピーノ法が公布された。コッピーノは、前述したように「歴史的右派」(ラタッツィ内閣）の公教育大臣時代に、イタリア語教育の強化、サヴォイア家を統合原理とする国民形成を明確に打ち出した教育指導要領を出している。フリーメーソン員のコッピーノは、「歴史的右派」政権末期に「歴史的左派」に政治的立場を移し、その最初の政権で公教育大臣となった。「歴史的左派」は、カトリック教会に配慮した「歴史的右派」の「防衛的反教権主義」に対して、教育の大胆な世俗化政策を打ち出した。

コッピーノ法は、前述した「歴史的右派」時代末期のコッレンティなどの議論を受けて、小学校の無償義務教育を二年間から三年間に延長し、識字率向上を図るものであった。子どもの義務教育を履行しない親に対して、まず市長による警告が出され、次に義務不履行の期間に応じて最高で一〇リラ、最低で五〇チェンテージミの罰金が科されることになった。罰金は、貧しい家庭の子どもへの補助、優秀な子どもへの賞に使用されることになる。補助はコムーネの財政を補い、賞は子どもへの勉学意欲を高める措置であった。

「歴史的左派」の世俗化政策を知る上で重要なのが、コッピーノ法によって「人間と市民の義務の諸概念」（以下、「市民の義務」と略記）が小学校の教科に導入されたことである。「市民の義務」は、憲法にもとづく市民の権利と義務とともに、サヴォイア家によるイタリア王国の成り立ちを教え、「父である国王と子としての国民の信頼や愛情」を醸成することになる。ここに、王家と憲法を二本の柱とする立憲君主主義にもとづく近代イタリアの少国民形成が本格的に開始される。

他方、「市民の義務」の導入によって、「宗教」は廃止されなかったが、「必要とする時に選択する権利を市民に委ねねばならない」として、必修科目から外された。その結果、コムーネの政治的立場によって、宗教を継続する学校と、それを廃止する学校の不均衡が生じることになる。宗教は廃止されておらず、存続していると主張するカトリック教徒と、それは「市民の義務」に変わったと主張する者の間で対立が続くことになる。ただ、宗教の教科書数は一八六一～一八七七年に約七八冊が出版されていたが、一八七八～一八八八年には三五冊に減少している。

しかし、コッピーノ法が発布されて二〇年が経過した一八九六～九七年の学期に、宗教が廃止された小学校は全国平均で三六・六％、残りの六三％近くの小学校で宗教が教科として残っていた。それを地域別に見ると、宗教が存続していたのは、ピエモンテで四・四％、リグーリアで五・四三％、ロンバルディーアで七・五％、ヴェーネトで一二・三五％と、北イタリアでは世俗化教育が確実に進行していることが分かる。中部イタリアでは五二・五％、南部イタリアでは五八・四％の小学校で宗教が存続している。

そのことは、「歴史的左派」の政治指導者が追求しようとした世俗化教育において、南北イタリアで歴然とした格差が存在していることを示している。ここに、世俗化教育において地域的なまだら模様が生じることになる。このように、「歴史的左派」にとっても、学校を「市民の道徳的・文明的再生、国家の実質的な統合のための中心的な制度」とすることは容易ではなかった。

## 義務教育の地域的な格差

調査報告者の名前をとったブオナツィーア報告と呼ばれる、義務教育調査報告が一八七八年一月に発表された。それによって、コッピーノ法による就学年齢の延長による識字率の向上に立ちはだかる、農場や工場での児童労働の社会的現実が明らかになった。

ブオナツィーア報告では、北イタリアのベルガモとコモで工場での児童労働が指摘されている。ベルガモでは、製糸、織物工場で「六～一六歳の女子（男子は少なかった）が九〇一五人働いていた」。コモでは、「数百人の女子とそれより数の少ない男子が工場で働かされ、健康や勉学に多大な害」をもたらしていると述べている。

北イタリアと中部・南部イタリアを比較すると、それぞれの地域の小学校が置かれた状況の違いが浮かび上がってくる。一八七七～七八年学期から、中部イタリアでは開設される学校も、就学児童の数も全体として増加している。しかし、一二三五のコムーネで、四九八人の小学校教員が不足していたし、小学校から遠く離れたところに住む農民の子どもの教育は未解決のままであった。中部イタリアでは一〇～二〇歳までの読み書きのできる者は四〇％であるが、それを七〇％に引き上げるためには、「学校の増設」による無償義務教育の徹底しかないと報告書は指摘している。

南部イタリアの諸県では、次のような報告となっている。「最近の一〇年間に、教員が一三三八人、児童が八万五〇〇〇人増加している」が、「一五三六人の教員が足りない」。「学校数と通学児童の数は中部イタリアよりも非常に少ない」。南部イタリアを地域別に見ると、ナーポリでは法律に従って義務教育を施行しているコムーネは「わずか三一で、三七は行っていない」。アヴェッリーノとベネヴェントでは、「男子校は考慮されているが、女子校は少ない。能力ある男性教員を集めるのは難しいが、それ以上に普通に教養のある女性教員を見つけるのが困難である」。

南部イタリアのプーリアとカラーブリアでは、「コムーネの約半数が義務教育を宣言する段階になく、学校の数は少なく、教科目も脆弱である」。「大多数のコムーネで義務の履行を阻んでいる窮状への理解を視学官に求める必要がある」。バジリカータでは、「良き教員と意欲のある市長が存在しないわけではないが、民衆教育の状況はその他の地域よりはるかに困難である」。「なんらかの改善はあり、就学者の数も増えているが、教育体制の弱体や取り組むべき対策において、コムーネごとに大きな違いが存在する」。その上で、視学官の視察は諸要求を聞くだけで、それらに「有効で、持続的に対処する方法をもっていない」と、地方の教育行政に対する根本的な批判を行っている。

シチリアでは、「農民の窮状や農地の契約関係による極貧が学校の発展を阻害している要因」としている。「個々のコムーネで大量の教員と膨大な資金が必要であり、農民の子どもを学校に引き寄せることは困難である。彼らは幼い年齢の時から父親について早朝に畑に出かけ、夜遅くに疲れ切って家に戻ってくる。女子は畑仕事には行かずに、母親と家にいる。いくつかの女子校は十分な数の教員を欠いており、通学者も少ない」。「だれも貧しい農民の子どものことを思いやる者はおらず、その子どもを学校に通わせようともしない。コムーネ自体が、彼らを通学させることをしていない」。

シチリア島の三五九のコムーネでは、そのうちの二四九が教育義務を告示しておらず、報告書は次のように苦渋に満ちた結論を記している。「学校を改善する前に、民衆の言語を絶する貧困に対するなんらかの救済措置を講ずることの方がより重要である」。

この報告は、近代国家の成立から一五年を経た時期にあっても、とくに南部イタリアにおいて、初等教育の状況がほとんど変わっていないことを示している。とくに、シチリアにおいて少国民形成はいまだに手つかずの状況にあった。

## 「歴史的左派」の教育政策

「歴史的左派」の政治指導者には「文明の伝道者」という教員像があった。教員は「村落で、教区に象徴される反動勢力に対して、諸制度に忠実な、責任感のある、勤勉な、新しい市民的道徳をもたらす者として、新しい政治体制、自由主義を代表しなければならなかった」。彼らは、「無知と迷信に立ち向かう戦いに従軍した神聖な軍隊」の戦士であった。「歴史的左派」政権は、そうした理想を実現するために、縁故・賄賂が横行していたコムーネの教員採用を是正する政策をとることになる。

「歴史的左派」は、一八七六年に住民一〇〇〇人以下のコムーネに対して教員給与の増額を国家の責任で行った。一八七八年には小学校校舎の建設・修理・拡張などの費用を二〇年間、低金利でコムーネに融資し、一八八六年には教員の最低賃金の増額に対して、国家はその三分の二を負担することになった。教員の待遇改善は、この時期に結成された「教師の年金基金」の要求に応えるものであった。

そのような改善措置と並行して、初等学校の教育予算は年を追うごとに増加した。「歴史的右派」政権では一八六二年の通常予算の二％から一八七一年の一・四％に減少していた。これに対して「歴史的左派」時代に入ると、一八七七年には一・七％、一八八七〜八九年には二・七％、一八九八〜一九〇〇年には二・九％と次第に増加している。

無償義務教育の強化、世俗教育の推進と並んで、選挙制度改革は「歴史的左派」の重要政策の一つであった。「歴史的右派」には、教育は民衆が社会混乱を引き起こす要因となるという考えが存在していたが、「歴史的左派」は漸進的な普通選挙の実現には義務教育が大前提となると主張した。

一八八二年の選挙法の改正によって、選挙資格の納税額が二五リラから一九リラに、選挙年齢が二五歳から二一歳に、それぞれ引き下げられた。加えて、義務教育の小学校下級学級に通学し、卒業したものにも選挙権が与えられることになった。その選挙法によって、社会主義・共和主義勢力が進出することになる。議会外では教皇の権威に従順な、真のイタリア国民を自負するカトリック教徒の脅威が増大した。

### コッローディの書いた教科書

コッピーノ法が公布された一八七七年に、一冊の教科書が出版されている。それは『ジャンネッティーノ』で、著者は嘘をつくと鼻が伸びることで有名な『ピノッキオ』を書いたコッローディ（本名はカルロ・ロレンツィーニ Carlo Lorenzini 一八二六〜一八九〇）である。コッローディが『ピノッキオ』出版以前に数多くの教科書を執筆したことはあまり知られていない。彼は、賭け事で貯まった借金の返済のために、当初乗り気ではなかったが、出版社の求めに応じて教科書の執筆をやむを得ず引き受けた。出版社は国民教育の必要性を強く意識して、多くの児童書も出版していたフィレンツェのフェリーチェ・パッジ社である。

『ジャンネッティーノ』は、ジャンネットの愛称形で、「可愛いジャンネット」という意味である。おそらく、前掲のパッラヴィチーニが執筆し、広く教科書として使用されていた『ジャンネット』にならったものと考えられる。ジャンネッティーノは、コッローディの教科書シリーズの主人公となる。本書で使用したのは、一九二〇年にミラーノのサリオン出版社から出版されたもので、第一次世界大戦後の混乱期に出版されたものであるだけに、紙質が悪い。

イタリアの読本は、たとえ一年生用であっても、高学年のそれと同じ活字である。読本には、さまざまな内容が記述されている。『ジャンネッティーノ』も同様に、教訓的な話、植物、動物、昆虫、鉱物、保健衛生、医薬、農業、国家制度、歴史のほかに、子どもが規範とすべき倫理や道徳が盛りこまれている。

ジャンネッティーノの先生は、「気むずかしい、一分のすきもない服装の、年老いた」ボッカドーロ先生である。「金の口」を意味するボッカドーロという名前には、雄弁家という良い意味とともに、物知りであるが話を始めるととまらない人という否定的な意味がある。それにはコッローディ特有のユーモアが隠されている。

保守的な教育理念をもつボッカドーロ先生にとって、赤毛、碧眼で、学習意欲の乏しいジャンネッティーノはしつけの悪い犬と同じで、問題児であった。彼の教科書やノートには色鉛筆で落書きがあり、サクランボの汁で汚れている。彼は、家具を壊し、母親の扇子を破り、家に飾られていた「イタリア王国初代首相カヴールの肖像の眼鏡にいたずら描きをするような少年」である。

「銅像の季節」が始まったばかりの時期であるが、一八六一年に死去したカヴールの肖像が一般家庭に登場しているのはきわめて珍しい。それは、マッツィーニ主義者から君主主義者に転向したコッローディが、イタリア王国初代首相カヴールを子どもに視覚化させせようとしたと考えることができる。

先生は、いたずら好きのジャンネッティーノに社会規範、市民としての義務と権利を教える。その指導によってジャンネッティーノが成長していく筋立てのなかに、いくつもの教育的な課題が織りこまれている。「人間は、この世でなにかをする、専念する、働くことが義務である。怠惰は最も見苦しい病気である。子どもの時から、すぐにでもそれを治す必要がある。もし治さなければ、一生治らない」。それは、自分の好きなこと、楽しいことしか興味のない「ピノッキオ」をファータ（妖精）が諭す言葉に通じている。

コッピーノ法によって導入された新しい教科「市民の義務」に関わる憲法の説明では、まず絶対君主制と立憲君主制の違いを取り上げている。コッローディ独特のユーモアを交えて、絶対君主制は、「短いソックスと（保守反動の人の比喩である）弁髪のように、ヨーロッパのほとんどで今や時代遅れ」となっており、立憲君主制は、「憲法あるいは基本法と呼ばれる法律にまさに規定されている」。この説明を理解できないジャンネッティーノは、「憲法記念日を知っています」と、次のように語る。

その祝日は毎年六月の第一日曜日に行われます。その日に、祝砲が打たれ、賞や勲章が授与されます。兵隊さんは軍服を着て町を行進します。憲法記念日はイタリアの最も大きな祝日です。

このように述べた上で、「憲法がなにかが、まだよく理解できない」というジャンネッティーノに、先生は次のように説明する。憲法とは「個々人の間で締結された契約」であり、国民の「権利、義務、規則」を定め、「国王継承の規則も規定している」。国王は「行政権の最高の受託者」で、「国家の長で、国民の代表者」であり、「陸軍・海軍を統帥し」、「戦争を宣言し、講和・同盟を結ぶ」者である。『クオーレ』では、憲法記念日にトリーノに住む子どもの出身地を網羅するように優等生を選び、舞台に並ばせて表彰している時に、会場から「ここにイタリアがある」という声が発せられている。それは、この時期のイタリアの少国民形成を完璧なまでに描いたものである。一八七七年出版の『ジャンネッティーノ』、一八八六年出版の『クオーレ』は、教科書と児童書の違いと、出版年に九年の開きがあったとしても、「歴史的左派」政権の時期に憲法記念日の意味を子どもに刷りこんでいたことが分かる。

『ジャンネッティーノ』では、「最も神聖な義務」として、母を愛するように祖国を愛する義務を、次のように記述している。

本当に自分の祖国を愛する市民は、恥ずべき行為で祖国の名誉を傷付けてはならず、立派な、徳のある行いで、祖国の名を上げるように努めなければならない。祖国が危機にある時、武器をとって、まさに血と資財をもって、祖国を防衛するのが、市民の義務である。

そこには、第一次（一八四八～四九年）、第二次（一八五九年）の独立戦争に義勇兵として参加したコッローディの少国民形成の明確な意志を見ることができる。その後に、ボッカドーロ先生は一人の生徒に次のように尋ねている。

あなたの祖国はどこですか？
イタリアです。

イタリアの首都はどこですか？
ローマです。
首都とはどんなところですか？
首都は王国の第一番目の都市です。首都には王宮、議会、官公庁、国家のあらゆる役所の本部があります。

「あなたの祖国はどこですか」と、帰属する国家がトスカーナ大公国でもサルデーニャ王国でもなく、イタリア王国であることを子どもに確認させている。それは、祖国をイタリアと認識できない子どもだけでなく、大人も少なからず存在していたことを踏まえてのことであろう。それだけに、祖国イタリアとその首都ローマを子どもに確認させる必要があった。

世界の地理に関連して、国家と国民について次のように説明している。「文明人は、大きな家族として結合し、法律による支配の下で、一つの最高の権力に服従する」。国民は「共通の一つの地域に住み、同じ習慣をもち、大体同じ言葉を話す文明的な住民の総体である」。その「大体」という副詞には、トスカーナ語を国語とすることを主張していたコッローディのイタリア語についての認識が示されている。

最後の「試験の恐怖」の章では、一八一四年のナポレオンの失墜からローマ遷都までのリソルジメント運動の歴史を、口頭試験でジャンネッティーノに語らせている。試験を終えたジャンネッティーノは、ボッカドーロ先生と一緒に汽車で旅行に出かける。駅には家族や友達が見送りに来ている。友人の一人ミヌッツォーロは、ジャンネッティーノの耳元で、「生きた子猿がいたら、僕にもって帰ること、覚えていてね」と言った。

## 『ジャンネッティーノ』の続編『ミヌッツォーロ』

『ジャンネッティーノ』はまたたく間に三刷となり、五〇〇〇冊を売ったことから、パッジ出版社はコッローディに次の本を書かせた。それが一八七八年に出版された『ミヌッツォーロ　二番目の読本』（以下、『ミヌッツォーロ』と略記）である。

筆者が所有する『ミヌッツォーロ』は、一八八〇年の二版と、一八九八年出版の増補・改訂版で一八版を重ねているものである。ともに教育委員会認可と記されているが、学校関係者の評価はそれほど高くなかった。その理由は、『ピノッキオ』に見られるような、コッローディの独特のユーモアが教育にふさわしくないと判断されたからであろう。

『ミヌッツォーロ』は、旅行に出るジャンネッティーノを見送った後に家に戻ったミヌッツォーロが、いつもの朗らかさを失い、寂しそうにしているところから始まる。ミヌッツォーロは「多くの欠点をもってはいるが、心根のやさしい少年」である。そのミヌッツォーロを通じて、子どもに行動規範や道徳を教えている。

『ミヌッツォーロ』の第一の特徴は、ローマ神話から西ローマ帝国の崩壊まで、古代ローマの歴史を約六〇頁にわたって説明していることである。第二の特徴は、ワット、フルトン、スティーヴンソンなどを紹介しながら、近代技術・科学の発展として蒸気機関車や鉄道などを取り上げていることである。そこには、後述する実証主義の影響を見ることができる。

第三番の特徴は、イタリア王国成立に関する主要テーマを教えるよう指導する一八八八年の教育指導要領を先取りしていることである。それは、学芸会で生徒にイタリアの歴史的な愛国少年を演じさせている最後の部分である。ミヌッツォーロは、愛国少年バリッラの服装をして登場する。その他の子どもは、一五三〇年のガヴィナーナの戦いで重傷を負い、「瀕死の人間を殺した」という言葉で裏切り者マラマルドの卑劣な行為を告発した堅忍不抜のピエール・カッポーニ、一二八二年にシチリア島の民衆がフランスのシャルル・ダンジュー軍を追放した「シチリアの晩禱」事件、フランス軍の侵入を阻止した砲兵ピエトロ・ミッカなどを演じている。

## 『ジャンネッティーノのイタリア旅行』

コッローディが執筆した地理の教科書『ジャンネッティーノのイタリア旅行』（以下、『イタリア旅行』と略記）の北部イタリア（一八八〇年出版）、中部イタリア（一八八三年出版）、南部イタリア（一八八六年出版）は、イタリア王国の領土と地域的特徴、歴史・言語などを通じて、少国民形成を明確に意図したものとなっている。

『イタリア旅行』は、一八七七年にフランスで出版され、「多くのフランス人に愛読され、一九一四年までに七四〇万部」を売ったジュール・ブリュネの『二人の少年のフランス一周』を下敷きにしている。

『イタリア旅行』は、コッローディの執筆パターン通り、意外な展開で始まる。前述した『ジャンネッティーノ』の終わりの部分を思い出していただきたい。旅行に出かけるジャンネッティーノにミヌッツォーロが言った「生きた子猿がいたら、僕にもって帰ること、覚えていてね」という言葉につなげて、「生きた子猿を連れて帰った？」というミヌッツォーロの言葉で始まっている。そこには、まず導入部で子どもに強い関心をもたせる、コッローディの工夫が見られる。『イタリア旅行』の北部イタリア編では、コッローディの出身地であるフィレンツェの歴史・文化の説明から始まる。その理由は、次の文章に見いだせる。

フィレンツェ人はどんな方言を話しているか？
フィレンツェ人には方言はなく、イタリア語を話すのだよ。
そのために、イタリア各地の多くの家庭が子どもを勉強させるためにフィレンツェに送ってくるのだよ。

ここにはイタリアの国語に関わる議論が反映されている。コッローディは、マンゾーニを中心とするフィレンツェ語彙辞典委員会のメンバーとなっており、マンゾーニのトスカーナ語を国語とするという主張に賛同していた。そのために、『イタリア旅行』をローマではなくフィレンツェから始めたと考えられる。

「汽車のなかでのお勉強」では、子どもにも理解できるようなドラマ仕立てで、市民の権利と義務に関わる社会の規律化が示されている。

鼻髭を生やした紳士が、礼儀正しく、車内の青年に向かって言いました。
煙草を吸うのをやめていただきたいのですが。
なぜですか。この車両は喫煙者用で、煙草を吸う権利はあるのではないですか。
でも、ここには煙草の煙が嫌いな女性もいらっしゃいます。締め切った場所では、煙草に火をつけるまえに、少なくとも周りの人に許しを請うのが良いマナーではありませんか。

そのようなやり取りのあと、鼻髭の紳士は、「今すぐ、煙草を捨てなさい」と青年に命じる。青年はしぶしぶ煙草を窓の外に投げながら、ぶつぶつ言う。

こんなの横暴だよ。モーデナに着いたら、思い知らせてやるからな。
どうやって思い知らせるのだ。私こそ、君を平手打ちするよ。

そこで、子どもは、「それでどうなったの」と、ジャンネッティーノに尋ねる。モーデナに着くと、若者は「悪い態度で、すみません。私が間違っていました。それを教えていただいたことに感謝します」と紳士に言って、目にもとまらぬ速さで消えていったとジャンネッティーノは答える。

ここには、地理の教科書でありながら、同時に権利、義務、モラルなどの社会規範が具体的に示されている。それだけではなく、汽車のなかで、通過する駅とリソルジメント期の戦争を関連させて教えている。トリーノに向かう車中ではサヴォイア家の歴史が語られている。「祖国の父」ヴィットーリオ・エマヌエーレ二世が「イタリア人の念願を達成した」として、「サヴォイア家の君主のなかで、サルデーニャ国王の称号をイタリア国王に変える名誉に浴した」と説明している。

トリーノからミラーノに向かう車中では、世界的に有名なビエッラの絹織物について語り、第一次独立戦争を教えている。一八四九年三月にオーストリア軍に敗北した戦場の「ノヴァーラは我々の歴史の痛ましい一頁としてイタリア人に記憶されている」と述べている。

ミラーノでは、中世時代から一八四八年の「ミラーノの五日間」と呼ばれる民衆の蜂起までの歴史のほかに、その地の料理、工業製品、方言を教えている。ステンドグラスを通してしか外光の入らない暗い大理石のドゥオーモと、それときわめて対照的な、ガラスと鉄筋でつくられた、イタリアの近代を象徴するヴィットーリオ・エマヌエーレの名前を冠したガッレリーアを案内している。

その後に、イタリアを独立へと導いたサン・マルティーノとソルフェリーノ戦場跡で、敵味方を問わずすべての戦死者の遺骨をおさめた納骨堂に行き、ボッカドーロ先生は次のように語り、ジャンネッティーノを感涙させている。

イタリア人は我々の素晴らしい国境を奪い返すことを誓った。それに成功した。この栄光の日々の現場を見たことを誇りに思わなければなりません。君たちは、この栄光が多くの血と涙で成し遂げられたことを忘れてはなりません。

これは二度にわたって義勇兵として独立戦争に参加したコッローディの、ボッカドーロ先生の言葉を借りた、偽らざる心情であったろう。

『イタリア旅行』の中部イタリア編は、中部イタリアの諸都市を取り上げているが、多くの頁を割いているのがローマである。ボッカドーロ先生がローマでジャンネッティーノを最初に案内したピンチョの丘から、「全世界に法をもたらし、カトリックの都市となり、現在はイタリアの首都であるローマ」を眺望して、「素晴らしい！　偉大だ！　崇高だ！」と、ジャンネッティーノに感激の声を上げさせている。

一九二九年版では、一九一一年に除幕式が行われたヴィットーリオ・エマヌエーレ記念堂について二頁を割いている。国王の偉業を説明し、記念堂正面に一九二一年に設けられた無名戦士の墓の前で、厳粛さのあまり身も心も引き締まったジャンネッティーノに「とっさにお辞儀」をさせている。そこには、第一次世界大戦後に鼓舞される祖国のための「死者への礼讃」を見ることができる。

『イタリア旅行』の南部イタリア編は、北部・中部編と比べて表面的であるが、それはリソルジメント運動の主たる舞台ではなかったこともあろう。もちろん、ガリバルディと千人隊の遠征のほかに、一八六二年にガリバルディがローマ併合を目指して決起した南部イタリアのアスプロモンテの変が取り上げられている。加えて、コッローディが強い関心をもっていた国語に関連して、ナーポリ、シチリアの方言について言及されている。

## 『クオーレ』と『テスタ』の対立

一八八〇年代のイタリアでは、教育をめぐって情緒的愛国主義と実証主義が激しく対立していた。

それは「心」と「頭」の対立とも言い換えることができる。

一八八六年にデ・アミーチスの「心」を意味する『クオーレ』が出版された。その翌年、パーオロ・マンテガッツァ（Paolo Mantegazza　一八三一〜一九一〇）は「頭」を意味する『テスタ』を出版した。『クオーレ』は少国民形成の必読本として、イタリアだけでなく、それこそ世界中で翻訳された児童書である。『クオーレ』には一度も聖職者が登場せず、明らかに反カトリックで、世俗的な特徴をもっている。それが広く読まれたのは、犠牲的精神、友情、勇気、弱者への思いやりなどを説き、タイトル通りに子どもの「こころ」に訴えるもので、センチメンタリズムを特徴としていたからであろう。

デ・アミーチスとマンテガッツァは友人関係にあり、ともにリソルジメント運動を経験していた。デ・アミーチスは第三次独立戦争で軍人として戦い、マンテガッツァは一八四八年のオーストリア支配に対する蜂起「ミラーノの五日間」に市民として参加した。

人類学者、病理学者であったマンテガッツァは、『クオーレ』を強く意識して、『テスタ』を書いた。それに『クオーレ』の続編と記されているように、主人公の名前は同じエンリーコであった。しかし、『クオーレ』がエンリーコをめぐる友人関係を通じて愛国心を子どもに訴えたのに対し、『テスタ』は病気で学校に通えなくなったエンリーコが、船乗りだった祖父の家で療養し、世界と自然、近代科学を学ぶという内容である。一八八〇年後半の少国民形成の方法と内容をめぐる『クオーレ』と『テスタ』の対決、「こころ」と「あたま」のせめぎ合いは、本の販売数では、世界的なベストセラーとなった『クオーレ』に軍配が上がった。

マンテガッツァは、『テスタ』を出版する以前の一八七〇年に、『労働の栄光と喜び』を出版している。そのなかで、彼は、天文学の父と称されるガリレオ・ガリレイ（Galileo Galilei 一五六四〜一六四二）を始めとして、見習うべき自然科学者の名前を列挙し、次のように述べている。

富は、気を付けないと消えてしまう、火のようなものである。富は労働の子どもであり、労働によらねば保護することも、育てることもできない。イタリアの各地で上流貴族の莫大な財産がすっかり少なくなり、消えてしまっているのを見てごらんなさい。この怠け者の困窮した衰退に並んで、商業・工業の子どもである富の新しい湧水が出ている。未来の偉人は、先祖代々の控えの間で刀の柄に手を置くしかめた顔の封建領主ではなく、綿や木材の仕事に従事し、雑貨商、技師、農民、織物工場の労働者を祖先にもつ者である。彼らは、剣による征服ではなく、機関車や犂による征服を追求した。暴力による略奪は労働と理性の力によって再征服されるであろう。

その上で、「偉大な国民は、偉大な労働者が自らの重労働を誇りにするように、堂々としている」が、その理由は「国民の最も素晴らしい徳の一つである国民的自尊心が、国民の労働の嫡出子であるからである」と述べている。

『労働の栄光と喜び』は、自分の腕一本で出世した人物の原型となったベンジャミン・フランクリン（Benjamin Franklin 一七〇六〜一七九〇）の自伝や、サミュエル・スマイルズの『自助論』の翻訳に始まる、イタリアの自助論に関わる重要な本のすべてを要約した、セルフ・メイド・マン（企業家あるいは起業家）へのクリスマスプレゼント用の本と評されている。

## 一九世紀後半にイタリアを席巻した自助思想

サミュエル・スマイルズは、ダーウィンが『種の起源』を出版した一八五九年に、『自助論』をロンドンで出版した。その冒頭に「天は自ら助くる者を助く」が記されている。その『自助論』は、当時のイタリアでは珍しく英語に堪能であったグスターヴォ・ストラッフォレッロ（Gustavo Strafforello 一八二〇〜一九〇三）の翻訳で、一八六五年に『神は自ら助くるものを助く』というタイトルで出版された。

日本では、一八七一年（明治四年）、中村正直の翻訳で『西国立志編』として出版されている。それが福沢諭吉の『学問のすゝめ』と並んで、明治時代の青年に多大な影響を与えたことはよく知られている。

筆者の手元にあるイタリア語版『自助論』は、翻訳者が変わって一九一五年に出版された七六版で、それを購入した読者が一九二〇年六月一〇日と購入日を記している。そのことは、二〇世紀に入ってからもイタリアで『自助論』が読まれていたことを示しており、ところどころにアンダーラインが引かれていることから読者に強い影響を与えたことが想像される。

イタリア語版『自助論』の副題に「ゼロ（無）からより高い地位に上ることを知っている人の物語」とある。その内容は、古代から近代までの数百名の科学者・芸術家・政治家を取り上げて、その人たちのように努力せよ、ひたすら努力せよ、努力に勝る天才なしと、徹頭徹尾、呼び掛けるものである。社会的地位を獲得した著名人たちを取り上げて、あらゆる困難は意志力によって克服できるとして、刻苦勉励による社会的上昇を青年に鼓舞するものであった。

ストラッフォレッロは、自由業や役人という職業を望む若者の傾向を批判し、生産的労働を賞讃した。それは、「政治的な要求に客観的に応える、個人的行動の規範と社会観」を示すものであった。自助の福音は、怠惰なイタリア人というイメージを払拭し、それをつくり直すことが可能な「麻薬」を提示するものであった。

## 『意志は力なり』

『自助論』とともにイタリアで読まれたのは、ミケーレ・レッゾーナ（Michele Lessona 一八二三〜一八九四）の『意志は力なり』である。困難は意志力によって克服できることを表題にしたものである。そのイタリア版『自助論』とも言える『意志は力なり』は一八六九年出版された。トリーノ大学の動物学教授で、ダーウィン主義者であったレッゾーナは、「読者に向けて」の冒頭で、出版にいたる経緯を記している。

一人の友人が、もし若い時にこの本を読んでいたら自分の人生は違ったものになっていただろうと言って、スマイルズの『自助論』をもってきた。その後、フィレンツェのバルベーラ出版社から、「民衆教育協会」が募集している懸賞論文に応募を勧める手紙が届いた。それには、「今やイタリアでは革命の時代は終わり、我々の未来のすべてが知的で根気が必要な労働にかかっている」と記されていた。

レッゾーナは、「貴金など目もくれないで」、スマイルズの『自助論』をモデルに、『意志は力なり』を書き上げた。彼は、「人間と土地」と題した第一章でイタリアの豊かな地理的環境に触れた上で、「祖国の統一は達成された」が、そこでなによりも求められているのは、若者の心に「意志の徳を教えこむことであり、意志は力なりという箴言は正しい」と述べている。続けて、「民族の偉大さは、古代も現代も、市民の堅固な意志と断固とした持続力という徳が存在しないところでは、たちどころに衰える」と語っている。

その上で、外務大臣であったルイージ・フェデリーコ・メナーブレア（Luigi Federico Menabrea　一八〇九～一八九六）の通達が転載されている。それについて、当時、イタリア人移民が多く住んでいたリオン、パリ、カラカスのイタリア領事に送った一八六七年一二月一七日付の通達を「気にいった」ので転載すると記されている。その内容は、イギリスで人気を博した『自助論』と同じようなものがイタリアで発行されれば、イタリア人の「競争心をかき立て、示された範例に従うように仕向けられる」ため、困難を克服し、成功したイタリア人移民についての情報収集を領事に依頼するものであった。

メナーブレアはイタリア王国成立以前にイタリア全土の科学者の会議を主催した人物でもあり、近代科学に関心をもっていた。通達は、「歴史的右派」の政治指導者として、彼が自立的な国民の形成に腐心していたことを示している。

『意志は力なり』の内容は、豊かで、強い国を建設するために、怠惰、無気力を打破し、無から富を築いた人々やそれぞれの出身都市の特徴を、パレルモからトリーノまで都市ごとに挙げている。各都市の模範となる偉人の「肖像画を飾った美術館」とも言える内容を通じて、「粘り強い、強靭な意志を保持する」人間を賞讃し、肉体労働者を見下す偏見を否定し、民衆教育の必要性を主張し、娯楽小説を「民衆科学」の書物に取り換えることを説いている。

レッゾーナの意図は、あらゆる障害・困難を乗り越えて、科学、芸術、産業の分野で成功をおさめた著名な同時代人を列挙し、彼らが誕生して間もないイタリア王国の各地で、その地の固有の問題と発展に取り組んだことを示すことにあった。レッゾーナは、識字率の向上や女性の社会進出も論じている。

自助精神を強調する多様な書物が出版された理由は、怠惰で無気力というイタリア人に対する否定的評価や、国民的統一に対する意識の欠如、経済活動の弱体を踏まえて、イタリア人に積極的な企業家精神の必要性を訴えることにあった。レッゾーナもストラッフォレッロもともにピエモンテ人であったが、彼らは工業・商業活動に目標を定め、豊かさの創出に努めるブルジョアを代表していた。スマイルズの模倣者、ダーウィン主義の「ステレオタイプな普及者」は、イタリアの「工業化と連動した社会的行動に直接的に影響を与えようとした」。

たしかに、勤勉による社会的上昇を鼓舞した『自助論』と、その類書がイタリア社会にもたらした影響は大きかったが、勤勉、努力などの社会規範やモラルを唱えた人々のすべてがスマイルズの理念に鼓舞されていたわけではない。ある者はカトリックの教義にもとづいて、ある者は保守的なイデオロギーによって、それを論じていた。

前述した統一以前から使用されていた教科書の著者で、保守的なカトリック教徒のカントゥーは、『ベンジャミン・フランクリン伝』を書いている。彼は、確固としたカトリックの教えによって、「神は自ら助くるものを助く」を「満足するものは幸せなり」と一致させ、勤勉を尊ぶ労働のモラルを強調した。

カントゥーと同様に、統一前に教科書を書いたパッラヴィチーニ、トゥールもまた、報賞は真面目な労働の成果であり、それを勤勉によって実現することを説き、生活向上の秘密は「多くを望まず、たくさん働く」ことであることを示した。それはあらゆる人々に向けられた教育的メッセージであった。

アウグスト・アルファニ（Augusto Alfani 一八四四～一九二三）は、一八九〇年に『戦闘と勝利「意志は力なり」の新しい例』を出版している。彼は敬虔なカトリック教徒で、実証主義の教育方法に反対し、宗教への従順を説いている。「偉大な戦いの勝利者」、すなわち人生の成功者だけでなく、勝利を得ることがなくとも勇敢に戦った人々や、人間の義務の戦いにおける地味な勝利者についても、見習うべき模範例として言及した。

### 実証主義とはなにか

『自助論』の翻訳者ストラッフォレッロは、実証主義について、一八八二年に出版した『生活の学校』で次のように述べている。

これまでは観念論が君臨していた。今は実証主義が主権を握り、統治している。これまでは信仰が信じられていたが、今は科学で確認する。これまでは天界の未来を夢見ながら苦しみに耐えたが、今はこの地上を活用して楽しんでいる。世界はどんでん返しとなった。良くも悪くも、我慢するしかない。新しい実証主義の理念に従って、新しい社会環境にふさわしく、人間を教育する必要がある。それは、功利主義、利己主義と好きなように呼べばいいのだ。言うなれば、他人に害を及ぼさないという条件で、自分自身に可能な限りの益をもたらすように教育する必要がある。

実証主義は産業革命後のヨーロッパで広まった。その主要な論者は、フランスの社会学者オーギュスト・コントである。その影響を受けたのが進化論と適者生存の考えを提示したイギリスのハーバート・スペンサーである。経済学者のトマス・ロバート・マルサスは、一七九八年に著した『人口論』で、食糧との関係で人口過剰、貧困が必然的に発生するという考えを示した。これはチャールズ・ロバート・ダーウィンの進化論を支える思想となった。イタリアでは、実証主義哲学者・教育学者のアルディゴ（Roberto Ardigo 一八二八～一九二〇）がいる。アルディゴは、形而上学的、観念的、精神主義なものに対抗して、実証主義を提示し、教育学を「教育の科学」と見なした。

科学を最優先する実証主義は必然的に世俗主義であった。実証主義者は、科学にもとづく進歩の名において、迷信を徹底的に排除した。それは学校を教会から解放し、教育の自由を実現するという世俗的要求であった。一九世紀後半のイタリアの思想界を席巻した実証主義は、「三流の哲学」と言われながらも、政治家たちのカトリック離れを促し、世俗的価値を重んじる傾向を生み出した。カトリック教徒は、実証主義者を無神論者、伝統と権威に反抗する者と批判した。観念論哲学者は、倫理的・道徳的あるいは理念的な内容を学校から取り除くものと実証主義を批判した。しかし、時代思潮はリソルジメント時代の精神主義から実証主義へと大きく変化した。スマイルズの自助思想は、実証主義と相まって、一九世紀の後半に国民教育の一つの構成要素となり、教育の世俗化との関連で、イタリアの少国民形成に大きな影響を与えた。

# 第3章　帝国主義時代の少国民形成

## クリスピと植民地獲得

「イタリアは非常に空腹であるが、歯が弱い」と評したのはビスマルクである。それは、一九世紀後半に「日のあたる場所」を求めて植民地獲得競争に遅れて乗り出し、それに苦闘するイタリアを表現したものである。

「最も確信的、最も強情」な植民地主義者と評されたクリスピは、一八八七年七月に首相となった。彼は、政権時代の一〇年間（一八八七〜九六年）に、ビスマルクのドイツと親交を深め、「弱小国のなかで最大の強国」の道を追求し、軍事力を強化し、植民地政策を推し進めた。

一八六九年のスエズ運河開通によってヨーロッパとアジアが結合し、ヨーロッパのアフリカ東部への進出が容易になった。イタリアが列強の進出していない、資源に乏しい東アフリカのソマリア沿岸に植民地獲得の第一歩を印したのは一八七〇年のことである。ルバッティーノ海運会社は、紅海沿岸のアッサブと、その周辺の諸島の所有権を獲得した。デプレーティス内閣は一八八二年にルバッティーノ海運会社からアッサブを買収し、イタリア領とした。

ベルギーのコンゴ領有をめぐる紛争を調停するためにビスマルクが開催したベルリン会議(一八八四~八五年)で、植民地は先に占領した国が領有できるという先占権の原則が確認された。イタリアは一八八二年にドイツ・オーストリアと三国同盟を締結していた。一八八五年に、イタリアは紅海沿岸のマッサワを占領した。一八七〇年には船会社を通じて植民地獲得の夢を実現したとすれば、一八八五年は仲介者を通さずに国家が直接にアフリカ分割競争に参入した。

統一から二五年目にあたる一八八四年に、トリーノで開催された博覧会の中心は「リソルジメント史パビリオン」であった。「祖国の父」ヴィットーリオ・エマヌエーレ二世の銅像が中心に置かれたパビリオンには、「いかにわが祖国が誕生したのか」という歴史が絵巻物のように展示された。そのことは、サヴォイア家を統合原理とする国民形成が推し進められていたことを明確に示すものである。その博覧会のもう一つの目玉は、一八八二年にイタリア最初の植民地となったアッサブから連れてこられた「同国人」である。そのことは、アッサブ人を通じて、イタリアの国境の拡大と「同国人」をイタリア人に認識させることを意味した。

しかし、イタリア軍は一八八七年一月に、マッサワ近くのドーガリで敗北し、四三〇人の戦死者を出した。この事件はイタリアで大きな衝撃をもって受け止められ、アフリカへの膨張政策に対する抗議運動が各地でおこった。

クリスピは、エチオピアを「文明化」するとして、一八八九年にエチオピア戦争を開始する。ウッチャリ条約によって、軍事衝突もなく、イタリアは一八九〇年にはエリトリアを植民地化する。一八九六年五月一日、アドゥアに向けて進軍したイタリア軍は、六五〇〇人以上の戦死者を出す壊滅的な敗北を喫した。それは、ヨーロッパのどの国もアフリカで経験したことのない大敗北であった。植民地獲得政策を積極的に進めてきたクリスピは、その敗北の責任をとって首相を辞任することになる。

クリスピ時代の内政では、「第二の、完成度の高いイタリアの行政統一」と言われる行政改革が一八八八年に行われた。そのほかに、二一歳以上の男子で、読み書き能力があり、五リラ以上の税金を納める者に選挙権を拡大した選挙法（一八八八年）、死刑廃止を定めたザナルデッリ法（一八八九年）、孤児院・幼稚園から養護施設など慈善団体のすべてを内務省の管轄下に置く慈善施設法（一八九〇年）などが制定されている。他方、クリスピはアナーキスト・社会主義者と対決し、農民の生活環境の改善などを要求するシチリア・ファッシ（一八九三年）の運動を軍事力によって弾圧した。

### クリスピによる国民形成

対外的には植民地獲得を、国内では社会統合を推進したクリスピは、国民の結束を強め、体制への合意を拡大する国民形成政策をとった。クリスピは、それまでサヴォイア家と穏和的自由主義者に独占されてきたリソルジメント運動の遺産に民主的・愛国的なものを加えて、それまで対立していた民主主義者と君主主義者を「和解」させようとした。そのために国民的英雄であるガリバルディの遺産を活用した。

「祖国の父」の死後に始まった「銅像の季節」は、ローマ併合二五周年にあたる一八九五年九月二〇日に、最高潮に達した。クリスピはローマのジャニーコロの丘でガリバルディの巨大な銅像の除幕式を行い、鳴り物入りで顕彰した。それに合わせて、イタリア軍が一八七〇年にローマに侵入した九月二〇日を、憲法記念日に続く二番目の国家祭日とした。新しい国家祭日を祝賀する行進の先頭を占めたのは、赤シャツを着たガリバルディ主義者とシルクハットをかぶり、白手袋をしたフリーメーソン員であった。反教権主義のフリーメーソン員が堂々と公的空間に登場したことは、カトリック教会に対抗する世俗化の高揚を示していた。

そのことは、同じ年にローマのカンポ・ディ・フィオーリ広場に、ジョルダーノ・ブルーノ（Giordano Bruno 一五四八～一六〇〇）の銅像が、フリーメーソンを中心とする募金によって建立されたことでも分かる。ブルーノは宇宙の無限性と理性の自立性を主張して、カトリック教会から異端として一六〇〇年に火刑となり、思想の自由に殉じたと言われる人物である。火刑となったカンポ・ディ・フィオーリ広場にヴァチカンを向いた彼の銅像が建立されたことは、カトリック教会への対抗を示すものであった。その政治的意図は、フリーメーソン員であったクリスピの反教権主義の表明にほかならなかった。

クリスピが追求した君主主義者と民主主義者の「和解」は、ヴィットーリオ・エマヌエーレ二世だけでなくガリバルディやマッツィーニを加えた複数の「祖国の父たち」の「愛国的物語」を強調した。それは教科書にも反映されることになる。

### 教育指導要領を先取りした教科書

イタリアで発行されるすべての出版物は、一八八五年一〇月二八日に発布された「図書館規則」によって、フィレンツェ国立図書館への寄贈が義務付けられ、それにもとづいて『イタリア出版目録』が一八八六年から発行されている。それに収録された膨大な数の教科書タイトルのなかに、国家が取り組んだ国民形成のプロセスと特徴を垣間見ることができる。

一八八〇年代に出版された教科書のタイトルには、『農民と職人』『イタリアの職人』といった伝統的な農村社会を反映したもののほかに、『良き市民』『善意の手本』『愛』『義務』『良い子、悪い子』といった道徳教育を意図したもの、「自助論」を反映したと考えられる『徳と労働』、そして愛国心の形成を目指す『人間と祖国』『祖国と人類』などが見られる。軍隊内に設立された識字学校や、大人の非識字者のために設立された夜間学校・日曜学校用の教科書も出版されている。一八九〇年代になると、ウンベルトあるいはヴィットーリオといった国王と同名の少年を主人公とする教科書が登場することになる。

クリスピ時代に、一八六六年の教育指導要領から二二年後の一八八八年と、その六年後の一八九四年の二回、それぞれの時代の政治を直接的に反映した本格的な教育指導要領が出されている。一八八八年の教育指導要領は、後述するように実証主義、自助思想を理念とするものであったが、その指導を先取りした教科書がすでに出版されている。そのような教科書の一冊が、一八八〇年出版の『模範と教訓による最初の道徳的・市民的義務』である。

その教科書でとりわけ印象的な箇所は、生まれ育った巣に戻れなくなった病気の燕を例にして、祖国愛について語っているところである。仲間が飛び去り、一羽だけ取り残されてさめざめと泣く燕に、その地の一羽の鳥が飛んできて、「ここの空気は健康によく、水も新鮮で、どんな病気も治せる」と

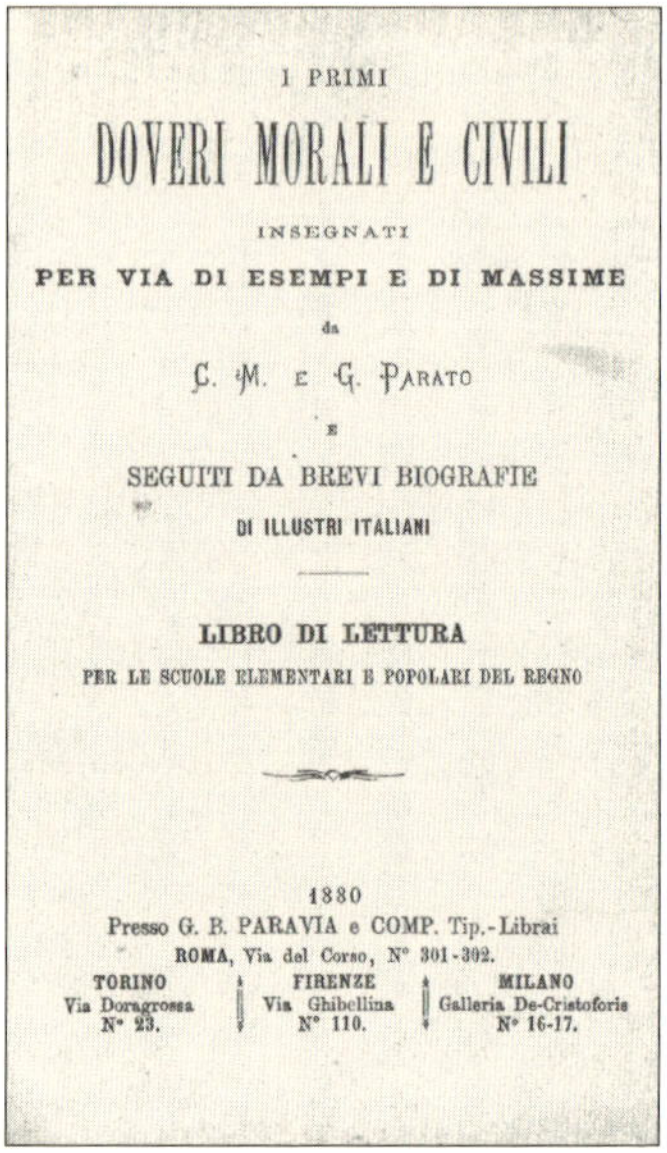
I PRIMI
DOVERI MORALI E CIVILI
INSEGNATI
PER VIA DI ESEMPI E DI MASSIME
da
C. M. E G. PARATO
E
SEGUITI DA BREVI BIOGRAFIE
DI ILLUSTRI ITALIANI

LIBRO DI LETTURA
PER LE SCUOLE ELEMENTARI E POPOLARI DEL REGNO

1880
Presso G. B. PARAVIA e COMP. Tip.-Librai
ROMA, Via del Corso, N° 301-302.
TORINO Via Doragrossa N° 23. | FIRENZE Via Ghibellina N° 110. | MILANO Galleria De-Cristoforis N° 16-17.

図3-1　1880年出版の『模範と教訓による最初の道徳的・市民的義務』の表紙

慰める。燕は「病気は重いけれど、泣いているのはそのことではない」と答える。

鳥は「仲間の燕と別れたことが悲しいのか」と聞くが、燕は「仲間たちを愛しており、彼らと別れたことは悲しいが、泣いているのはそのことでもない」と答える。「もう見ることのできない、両親の帰りを待って幸せだった巣を思って泣いているのだ。私にほほ笑んでくれた空、最初の食べ物を得て、育てられ、愛するようになった土地を思って泣いているのだ。祖国を思って泣いているのだ」。これを聞いた鳥も、燕の言うことを理解して、「たしかに、大切なのは祖国だね。遠く離れて生きなければならなくなった時に、祖国を思い、泣くのは当然だよ」と言う。

この話を取り上げたのは、教員がこの感傷的な話で子どもに祖国の意味を教えていたことを示す痕跡が教科書に見られるからである。この話がある頁の下部は、少し汚れて、文字がかすれている。それを何度も生徒に読み聞かせた教員の指でこすれたものと思われる。そのことは、想像するに、この燕の話が気にいった教員が一九世紀後半のイタリアの小学校で、祖国愛について熱心に教えていたことを示している。

その話に続いて、「私たちの祖国はイタリアである」、「祖国愛ほど、私たちの愛で尊いものはほかにない」と、一転して愛国的な内容となる。トリーノを防衛した砲兵のピエトロ・ミッカの名前を挙げて、「祖国への愛は、必要があれば、身体と命を犠牲にしても、それを守る義務である」と、軍国的な少国民形成を説いている。

この教科書のもう一つの特徴は、明らかに自助思想に影響を受けたものとして、「知識は最大の善である。無知は最大の悪である。無知は貧困よりはるかに劣るものである」と述べていることである。徳育 Educazione に関わる格言として、「徳の高い人間になることは、生活のなかで最も重要なことである」「怠惰は悪徳の父である」を挙げている。「労働」の格言として、「労働は人間に課された要件であり、いかなる方法であれ働くことはすべての人が行わねばならないことである」「働くだけでは十分ではない。倹約する必要もある」と、怠惰を戒め、労働と倹約を奨励している。

そのことと関連して、古代ローマ神話のローマ創建者ロモロから始まりカヴールで終わる、イタリアの代表的な五三名の偉人の略伝が教科書の半分近くを占めている。そのなかには、「父親は農民で、羊飼いをさせられた」が立派な画家、彫刻家になったジョット（Giotto di Bondone 一二六七～一三三七）、極貧の家庭で育った画家のドナテッロ（Donatello 一三八六～一四六六）なども紹介されている。

ここに、歴史上の偉人や英雄たちを「模範」として学ぶことの重要性を訴え、子どもの学習意欲をかき立て、貧しい家庭に生まれた者でも努力によって人生を切り開かせようとする、スマイルズが『自助論』で示した立身出世の影響を見ることができる。

三番目の特徴は、サヴォイア家の神話化された叙述である。つねに緑色の服装をしていたことから

「緑伯」と呼ばれたアメデーオ三世を、その治世下の一四世紀にサヴォイア家が「領土を拡大し、名声を高めただけでなく、目標をもっぱらイタリアに置いた」として、イタリア統一の先駆者と位置付けている。一六世紀のエマヌエーレ・フィリベルトは「サヴォイア家の最良の君主の一人で」、産業や文化を振興し、トリーノを首都とし、公文書をイタリア語で書かせたと語っている。カルロ・アルベルトは、「息子のヴィットーリオ・エマヌエーレを最初のイタリア国王とするために粘り強く協力」し、「敵の銃弾に身をさらしたイタリア半島の君主のなかで唯一人、最初のイタリア市民と認められた」と述べている。

この記述により、イタリア半島の辺境に位置し、一七一三年に王位を得たサヴォイア家とイタリア王国成立の関係を一四世紀まで遡らせる万世一系的な歴史的神話を創り、それを機能させようとした、この教科書の著者の意図は明白である。

フィレンツェで児童書の執筆活動を通じて、女性の地位向上などに貢献したイーダ・バッチーニが一八八五年に出版した『小学四年男子用の読本』にも、自助論の影響を受けた叙述が見いだせる。工房での働き先が決まり、学校に行くことの必要性に疑問をもった小学四年の息子に、父親が次のように語りかけている。

勉強はつねに有益である。それをお前に教えてあげよう。もし算数がよくできれば、計算し、請求書や領収書を書けて、友達の助けを当てにしなくてもよい。地理の勉強は他の国民の習慣や風習、彼らの産業の進歩を知るのに役立ち、バカバカしい間違いをすることもない。もし少し頭が良ければ、一生労働者でいることはなく、なにか機械を発明し、装置を完成するであろう。

このように、学ぶことは社会的上昇につながるという自助思想が、子どもに功利的・実利的に説明されている。また、教育に関心のある作家、出版社が、国家の教育方針を先取りして、イタリアの少国民形成に積極的に関わっていることを示している。

## 一八八八年の教育指導要領

近代イタリアの、最初の本格的な教育指導要領が一八八八年に出された。その時の公教育大臣パーオロ・ボセッリ（Paolo Boselli 一八三八〜一九三二）は、「帰属する一つの大きな民族の諸制度によって守られる安全と力は、国民の義務、勇気、勤勉にかかっているという道理に合った喜びを児童に自覚させる」ことを教育目標とした。それは少国民形成の明確な意志表明にほかならなかった。

その教育指導要領は、その序文を執筆した教育学者アリスティデ・ガベッリ（Aristide Gabelli 一八三〇〜一八九一）の名前をとって、一般にガベッリ教育指導要領と呼ばれる。そこには、「民衆は教育を通じて向上しなければならない」と考える実証主義者ガベッリの思想が強く反映している。

「体力の強化、知識の吸収、清廉な精神」、すなわち体力、知識、道徳の三つを教育目標に掲げた教育指導要領の初級学級の歴史の指導は、「義務感、公益に対する献身、祖国への愛を、例証しながら子どもに鼓舞することを忘れてはならない」となっている。農村部の学校の歴史教育では、「偉大な国家に帰属することに喜びを感じさせる」ために、「民族的リソルジメント（再興）に関わる主要な事件」を教え、「地理は黒板にイタリアの形を繰り返し書き」、「地域ごとに分けて、主要都市の場所を示し」、記憶させるように指導している。小学校の全学年に共通する国家が掲げる道徳律を網羅した教科「市民の義務」では、次のような指導が示されている。

わが国の諸制度からうける恩恵を理解させ、栄光に溢れる祖国に帰属することを誇りと感じさせ、言葉でなく、必要とあれば自らの愛国的な犠牲をもって、国の保護と向上に寄与し得る真摯な感情を育成する。今日のイタリアの成立にどれだけの犠牲が払われたのか、また統一を維持しなければ、イタリア人は安穏な生活を望めないことを理解させるために、地理と歴史を利用することを怠ってはならない。

そこには、国を守るためには命も厭わないことを国民の義務とする教育指導が本格的に開始されたことを見ることができる。

### 実証主義と自助思想を反映した教科書

一八八八年の教育指導要項では、子どもに身近な地方から始めて、イタリア全土の地理概念へと発展させ、それを「国の成り立ち」の歴史と結合させる教育指導が示された。三年の地理では「県の川、湖、山、主要な都市」と「イタリアとそれを構成している地域の全体的理解」を指導している。この指導と連動して、各地方に特化した教科書が出版されている。

一八八八年の教育指導要領に盛りこまれた実証主義、自助論、そして統合原理としてのサヴォイア家を網羅した教員用の教科書マニュアルがある。それは、カルロ・テゴーンが書いた、一八八八年に出版された都市部・農村部併用の小学三年生用の読本『フルゴリーノ（一歩前進）』を使用する教員の手引書である。その本は、師範学校教員であったグイード・アントーニオ・マルカーティがミラーノで設立した小学校教員の地位改善のための組織「教育の覚醒」とヴァラルディ出版社の共同出版である。

マルカーティが発行していた『教育の覚醒』誌には、多くの実証主義者が寄稿している。幼児教育者で、教員の質の向上を主張していたマリーア・モンテッソーリ（Maria Montessori 一八七〇～一九五二）もその一人であった。マルカーティは、小学校の国家移管や教員だけで構成される委員会の教科書選定を主張し、教育や教員の抱える問題に関心をもつ政治家たちに対する圧力団体である「学校党」を組織していた。

『フルゴリーノ（一歩前進）』の著者カルロ・テゴーンはマルカーティの師範学校での教え子であった。テゴーンはその手引書の冒頭で、学校の重要性について、次のように生徒に説明するように指導している。

すべての人が教育を受ける知能をもっているので、学校はすべての人に必要なものである。貧しい人には貧困から身を起こすのに有益であり、富める者にはその富の使用方法を知るために有益である。男性には携わる仕事を学ぶために、女性には家族を助け、必要な時には生計を立てるために有益である。

それに続いて、「勉強は下層の状況からも出世を可能とする」とし、貧しい家庭でも偉い人になった次のような例を挙げている。豚飼いを父親とする教皇シクストゥス五世（一五二〇～一五九〇）、牧夫の子どもであった画家のジョット、船乗りの子どもであったガリバルディ、靴屋の子どもで公教育大臣になったコッピーノ、大理石職人の子どもで彫刻家になったアントーニオ・カノーヴァ（Antonio Canova 一七五七～一八二二）、角笛吹きの子どもで作曲家になったジョアキーノ・ロッシーニ（Gioachino Antonio Rossini 一七九二～一八六八）など、教皇・偉大な芸術家・国民的英雄・政治家である。改めて指摘するまでもなく、ここには明確に自助思想が示されている。さらに、一九世紀末の農村部の民衆に信じられた魔女を迷信として、近代科学を重視する実証主義による指導も示されている。

その昔、無知な者は、通常年老いた醜い女性である魔女が未来を占い、とくに子どもに害をもたらし、悪魔と関係する力をもっていると、信じていた！ すべて作り話であり、迷信である！ 魔女として、棒でうたれ、有罪とされ、殺され、火あぶりとなった女性たちがなんと多いことか。また、ある男たちは自分のことを魔術使い、妖術使いだと思いこんでいた。残念なことであるが、ある地方では、とくにコレラ、天然痘、ペストが伝染したときなどは、魔女、魔法使い、妖術使いがまだ信仰されているのだ。

この指導は、とくに農村部に根強く残る俗信、迷信を否定し、近代的・科学的知識を普及させることを目的としていた。とくに、伝染病が蔓延したときに近代的な医学知識を与えることは、何にもまして重要なことを示している。

一九世紀後半になると、アルコール依存症が身体に害を及ぼすだけでなく、社会的秩序を乱す要因にもなるという世論がしだいに高まっていた。そうした世論を背景として、一九〇二年にミラーノで、六〜一二歳までの子どもの飲酒調査が行われている。それによれば、子どもの八三％が食事の時にワインを飲み、四〇％がリキュール酒を飲んでいることが分かった。この数字に驚いた教育関係者は、アルコール依存症が人類の衰退を招き、犯罪や精神障害の原因になることを子どもに教えることが必要であると判断した。そのような状況を踏まえてのことであろうが、次のような指導が行われている。

酔っぱらいを見たことはありませんか？　酔っぱらいの目はどうなっていますか？　どのように話しますか？　どのように歩きますか？　酔っぱらいになるのは、貧困などを忘れようとして酒を飲んだり、悪い友達に無理やり飲まされたりするからで、その結果、お金を使い果たし、借金をし、身体をこわし、喧嘩をするのです。彼らは楽しもうとして飲むのですが、飢えで苦しむ家族のことを忘れてしまうのです。家に帰れば汚物を吐き散らし、妻や子どもを殴りつける。終わりには、病院で命を終えるか、刑務所に送られることになる。たとえ生き長らえたとしても、働く力もなく、足・手・頭が中風病みのように震えるぼろぼろの身体になってしまうのです。

このように、アルコール依存症が家庭にとどまらず、社会のなかで作り出す暴力、犯罪、事故にも言及することで、子どもにアルコールに関わる社会規範が示されている。そのことは、怠惰を戒め、労働を奨励する自助思想ともなっていた。

道徳規範・社会規律について、家父長社会のなかでの長男の地位と義務を次のように指導している。昔は長子相続として長男が家督相続していたが、「今日、子どもは権利と義務においてすべて平等」となった。しかし、「長男が弟に模範を示し、弟は彼を助け、相談を受ける義務を有し、弟は長男を愛し、尊敬し、彼に従わねばならない」。

身体にハンディキャップのある人は、「不幸な人々です。彼らに同情しましょう！ そのような人の真似をするようなことがあってはなりません！」として、社会モラルも示されている。生徒への指導は、服装にまで及んでいる。「金持ちは華美に着飾ることができるし、そのことが仕事や事業を助ける。あまり裕福でない者は質素な服装にすべきである。贅沢は家庭の破壊である。裕福でないのに華美な服装をする人は、称賛されるよりも、笑いものになる」。「贅沢を慎み、より倹約を」、そして「子どもの時から質素な服装で、行儀良くすることを重んじるように習慣付けよう。絹の服を着て、身体に装飾品をつけて美しく思われようという馬鹿げた気持ちは捨てて、分相応に生きましょう」。

さまざまな職業の社会的役割が示され、職業や貧富で人を差別することを戒める道徳規範も示されている。例えば、尼僧の役割について次のように説明している。「尼僧は、隣人に救済の手を差しのべるために、現世の楽しみを捨てた尊い女性である。彼女たちは、家や病院で、母親、姉妹、女医、看護婦の代わりにとても汚い仕事までして、病人の世話をします。慈悲深い尼僧は、コレラ、天然痘、ペストといった危険な病気が発生したところに、患者の苦しみを慰め、和らげ、痛みを取り除くために駆けつけて、非常にしばしば神の恵みを祈りながら死んでいきます。慈悲深い尼僧は戦争にも行きます。それは戦うためではなく、負傷兵や瀕死の兵士を治療するためです。彼女たちは尊い方々です！」

郵便配達人についても説明がある。そこでは、切手の役割と種類、手紙の消印、為替の利用を説き、郵便貯金通帳を示して貯蓄の意味を解説している。加えて、郵便配達人は「勤勉で、秘密を守り、健脚家で正直者でなければなりません」と述べている。このように、近代社会における郵便の役割とその仕事に携わる人々の社会的重要性を説明している。

続けて、サヴォイア家を統合原理とする、少国民形成に関わる決定的な指導が行われている。地理の授業では、生徒が親しみをもつように、長靴の形をしたイタリアの国境の広がりを視覚的に認識させるように、教員に次のように指導している。

イタリア王国は長靴の形をしている（地図でその長靴の形をしたイタリア王国の諸部分を見せなさい。足を入れるところ、ふくらはぎとすね、縫い目、靴の先、かかと、土踏まずの部分、拍車の付いている部分）。イタリア王国は半島である。君主国である（なぜか）。現在、統一し、自由で、独立している（この言葉の意味を説明する）。

その上で、「祖国の父」としてのヴィットーリオ・エマヌエーレ二世について、次のような説明をするように指導されている。

統一イタリアの最初の国王。一八二〇年に生まれ、一八七八年に死去。イタリア王になる前はピエモンテの王であった。ウンベルト一世の父親。サヴォイア家出身。サヴォイア家の王族は一九世紀からその価値を認められるようになる。当初は伯爵、一四〇〇年には公爵、そして一七〇〇年頃に王の地位を得た。

続けて、統合原理であるサヴォイア家を子どもの意識に刷りこむ指導と手順がきわめて手際よく行われている。

あなたたちの町になにか記念の銅像がありますか?
その銅像はどこにあり、だれの銅像ですか?
なぜその銅像が建てられたのですか?
だれがその銅像の費用を出したのですか?
なぜイタリアの多くの町にヴィットーリオ・エマヌエーレ二世の銅像があるのですか?

この畳みかけるような質問の最後に、ヴィットーリオ・エマヌエーレとはだれですか?　という質問でとどめを刺している。この最後の質問には、次のような模範的な答えが用意されている。彼は、「イタリアを統一し、一つの王国を創ろうと、そして兄弟たちが一つの家族を形成し、一致して強く自由に生活することを望んだ」人である。では、なぜヴィットーリオ・エマヌエーレ国王は「祖国の父」と呼ばれたのか？「なぜなら、すべてのイタリア人が唯一の家族を構成するからです」。その国王は「紳士王」とも呼ばれたが、それは「自由を保持することを、そして王位と生命をかけてそれを守ることを国民に約束したからです」と、説明するように指示されている。

もう一冊の教科書は、前掲のバッチーニが一八八八年の教育指導要領にもとづいて、一八九三年に出版した小学二年・三年用の『どのように人間になるか』である。それには巡回図書館所蔵印があり、使い古されていることから、子どもだけでなく大人も読んでいたことが想像される。著者自身も、「大人と、子どもの読者」に向けて書いていることから、明らかに民衆教育を意図したものと考えられる。その特徴は「サル」という章で、ダーウィン主義の影響が見られることである。

一見すると、サルは人間と非常に似ている。サルはほとんど四足で歩いているが、後ろ足で簡単に立てるし、座れるし、手のように前足を使うこともできる。彼らは非常に頭が良く、教育もすることができる。人真似もできる。サルは、動物のなかで、人間に次ぐ地位にある。

そこには、人間の祖先がサルであるという明確な記述はないが、人間は神によって創られたという叙述もない。これが、キリスト教の教えを決定的に否定せず、科学的な教育を行う、実証主義の影響を受けた一九世紀末のイタリアの、初等教育の現実であったと考えられる。

「祖国」の章では、子どもが「私たちの祖国がイタリアであることは知っているけれど、なぜ愛さなければならないのか分からない」、と父親に尋ねている。これに対して父親は、「君の祖国は単にイタリアだけではない」、母が子どもを膝に乗せて寝かせ、父親が歩行訓練をした家、遊んだ草原、勉強した学校、慶弔に際して国旗が掲げられる市庁舎、オリーブや小麦が実る畑も祖国であると説明する。

その上で、同じ祖国をもつ人々は同国人で、一つの国民を形成すると言う。「イタリアに住む二九〇〇万人の大きなイタリア家族である」祖国が、敵に攻撃された時は、父が家族を守るように、国民は戦わねばならないとし、「武器をもてるものは兵士であり、彼らに国の防衛が託されている」と説明している。

## 一八九四年の教育指導要領

一八八八年の指導要領から六年後の一八九四年に、新しい教育指導要領が発布された。それは、一八九一年一月に三度目の首相となり、国内では強権的な、国外では帝国主義的な政策を進めるクリスピ首相と、公教育大臣グイード・バッチェッリ（Guido Baccelli 一八三〇～一九一六）の意向に沿った、世紀末のイタリアを取り巻く内外の状況を鋭く反映したものである。

小学校を「市民と兵士の工場」にしようとしたバッチェッリは、教育指導要領を「クリスピに見られるアフリカでの植民地獲得と、権威的な政策に示された民族主義的な傾向」に合致させた。それには、一八九二年のイタリア勤労者党の結成、一八九四年のシチリア・ファッシなどの社会騒乱も影を落としていた。

バッチェッリは、「あらゆる教科で、まずは祖国のために戦い、死ぬことを教え」、「体育を単なる筋肉訓練に限定することに満足しないで、軍事的意図において教育する必要がある」として、軍事訓練の必要性を強調している。それは、教育指導が実証主義から脱皮し、帝国主義時代の要請に応えるものとなったことを示している。

一八九四年の教育指導要領では、児童の学習能力に対応して、教科が削減・再編された。その特徴は、イタリア語教育の強化、「地理」と「市民の権利と義務」を一本化した教科「イタリア史」、新しい教科「道徳教育と鍛錬」に見ることができる。

イタリア語は「すべてのイタリア人にとって調和と祖国愛のシンボル」として、その重要性が強調され、「方言」から「国語」への転換を図ろうとした。バッチェッリは、「地理」、「市民の権利と義務」、「イタリア史」を統合した教科を「永続的な市民教育の最初の形態」として、「イタリア史」は子どもに「祖国を知らしめ、愛するようにし、イタリア性の意識を覚醒させ、それを鼓舞する調和のとれたものであらねばならない」と述べている。

歴史教育の究極の目的は、世界に輝く「ローマから発せられる統一と偉大さの前兆として、尊敬される強力な民族に帰属することを感じさせながら、義務の感情から生まれ、強化される権利の意識と満足感を児童に与えること」であった。ここに、マッツィーニが主張した、第一の「皇帝のローマ」、第二の「教皇のローマ」に続く「第三のローマ」とイタリアを捉え、植民地を拡大し、強国を目指すクリスピの政治思想が反映されている。

「市民の権利と義務」では、「投票は権利であるが、道徳的には義務である」ことや、その権利を放棄することは税金の「義務を逃れるためのあらゆる不正行為が他者の権利を損なうのと同じ、いやそれ以上の犯罪である」ことを教えるように指導されている。とくに、「権利が義務と必然的に対応する理念」であることが強調されている。「市民の義務」では、「法律に対する従順と祖国愛が、正直・勤勉・犠牲にもとづく日々の行為に変化するような、道徳的に一新された世代が小学校から」輩出されねばならないと指導されている。

一八七八年に義務化されていた体育の目的は、児童を「強健で、敏捷に」することのほかに、「秩序の感覚と、健康と力への信頼から生まれる、いかなる障害にも立ち向かう勇気」を鼓舞することにあった。唱歌の授業は、「徳と祖国を心地よく語る祈願と賛歌」として、児童の「心を高揚させる」よう指導が求められている。

新たに設けられた教科である「道徳教育と鍛錬」では、家庭でしつけられる道徳に権利と義務という社会規範を加える指導が示されている。その際に、「教育の重要な手段」である鍛錬は、「全員に義務を履行させるために、脅威や罰を必要としない権威の穏やかで冷静な行使」である。権威は「指導の極点」であり、「教員が十分な教養をもち、学校を愛し、完璧な市民で、公正であること」を自ら示すことによって生まれるとされている。「労働」も一八九四年に新しく設けられた教科である。それは、男子には農業の初歩的な知識と実践的授業、女子には保健衛生や家事といったものである。

このように、一八九四年の教育指導要領では、工業の発展にともなう社会変化が価値観、理念、習慣、伝統に危機をもたらしたとして、愛国心の育成だけでなく身体の管理から規範・道徳にいたるまで、懲罰と権威をもって国家が介入し、少国民形成が追求され始めたことが分かる。

## 一八九四年の教育指導要領に対応した教科書

一八九四年の教育指導要領は、「思慮を欠いた、内容に問題のある」教科書が「家庭と学校で横行している」と激しい口調で批判している。公教育大臣バッチェッリは、クリスピの「リソルジメント的価値を呼び起こす、民族主義的・権威的な要求」に応えて、「ますます増加する多様な教科書」の問題を解決するために、全国共通教科書の導入を考えた。それは実現されなかったが、一八九四年以降は公教育大臣の任命する中央委員会が教科ごとに複数の教科書を認可することになる。それは、県ごとに教科書リストを提出し、それを中央委員会が認可し、そのなかから教員が選択するものであった。

一八九四年の教育指導要領に対応した教科書では、サヴォイア家と民族的・国民的運動としてのリソルジメント、すなわち国民国家を樹立した「君主制と国民」の二項が打ち出されることになる。それこそ、一九世紀末の社会・政治状況を踏まえて、クリスピが追求した国民形成の理念であった。

リソルジメント史から始まるイタリア国史として、サヴォイア家を中心に置いて、『いかにイタリアは形成されたか』『イタリア人の祖国、すなわちイタリア』『イタリアのリソルジメントの教理問答』『我らのリソルジメント』といったタイトルの児童書や教科書が登場するようになる。『祖国愛』『イタリアを愛せよ』といった少国民形成に不可欠な言葉が、タイトルとなっているものもある。また、教科書のタイトルに「祖国の父」のヴィットーリオ、当時の「善良王」のウンベルトの名前が登場しているものもある。

一九〇一年発行の教科書には、『イタリアの良き子ども』『母なる国』『わが祖国』『イタリアの栄光』、一九〇三年発行の教科書には、『わが家！　わが祖国！』『家族と祖国』が見られる。そのタイトルから、家族と祖国を一体化し、ナショナル・アイデンティティの強化を図ろうとする教育方針を知ることができる。

一九〇四年発行の教科書には、『ローマ建国から今日までの祖国の変遷』というタイトルが見られるが、それは古代ローマと現代イタリアを連続性において捉えた、国民形成の一つの特徴である「過去への回帰」を示すものである。小学生に直接的に愛国心を鼓舞する『イタリアを愛せよ』、あるいは建国の英雄を賛美し、子どもに愛国心を鼓舞する『祖国と英雄たち』というタイトルもある。この特徴は、「大戦争」と呼ばれる第一次世界大戦をはさんで、さらに鮮明になっていくことになる。

一八九四年の教育指導要領にもとづいて一八九六年に出版された『小学三年生男子の読本「心と生活」の手引書』がある。著者ペコレッラは、その序文の「同僚に向けて」で次のように述べている。

とりわけ必要なことは、子どもが正義感を獲得することである。その理由は、イタリア人であることを誇りに思うことで、過度な自信過剰による他民族の軽視に陥らないためである。歴史の逸話は子どもの誇りを満足させるためではなく、法律に従順で、一生懸命に働き、良き市民となるように鼓舞するために、語らねばならない。

歴史教育の方法については、次のように述べている。

子どもに戦争を有名になる手段としてではなく、苦しみをともなう必然と見なされるように配慮しよう。殺された敵の数を示すのではなく、美辞麗句を排して、軍事的事実を話す。独立の戦いと関連して、羊毛職人、皮職人、ロンバルディーアの武器製造職人なども倫理的に価値があることをつねに思い起こさせること。私たちは、兵士の国民を形成するのではなく、必要な場合は、祖国のために戦い、自らを犠牲にすることを理解する、正直で、勤勉な市民としての国民を形成することを目的としなければならない。

リソルジメント運動については、「イタリアを賞讃し、外国人からの解放の歴史を語ることから始める」ことを指導している。興味深いことは、著者が次のように語っていることである。「国の偉大さはその市民の価値にかかっている」として、イタリアの独立はヴィットーリオ・エマヌエーレの「公平無私な性格」と「慈愛に満ちた」行動によってのみ実現されたのではなく、「もしイタリア人がそれを理解し、従うことがなく、勝利にいたるまで戦い続けることなく、持続的に勇敢でなければ」実現されなかった、と。この部分は、イタリア王国がサヴォイア家だけでなく、王家と国民が一体となって樹立されたというクリスピの理念を、教育現場でそのまま教えるように指導したものである。

ペコレッラは、『祖国を偉大にし、幸福をもたらすものは、人間と市民のあらゆる義務を果たす、徳のある人間」と明確に述べている。「一つにまとまった民族を構成する人間が国民を形成する。もし国民がすべて良くて、一人だけ悪かったとすれば、その人間の悪意は小さな災いである。もし悪人が二人いれば、その災いはより大きなものとなり、もし、三人、百人、千人の悪人がいれば、災いはますます大きくなる」と、世俗的道徳論にもとづく少国民形成教育の指導を行っている。

ペコレッラは、市民の義務を「法律の順守、祖国への愛、労働への愛」として、「祖国の力は市民の善意、調和、勤勉にあり」として、教員は憲法で認められた「市民の主たる権利、すなわち選挙権、個人の自由、住居の不可侵、出版の自由、請願の権利」を子どもに教えることを指示している。「徴兵適齢者」の章では、市民の権利と義務として徴兵について教えなければならないとして、「最も利口で頭のよい子どもに」、次のように読本を、要約するように指示している。

フェデリーコは、徴兵を受けて非常に苦しんでいる。顔を曇らせていることを隣人からとがめられ、陽気なふりをして、軍隊に入った。派遣された町から、母親に、日々の生活を細かく書き記した手紙を送った。クリスマスには、思いがけなく家族のもとに帰ることができ、親しい人々と楽しく過ごして、軍隊に戻った。除隊して家に戻った時に、母親は大きく成長したフェデリーコを見て、満足した。

この話の最後に、「神聖な」国旗の重要性を強調しながら、「軍隊は偉大で、幸せで、寛大な家族である。その家族の長は、陸海軍の指揮者である国王である。軍隊の主要な徳は上官の命令に絶対的に服従する訓練である。もし、軍隊が訓練されていなければ、国家はその力をすべて失う」と、生徒に述べるように指導している。

教科書では軍隊には良好な人間関係が存在し、そこで若者たちは大きく成長すると書かれているが、現実は決してそうではなかった。兵士の自殺者数は多かった。一八六一～六三年には年平均五〇～六〇名の自殺者を軍隊で出しており、その数字はイタリアの自殺者数の一〇％に相当するものであった。軍隊内部の自殺と犯罪を予防するために、一八八五年には銃弾の保管を徹底する措置がとられ、それによって自殺者は一八八一～八五年の年平均八五人から一八八六～八七年の五七名に減少した。

フィレンツェのアカデーミア・クルスカの会員で、「イタリア語辞典」の編集委員でもあったピエトロ・ダッツィ（Pietro Dazzi　一八三七～一八九六）は一八九八年に『女子一年生の読本』を出版している。その教科書は、「道徳的・市民的教育を開始するために国家祭日を祝賀し、歴史的モニュメントを訪問する意味を理解させねばならない」という一八九四年の教育指導要領に忠実に従っている。ダッツィの教科書は、トスカーナ地方で行われる五月二九日の祭日を例にとり、イタリア民族とトスカーナの歴史を次のように説明している。

今日はお休みである。それは外国人からイタリアの一部を解放するために戦って五月二九日に亡くなったトスカーナ人を追悼するために教会にお祈りに行くからである。トスカーナ人は、ロンバルディーアのクルタトーネとモンタナーラで、一八四八年五月二九日にオーストリア軍と遭遇し、戦いとなった。トスカーナ側は六〇〇〇人、オーストリア側は二万五〇〇〇人であった。トスカーナ人は勇敢に戦い、敵に抵抗を続けた。最後には敗北したが、その敗北は勝利と同じように偉大であった。祖国のために戦死した彼らのために神の恵みを祈る。

このように、小学校での愛国主義教育は、児童に身近な自分たちの住むトスカーナ人の歴史的記憶を例にとりながら、それをイタリアのリソルジメント運動と関連付け、祖国イタリアに対する義務を教えることが、女子一年生にまで及んでいることが分かる。

## 世紀末のイタリア

アドゥアの壊滅的な敗北によって、サヴォイア家の尚武のイメージが深く傷付き、世紀末の危機が訪れた。アフリカへの軍事的進出を支持したウンベルト一世は、情け容赦のない批判を浴び、厳しい局面に立たされた。国民を結び付ける力が脆弱で、縫合することが困難な傷口が開いた。その危機感はソンニーノ（Sidney Costantino Sonnino 一八四七〜一九二二）が書いた「憲法に戻ろう」という論文に示されていた。

保守的自由主義者のソンニーノは、その論文を匿名で、一八九七年一月号の『ヌオーヴァ・アントロジーア』誌に発表した。彼は、そのタイトルに示されるように、植民地獲得戦争の敗北、民衆運動の激化などによって危機に瀕したイタリア王国を救い、守るために、憲法で定められた王権を強化することで国家危機を乗り切ろうと主張した。それは、社会主義と教権主義者の伸長に対抗して、憲法の修正に関わる議論も内包していた。世紀末のイタリアでは、憲法記念日の意義も色褪せてきていた。

憲法が発布された一八四八年の時点とは、状況があまりに異なっているという認識が広まっていた。一八四八年にサルデーニャ王国で憲法が発布されてから五〇周年にあたる一八九八年三月四日、すなわちサヴォイア家と国民の「金婚式」に際して、それまで追求されてきた王家と憲法は危機に立たされていた。その憲法発布五〇周年の記念式典の二カ月後の五月六日に、ミラーノで民衆暴動が発生した。

凶作によるパン価格の高騰に抗議しておこった暴動に対して政府は戒厳令を敷き、バーヴァ・ベッカーリス将軍率いる軍隊が民衆を鎮圧し、数百人の死者が出た。そのすべてが武器をもたない市民であった。ベッカーリス将軍が民衆に銃を発射したことについて、当時ミラーノで歌われたカンツォーネには「残忍な君主主義者バーヴァは鉛の銃弾で貧者の餓えを満たす」という歌詞があった。パンを要求する民衆の暴動を軍事力で鎮圧することに「国王が同意し、多分それを要請した」として、「善良王」の偶像は失墜し、サヴォイア家は危機に陥った。この時期から、国王は「敬意」ではなく「議論」の対象となっていた。

この時に国王ウンベルト一世の終曲は始まった。一九〇〇年七月二九日、モンザで、ガエターノ・ブレーシという名の一人のアナーキストによって国王は暗殺された。ブレーシによれば、武器をもたない絶望した民衆を殺害した責任は国王にあり、その責任者を罰したというものであった。ところが、この「王殺し」はウンベルト一世を「殉教王」として神聖化させることになり、統合原理としてのサヴォイア家を再稼働させ、それを救うことになる。

「イタリアは出来た、イタリア人を創らねばならない」

近代イタリアの国民形成に関わる有名な言説として、マッシモ・ダゼーリョ（Massimo D'Azeglio 一七九八～一八六六）が統一直後に述べたとされる「イタリアは出来た、イタリア人を創らねばならない」がある。それは、国家形成は実現した、これから国民形成を行わねばならないという意味である。それが記されたとされる一八六六年に出版された彼の『わが回想』には、その言葉は見いだせず、長い間にわたって言説だけが独り歩きしてきた。その言説のもととなったのは次の言葉である。

イタリアが最も必要とするのは高潔で、強い特質を備えたイタリア人を形成することである。あいにく、日々、ますます正反対の方向に進んでいる。残念ながら、イタリアは成った、イタリア人は出来ていない。

おそらく『わが回想』を書いていた時期、すなわち統一から三年目の一八六四年一二月三日の議会演説で、ダゼーリョは国民形成の困難性を次のように吐露している。

我々全員が努力する目的はなにか。イタリアを民族の実体としてまとめることである。異なる町や地方と、分裂した心と意志の、どちらがまとめるのに容易であろうか。とくにイタリアにあっては、前者よりも後者の方がはるかに難しいと考える。

ダゼーリョは、絵を描き、小説も書く文人政治家で、サルデーニャ王国首相もつとめ、教会と国家の関係を改革するとともに、後継者にカヴールを選んだ。『わが回想』にも綴られているが、彼は当時の政治家としてはきわめて希有な存在で、統一前に南部イタリアにまで足を延ばし、階層を超えた多様な人的交流を行っている。

彼は南部イタリアの状況を熟知していただけに、南部イタリアを含めたイタリア統一には反対の立場をとっていた。ただ、彼が統一を早すぎたと考えていたという解釈はできない。むしろ、イタリアの国民形成に立ちはだかる困難を踏まえて、同質的な国民の形成がいかに困難であるかを述べたのである。

「イタリアは出来た、イタリア人を創らねばならない」という言説は、イタリア王国成立から三五年を経た一八九六年三月、イタリアがアドゥアで屈辱的な敗北を喫し、ナショナル・アイデンティティが危機に陥った時に登場したのである。

その創作者は公教育大臣もつとめた文学者でもあるフェルディナンド・マルティーニ（Ferdinando Martini 一八四一～一九二八）であった。それは世紀末の危機に際して、二五〇〇万人のイタリア国民がいまだに実体化されていないことを踏まえて、「イタリア人を創らねばならない」と述べたのである。

反教権主義が衰退し、教育の世俗化が停滞していたことに危機感を抱いたマルティーニは、反教権主義者で、国民的詩人と呼ばれたジョズエ・アレッサンドロ・カルドゥッチ（Alessandro Giuseppe Carducci 一八三五～一九〇七）に、「教育学者がおしゃべりをしているうちに、学校は教会に取って代われている。素晴らしい代用だ！」と皮肉交じりに記している。

# 第4章　ジョリッティ時代の教育改革

## 「可愛いイタリア」の始まり

イタリアの二〇世紀は「ジョリッティ時代」の開幕を告げ、世紀末に生じた傷口が徐々に治癒されていくことになる。二〇世紀初頭から第一次世界大戦勃発まで、ジョヴァンニ・ジョリッティ（Giovanni Giolitti 一八四二～一九二八）が、三度（一九〇三～〇五年、一九〇六～〇九年、一九一一～一四年）首相をつとめ、イタリア政治を主導したことから、「ジョリッティ時代」と呼ばれる。その時代は、クリスピの「偉大なイタリア」からジョリッティの「可愛いイタリア」（イタリエッタ）と変化し、自由主義、工業化、都市化で特徴付けられ、植民地政策でも新たな展開を見ることになる。

イタリアはエチオピアに敗北し、捕虜引き渡しに多額の金額を支払ったことに対するトラウマも癒え、植民地主義者の圧力団体は世界の「文明化の使命」をイタリアが果たすことを政府に要求し始める。一九〇〇年、ジュゼッペ・サラッコ（Giuseppe Saracco 一八二一～一九〇七）内閣は義和団事件の鎮圧と天津の防衛を掲げて、二〇〇〇人の遠征部隊を中国に派遣した。

イタリアの関心は、一万人近いイタリア人コロニーが存在していたチュニジアを植民地にする主張もあったが、アルジェリアを植民地化していたフランスがチュニジア領有を主張した時、崩壊の危機にあったトルコ領のトリポリタニアに定まった。イタリア・ナショナリスト協会と新聞社はその地をイタリアの「約束の地」とする世論喚起を行った。

一九一一年一〇月五日、トリポリタニアとキレナイカの領有を目指して、一〇万人のイタリア軍兵士が上陸した。その戦争は一年弱で終わり、一九一二年にその地をイタリアに併合し、リビアと改称した。一九一四年七月、イタリアはリビアのほぼ三分の一を支配したが、そこが豊かな「約束の地」ではなく、「大きな砂のくそ貯め」であるのを知るのに時間はかからなかった。

第一次世界大戦の勃発によって、トルコやドイツの軍事支援を受けたアラブ人が、イタリア支配に激しく抵抗したことで、植民地の全面放棄も一時期検討された。それに合わせるように、キリスト教のヨーロッパを守るためにイスラムに対する聖なる十字軍として、カトリック教会による「国王と祖国のために、神とともに」といったスローガンが登場する。

### ヴィットーリオ・エマヌエーレ三世の統合機能

「殉教王」ウンベルト一世の後を継ぎ、イタリア王国の三番目の国王となったのはヴィットーリオ・エマヌエーレ三世である。彼は、「祖国の父」が一七年、「善良王」が二四年であるのに対して、四六年と一番長く国王の地位にあった。

彼は、世紀の転換点に現れた大衆社会の兆候に対応して、自らの生活スタイルを変えた。国王と王妃エーレナの王室はブルジョア家庭を演出し、「民主的君主制」と形容されることになる。政治指導者はサヴォイア家の伝統的・歴史的な資産を国民化という目的に活用し、反体制勢力の王室批判も弱まり、「社会主義的君主制」という形容さえも生まれた。

統一五〇周年にあたる一九一一年は、「イタリア人を創る」という困難な道程の到達点として大々的に祝賀された。その五〇年間で実現した経済的発展を誇示するために、イタリア王国の最初の首都トリーノ、二番目のフィレンツェ、そして三番目のローマで盛大な博覧会が開催された。その際に、ローマの中心地ヴェネツィア広場に面して建立された「祖国の父」にささげられた壮大なヴィットーリオ・エマヌエーレ二世記念堂の除幕式が行われたが、それはサヴォイア家のイタリア王国を象徴するものであった。

その年を「祖国の聖年」と命名した文学者パスコリは、「イタリア人の自由への渇望」と「サヴォイア家の功績」を讃え、「王家と国民の相互の信頼と団結」による祖国を、「古代ローマの記憶の枠組み」のなかに位置付けた。

統一五〇周年に関わるタイトルの児童書・教科書も出版された。『一八六一～一九一一年　子どもに記憶させる国民生活の五〇年』『イタリア王国宣言から五〇周年　小学校の男子・女子生徒の記念式典』『祖国の再生　一八六一～一九一一』『輝かしい五〇年　一八六一～一九一一年』などである。

## 「イタリアの再生」の思潮

国民国家成立から半世紀になろうとしていたイタリアで、国民形成はいまだ道半ばであった。一九〇六年にアブルッツォの青年が徴兵検査に合格し、入隊することになった時、「イタリアへ出発する」と言ったという証言がある。それは国民が「イタリア」を祖国として認識するまでにいたっていなかったことを示しているが、決して特殊な例ではなかった。祖国イタリアのために戦うという意識が国民のなかに芽生えるのは、大量に農民が動員され、総力戦となった第一次世界大戦まで待たねばならなかった。

イタリア王国成立五〇周年を迎えた時期に、イタリアに走る亀裂である南部問題が鋭く指摘されるようになる。犯罪学者アルフレード・ニチェーフォロ（Alfredo Niceforo 一八七六〜一九六〇）は「正常」な北イタリアと「病んだ」南イタリアとして、南部の後進性の要因を人種的違いに求めた。ニチェーフォロは、二つの異なる人種が住む二つのイタリアを統一することは不可能として、南部と北部に異なる政府を置くべきであるとさえ主張した。

南部主義者ジュスティーノ・フォルトゥナート（Giustino Fortunato 一八四八〜一九三二）も、「豊かで、健康で、教養に溢れ、発達し、市民的で」「ヨーロッパ的な」イタリアと、もう一つは「貧困で、隔離され、マラリアを病み、読み書きができず、後進的で、野蛮な」「アフリカ的」イタリアの、「二つのイタリア」論を発表している。

社会主義者フィリッポ・トゥラーティ（Filippo Turati 一八五七〜一九三二）は、北部を近代的イタリア、南部を封建的イタリアと捉え、「北部と南部は二つの民族である。最も貧しい南部からは多くの人々が大西洋を越えて逃げている」と述べている。

一八八一年から二〇年間に、二二五万人以上ものイタリア人が移民として外国に出ていた。その六七%が移民したアメリカ合衆国で、移民制限が行われるようになり、移民を数多く出していた南部イタリアに大きな影響を与えていた。その移民については、当時の教科書にも登場している。一八九四年の教育指導要領に対応し、公教育省から認可されたことが明記された一九〇四年発行の都市部の小学校三年用の読本には、ジェーノヴァの埠頭で目にした「胸の痛む光景」が記されている。それは移民のために「乗船を忍耐強く待っている千人を超える群衆」で、「貧しさで恐れるものもなくなった」若い頑強な男子、青ざめて痩せ細ったぼろ服をまとった女性たちであった。

私は涙をこらえることができなかった。彼らは、わずかな財産を売って、生まれ育った村と家を捨て、親、友達、祖国に別れを告げ、なにも知らない遠い国に行くのです。そこでは、言葉も理解できず、習慣も食べ物も違います。たくさん稼げ、故郷よりは良い生活ができるという希望をもって着いた先には、わずかの所持金をだまし取る悪者が待ち構えており、わずかな賃金で過酷な労働を押し付けられます。

この話の後に、次のように呼び掛けている。

故郷に戻りなさい、あなたたちが行くところでもまた、飢えと貧困が待ち受けているのです。もう一度試してみなさい。自分たちの腕の力を信じることで仕事はうまくいき、村の仲間も助けてくれるでしょう。あなたたちの涙で濡れた大地は肥沃になり、穀物も果物もたくさんとれるでしょう。

帝国主義時代に突入したイタリアの新たな道を模索する思想や前衛的な文化運動も二〇世紀初頭に登場した。エンリーコ・コッラディーニ（Enrico Corradini 一八六五～一九三一）は『イル・レーニョ』誌を発行し、ナショナリズムの思想を展開する。前衛的な文化運動を代表するジュゼッペ・プレッツォリーニ（Giuseppe Prezzolini 一八八二～一九八二）は、統一から半世紀が経ようとしているにもかかわらず「偉大なイタリア」になっていない現実、そのイタリアを指導している政府や政治家を批判した。

## 国民形成における教育の重要性の指摘

前述した「憲法に戻ろう」を書いたソンニーノは、イタリアが世紀末に危機に陥った原因を「国民教育の深いところから生じる悪」に求め、義務と責任感にもとづく青年の道徳教育が重要であるとして、教育に対する国家の直接的な介入を主張していた。

南部主義者の一人アウグスト・フランケッティ（Augusto Franchetti 一八四〇～一九〇五）は、一八九八年のミラーノの「パンの暴動」に関する論考で、民衆の教育に「国の未来」がかかっていることを主張している。同じく南部主義者で、社会党の活動家であり、歴史家であったガエターノ・サルヴェーミニ（Gaetano Salvemini 一八七三～一九五七）は、地方議会選挙における普通選挙を要求していた。識字率の低い南部イタリアでは、普通選挙を実現するためにも、初等義務教育が重要であった。彼は、ジョリッティ時代の教育改革、とくに南部イタリアの識字率の向上に関わる問題について積極的に発言している。その促進のために、彼は一九〇九年末にフィレンツェで「南部民衆教育促進協会」を結成している。

なお、一九一二年の選挙制度改革によって、三〇歳以上で兵役を終えた者であれば、読み書き能力に関係なく、すべての男子に選挙権が与えられることになった。それによって、一九一三年の国政選挙では、一九〇九年に総人口の八・三％であった有権者は二三・二％に増加した。

## 教育・学校の改革を要求する教員組織の成立

この時期に全国規模の教員組織が発足し、教員や教育学者による教育改革への取り組みが本格化した。教育学者で、ジョリッティ内閣で公教育大臣をつとめるクレダーロ（Luigi Credaro 一八六〇～一九三九）を会長とする「全国教員連合」が一九〇一年に結成される。それから分離して、一九〇七年にカトリック系の組織「ニッコロ・トムマーゼオ」が結成された。一九〇二年には初等・中等学校教員の全国的な組織である「中等学校全国連盟」が設立される。「全国教員連合」と「中等学校全国連盟」は一九二五年にファシズムが廃止するまで存続した。

小学校への国家補助の増額や教員の給与改善などを要求する「学校の友達」に代わる「基礎教育の友達」が議会内グループとして誕生している。トゥラーティ、サルヴェーミニなどの「学校党」と呼ばれるグループも教育改革に取り組み、世論活動を行っている。一九一一年には南部の教育向上を目的とする「南部イタリア問題のための全国協会」が結成された。

このような組織による世論活動によって、カザーティ法の根本的な欠陥とされた小学校のコムーネ管理を国家に移管する議論が始まった。学校改革が世論をも巻き込みながら「はじめて政治問題となり」、初等教育の本格的な改革が始まった。

## 識字率の向上を目指したオルランド法

ジョリッティは財政問題や教会との関係を配慮して教育改革に積極的でなかったと言われるが、ジョリッティ時代には重要な教育改革が行われた。一九〇三年二月、コムーネによる教員の不適切な任命・解雇に対して、教員の地位を保障するナージ法が出されている。それによって、男子クラスあるいは共学クラスで教える女性教員は男性教員と同額の給与が認められた。

一九〇四年七月にオルランド法が発布された。それは、コッピーノ法でも解決できなかった、南部イタリアにおける識字率の向上、義務教育の強化を目指したものである。オルランド法の第一の特徴は義務教育の年限を四年間としたことである。第二は読み書きのできない成人のために、三〇〇〇校の夜間・祭日学校を設立したことである。徴兵の時点で読み書きができないことが判明し、直ちに入隊する必要のない青年には、成人用の夜間・祭日学校への通学が義務付けられた。第三はすでに五年生クラスが存在しているところに、六年生クラスを設置したことである。五年、六年の「民衆コース」は、働いている子どもの通学を容易にし、地方の経済的要請に応える教育を認める、一日三時間の授業であった。「民衆コース」は、一九世紀の八〇年代に離陸を開始したイタリアの資本主義発展にともなう労働力の供給源とするものでもあった。しかし、「民衆コース」を設置すべき一一五六のコムーネのうち、設置したのは二九六しかなかった。「民衆コース」は、後に中等学校に進まない子どもの義務となるが、ほとんどが小学校四年で終え、当該の学齢児童の半数以上がその義務を履行せず、その規定は「死文」に等しかった。

義務年齢の延長、成人の非識字者のための夜間・祭日学校と「民衆コース」の設置を行ったオルランド法に対して、リルヴェーミニ、ニッティなどの南部主義者の側から批判がおこった。それは、児童労働・南部問題解決のためには、小学校への国家介入が不可欠であるというものであった。世紀末から議論となっていた小学校のコムーネから国家への移管の要求は、一九〇〇年以降に各地に結成される小学校教育を支援する組織「プロ・スコラ」によって、展開されることになる。

小学校の国家移管に反対したのは、小学校の管理権が奪われることを威信の低下と見なす大コムーネや、教育の国家への集中がコムーネの自治のみならず、学校の活力自体を脅かすと考える人々である。小学校の国家移管によって、コムーネの教育に対する関与の機会が減少し、世俗教育が強化されるとして、コムーネ議会で勢力を保持するカトリック教徒・保守勢力側からの反発は強かった。その活動の中心となったのが前掲のカトリック教員組織の「ニッコロ・トムマーゼオ」であった。それに対して、ミラーノの社会主義者グループは、「黒」(カトリック教会)の学校への介入を阻止するための「小さな文化闘争」(ドイツでビスマルクが行った反カトリック政策になぞらえた)を鼓舞している。

南北の格差は依然として存在するものの、たしかに、識字率は向上した。一九一一～二一年に全国の非識字率は三七・九%から二七・三%に低下している。北部では三〇・八%から二一・八%に、南部では五八・九%から四六・九%となっている。この時期に識字率が上昇したのには、大人の識字率を上げるために日曜学校・夜間学校の設置を奨励したオルランド法があった。一九〇七～〇八年に四七八三の夜間・日曜学校が開設され、一八万二三七三人の成人男性・女性が登録していることの成果もあった。

小学校の国家移管の議論が高まった時に、宗教教育の問題が再浮上した。フリーメーソン員で、第三次ジョリッティ内閣の公教育大臣ルイージ・ラーヴァ（Luigi Rava 一八六〇～一九三八）は、世俗化教育の観点から宗教教育の新しい規定を公布した。それは、親が子どもの宗教教育を要求する場合は、コムーネの責任において可能とするというものであった。コムーネがそれを行いたくない、教員が教えない場合は、親は県教育委員会が承認した小学校教員免許をもつ者から、自己負担で宗教教育を受けることになる。

ただ、宗教教育は、北部・中部・南部で地域的に異なるものの、親の要求によって多くのコムーネで実施され、完全にそれを拒否していた学校は多くなかった。しかし、その実態は、一週間に一時間だけ、「教理問答のおしゃべり」にすぎないという批判もあった。

### 小学校の国家移管

第二次ソンニーノ内閣の公教育大臣エドアルド・ダネーオ（Edoardo Daneo 一八五一～一九二二）は、急進党・共和党と社会党の一部が要求していた小学校の国家移管に関する法案を提案するが、カトリック教徒に配慮して見送った。

ソンニーノに続いて首相となったユダヤ人のルイージ・ルッツァッティ（Luigi Luzzatti 一八四一～一九二七）は、教育改革の中心課題を民衆教育と考え、クレダーロを公教育大臣に任命し、ダネーオの教育改革案を再提案した。急進党、共和党の間接的な支持を得て、小学校の国家移管に関わる法律が一九一一年六月四日に可決された。その法律は、二人の公教育大臣の名前をとって、ダネーオ・クレダーロ法と呼ばれる。この二人は、ともにフリーメーソン員であった。

ダネーオ・クレダーロ法は教育の中央集権化、国家管理、教育の平準化を目指すものであった。それは、南部イタリアの高い非識字率を踏まえて、ヨーロッパ先進国のレベルにイタリアの教育を引き上げるという意志の成果であり、「ジョリッティ時代の最も重要な改革の一つである」。ただ、ダネーオ・クレダーロ法は、一八八六年のフランスで行われた小学校国有化法のように、教育に反教権的・共和主義的な特徴を与えるものではなかった。

南部イタリアのコムーネに大きな負担を負わせていた小学校の管理が国家に移管されることになったが、県庁所在地のような、経済的に豊かな大コムーネの小学校は、学校が完全にファシズムの統制下に置かれる一九三三年まで、コムーネの管理であった。コムーネ行政に影響力をもっていたカトリック勢力は、コムーネの自治と学校に対する独占的影響力を失うことから、小学校の国有化に反対した。社会主義の伸張に危機感を抱いたカトリック教会は、一八九一年に労働問題に関する回勅レールム・ノバールムを発表し、宗教を否定する社会主義に対抗して、信仰心の厚い労働者・農民の取りこみを開始する。カトリックの平信徒組織「諸大会・委員会の活動」や『カトリック文明』誌は、小学校と教員に影響力を行使することができるように、地方議会選挙への参加をカトリック教徒に奨励した。このカトリック側の攻勢によって、一八九五年の地方選挙で、共和党・社会党の勢力が強い「赤い」ロマーニャで穏和的・教会支持勢力が勝利し、学校における宗教教育が復活していた。

### 学童保護協会の役割

ダネーオ・クレダーロ法によって、初等教育の充実と強化という観点で、すでに地域的に存在していた学童保護協会 Patronato scolastico の設立が全コムーネに義務付けられたことも忘れてはならない。それは人道・博愛主義的な目的をもって自然発生的に生まれ、一九世紀末頃からは相互扶助的な特徴をもつようになっていた。

その活動は、会員の寄付や国家・県・コムーネの補助によって、児童に靴、洋服、本、ノートを配布する奉仕的なものであったが、後に児童の登校を促進するために学校給食の提供や放課後の活動も行うようになった。民衆教育の促進のために、幼稚園、民衆図書館の設置も奨励している。なお、学童保護協会は、民衆の自発的な行動を認めないファシズム体制下において、青少年の課外活動を担う準軍事組織「バリッラ」の活動に吸収されることになる。

### 「民衆コース」用の教科書

オルランド法によって新たに設けられた「民衆コース」用の教科書として、一九一九年出版の『労働者の規範と助言』がある。それは五年生、六年生用となっているが、大人の識字率向上のために設けられた夜間・日曜学校でも利用されたと考えられる。その前書きには、活字鋳造工であった父親の葬儀に参列した同僚の労働者を思い出し、これを書くことにしたと記されている。

教科書の内容は、教育の必要性から始まり、徳と悪徳、保健衛生、健康のほか、マッツィーニとガリバルディを「友人で信仰の仲間」として取り上げたリソルジメントの略史もある。その最後の章

「徳育と市民教育」では、児童労働、仕事中の事故で障害を被った労働者・農民の労災保険、失業あるいは老齢保険、移民の保護に関わる法令を紹介している。それは、甘言を弄するブローカーから移民を守るもので、自己所有の船舶の許可書をもたない者は移民を募集できないというものである。その措置から、当時の移民を取り巻く状況の一端を知ることができる。

もう一冊は、一九〇五年の教育指導要領に対応して出版され、一九二二年に九版を重ねていた『小学六年生男女用の新補助テキスト』である。著者のザムボニンは校長で、公教育省から民衆教育で功績があったとして銀賞を授与されている。筆者の手元にあるその教科書には使用済みの五〇チェンテージミの切手がはさまれていた。内容は、イタリア語文法、数学、簿記、領収書の書き方、リラの換算、労働契約など、きわめて実用的なものとなっている。「青年イタリア」を結成したマッツィーニも含めたリソルジメント略史もある。

## 反教権主義と世俗化政策の分離

世紀末から自由主義者とカトリック教徒の「静かな妥協」が生まれつつあった。国家に対して融和的立場のカトリック教徒は、一九世紀末から「神・祖国・家族」にもとづく教育を掲げて穏和的自由主義勢力との妥協を探り始めた。

たしかに、デプレーティス時代の最終局面で、政治生活にカトリック教徒を取りこみ、国家と教会が相互に認め合う国民的で保守的な政党の創設も議論されていた。その国民的政党の構想は、教皇庁の反対があったことや、政策の一致よりも議員の利害で政府の多数派を形成する、トラスフォルミズモと呼ばれる近代イタリアの政治を特徴付ける慣行によって実現しなかった。

クリスピもまた、一八九四年九月一〇日のナーポリでの演説で、「正義と愛の道を逸脱した大衆を矯正し」、旗に「神でもなく、元首でもない」と書いた社会主義勢力と闘うために、国民と宗教の協力を主張している。

社会主義者のみならず、共和主義者・急進主義者の、いわゆる左派勢力は、反教権主義の立場から小学校のドグマ的な宗教教育を廃止し、それに代わる科学にもとづく教育と、世俗的・国民的な道徳を教えることを主張していた。彼らには、この問題で自由主義者とカトリック勢力の関係にくさびを打ちこみ、カトリック側を刺激しないという立場から積極的でなかったジョリッティ政権に揺さぶりをかけるという政治的思惑も働いていた。

その背景には、教皇庁がそれまでの国家に対する非妥協的な立場を軟化させ、一九〇九年の総選挙で国政選挙への参加禁止の例外を設け、七二選挙区でそれを認めたことがあった。それによって、カトリック議員一六名が国政に参加することになった。

このように、世紀末から二〇世紀初頭に、イタリア王国成立以来続いていた国家と教会の対立関係に変化が生じ、反教権主義と世俗主義が分離することになる。ジョリッティ時代の政治指導者も「カトリック教徒・教会との妥協」を図ろうとし、教会と対抗する反教権主義と世俗化を区別するようになった。それは社会主義・共和主義勢の勢力拡大に対抗し、俗悪な傾向が見られた反教権主義運動の孤立化を狙ったものであった。この妥協が「国家の保守的な基盤を拡大する目的で具体的に実現した」ことで、反教権主義と世俗化の旗は共和党、急進党、社会党の手に決定的に移った。

カトリック側は、実証主義にもとづく教育の世俗化に対する防波堤として、放課後に学外で行う教育活動である「ドーポ・スクオーラ」の組織化を、一九〇八年に「カトリック連合」(「諸大会・委員会の活動」から名称が変わった)が開催したカトリック教育会議で提案している。夜間に開かれた「ドーポ・スクオーラ」は、公立小学校で行われた世俗教育を正すことを目的としたが、読み書き・計算の補習の意味もあった。その先駆的で象徴的な指導者がドン・ボスコであった。このようにカトリック側の民衆教育への取り組みが活発化するが、世俗勢力も同様な活動を展開していた。

## 民衆教育を推進した組織

世紀末のイタリア社会を視覚化した画家にペリッツァ・ダ・ヴォルペードがいる。ミラーノのブレーラ美術館に所蔵されている巨大な絵画「第四階級」には、洪水のようにデモ行進をする労働者たちが描かれている。貴族・僧侶・ブルジョアに続く、「第四階級」としての労働者の行進は社会主義の実現という未来に向かって、それまで軍隊や宗教行列によって使われてきた都市の公共空間を埋めている。

この「第四階級」は、自らの社会的向上を目指して積極的に民衆教育に関わっていた。国家に代わって民衆教育の一端を担っていたのが、一九世紀後半に北部・中部イタリアで急速に広まった相互扶助会や労働者協会が組織した夜間・祭日識字学校による取り組みであった。

それは、国家の『上から』の政策と援助を待つのではなく、労働者・農民の生活改善と識字率の向上を自発的に、相互扶助的な活動として「下から」展開するものであった。その活動を主導したのが、社会党・共和党・急進党、そしてフリーメーソンなどであった。

一八九二年に「イタリア勤労者党」(九三年に「イタリア勤労者社会党」、九五年に「イタリア社会党」と党名を変更)が結成された。党、組合、労働会議所で政治教育を受け、市民意識に目覚め、政治的実践を積んだ社会主義者は、自らの階級の権利を求めて、コムーネの助役、市長、下院議員へと進出した。彼らは、リソルジメントの民族的遺産とは無縁で、三色旗ではなく赤旗を掲げ、プロレタリアの国際主義に価値を見いだしていた。

社会主義者は労働者・農民の社会解放の手段として教育を重視した。一八八〇年代からファシズムによって自由主義国家が終焉を迎える時まで、社会主義者は、専門的職業教育とともに、世俗・義務・無償教育の実施を要求し、実践した。

社会主義者は科学にもとづく実証主義による世俗教育を主張したことから、共和主義者や急進主義者の民衆教育の活動において共通する部分があった。実証主義を「党のほとんど公的哲学」とする共和主義者は、「歴史的左派」のカトリックに対する妥協的な政策を批判し、カトリックとの決定的な決別を求め、教育の世俗化政策を徹底することを主張していた。

共和主義者は、マッツィーニの影響を受けた相互扶助会を通じて、民衆教育に熱心に取り組んでいた。一八九五年に結成されたイタリア共和党は「教育者の党」と言われ、マッツィーニが主張した反教権・世俗主義の民衆教育を農民・労働者に実践した。その時に使用された教科書が、共和主義者のバイブルとも言える、「労働者に向けて」書かれたマッツィーニの『人間義務論』である。

ミラーノのウマニタリア協会は精力的に民衆教育の活動を行っている。その組織が一九〇六年に開催した会議には、社会主義者のほか、「大衆への文化の普及は歴史的必然」と考える急進主義者・民主主義者など多様な勢力が参加した。そこでは、児童の就学率を上げること、家族の負担を軽減するために教育用品、洋服、給食をも与えることが提案された。

また、労働者や農民の相互扶助会が開催する講演会や日曜学校では、労働倫理や科学的知識の普及、普通選挙、公衆保健衛生教育、女性解放などについて説かれた。ジョリッティ時代に活発化した「民衆図書館」「民衆大学」運動と並んで、前述したダネーオ・クレダーロ法によってコムーネに設立された学童保護協会は、大都市では小学校建設などのほかに、学校にシャワー・暖房などの設置を行っている。

社会党などが推進していた「民衆大学」には批判もあった。プレッツォリーニは、「民衆大学」を今や若い知識人が考慮することもなくなった実証主義の最後の砦であり、国民の正真正銘の文化とは無縁な、ブルジョア文化の大衆化以外のなにものでもない内容を「野蛮な」民衆に、上から授ける活動と批判した。

この批判は、民主主義者・社会主義者たちの、いわゆる「学校党」のメンバーがよりどころにした「イデオロギー的絆をつくっていた哲学、あるいはとりわけ文化的雰囲気としての実証主義」の科学と進歩にもとづく啓蒙的な主張に向けられた。

民衆による自発的な教育実践の例として、一九〇四年にマラリア撲滅の活動家によってアグロ・ロマーノに開設された農民子弟のための日曜学校、一九〇八年に小学校教員の要求によってアブルッツォに開設された羊飼いの子どものための学校などがある。一九一〇年にはフランケッティを会長に、南部イタリアの初等・民衆教育、農村経済などの改善に取り組む「南部イタリア問題の国民協会」が結成されている。

図4-1　アグロ・ロマーノに開設された農民子弟のための日曜学校

## 民衆教育に関与したフリーメーソン

これまで何度かフリーメーソンについて言及したが、それについて述べておきたい。フリーメーソンは秘密めいた、オカルト集団あるいは陰謀を企てる国際的な秘密結社、さらには腐敗と縁故主義を病根とする反愛国的な存在と見なされてきた。

フリーメーソンの象徴的入会儀式を嘲笑し、その秘密性を非合法的な取引や恩恵を隠蔽するためのもの、その存在自体が時代錯誤であるという批判も浴びせられた。カトリック側からは、フリーメーソンをリソルジメント運動の隠れた鼓吹者、教皇の世俗権を否定するものという批判があった。そのようなイメージや批判が歴史研究にも反映し、啓蒙時代のフリーメーソンが歴史研究の対象となったのに対して、イタリア王国時代のフリーメーソンは、長い間にわたって、研究テーマとなることはなかった。

そのフリーメーソンが最近になって、近代の社会的結合関係を形成したアソシエーションという観点から、歴史研究の対象となった。それは、フリーメーソン員の「社会構成、参加形態と活動に関連した地理的分布、社会的・政治的集団のネットワークを、風変わりな意味においてではなく、市民的価値」として分析することである。

ナポレオン失脚後の復古体制時代に禁止されたフリーメーソンは、イタリアでは一八五九年一〇月にトリーノで復活した。それは、内部的対立を克服して組織的統一を実現し、一八八〇年代に社会の世俗化で重要な役割を果たすことになる。

冬眠から目を覚ましたフリーメーソン（正式な名前は太陽が昇る東を意味する『大東方会』で、数多くのロッジァと呼ばれる支部から成り立っている）は、サルデーニャ王国の穏和的自由主義者、統一後の「歴史的右派」政府と緊密な関係にあった。そのことは、フリーメーソンの最高位「グラン・マエストロ」に政治的影響力のある人物を選出するべきであるとして、イタリア王国初代首相カヴールの名前が挙がったことからも明らかである。

「歴史的右派」がフリーメーソンを独占することを望まないガリバルディ主義者、議会の民主的左派グループは、一八六二年に、トリーノでロッジァ「ダンテ・アリギエーリ」を結成した。それにはデプレーティスを始めとする「歴史的左派」の錚々たるメンバーが加入した。「歴史的左派」の時代に、フリーメーソンはある時は隠れて、ある時は公然と、さまざまな分野で影響力を行使した。

蘇ったフリーメーソンの主たるメンバーは、一八世紀のそれが貴族階層であったのに対して、ジャーナリスト、専門職者や公務員が中心であった。その意味でも、フリーメーソンはブルジョア・民衆の世俗的結合で重要な役割を果たした。フリーメーソンは多様な組織――政治的派閥、同業組合、相互扶助会、人道主義者グループなど――に浸透することになる。地方政治・国政での活躍、市民社会や政治組織で持続的に行使した縁故主義的な機能と結束は、フリーメーソン員の特徴であった。

リソルジメント運動を経験した民主主義者・ガリバルディ主義者は、統一国家の強化と世俗化を達成するための手段、結集場所をフリーメーソンのなかに見いだした。自由主義イタリアで、多くの下院議員、大臣、首相がフリーメーソン員であった。首相としてはデプレーティス、クリスピ、ザナルデッリなど、公教育大臣はフリーメーソンの指定ポストといっても過言ではない。ファシズムによって一九二五年に解散されるまで、ファシストの幹部たち、あるいは反ファシストたちのなかにも、フリーメーソン員がいた。

しかし、重要な公的地位に就任する際に、フリーメーソンが実際にどのような影響力を行使したのか明らかではない。「歴史的左派」の最初の公教育大臣コッピーノは「宗教」を小学校の必修科目から外したが、それはフリーメーソンの掲げた世俗化、反教権主義と関係していた。ただ、フリーメーソンの穏和的勢力に属していたコッピーノは、「公的な領域と私的な領域の厳密な分離」をわきまえて、フリーメーソンの「活動家」とは無縁であった。

フリーメーソンは思想と行動の自由を否定する厳しい規律を会員に課すことはなかった。その唯一の例外は、おそらく、一九〇九～一三年にかけて、フリーメーソンが構想し、地方政府で実践される反政府勢力を結集した人民ブロックの経験を国政でもとろうとしたことである。その中心となったのは、ユダヤ人・マッツィーニ主義者・反教権主義者で、フリーメーソンの「グラン・マエストロ」の、ローマ市長エルネスト・ナターンである。しかし、フリーメーソンと政治の関係を明らかにすることは決して容易なことではない。

フリーメーソンは、その伝統的な倫理的・文化的理念――普遍的な友愛、コスモポリタンな人道主義、進歩の神話――を堅持していた。フリーメーソンの非妥協的な反教権主義は自由主義時代に強化された。近代イタリアの国民形成と深く関わる世俗化において、フリーメーソンは各地のロッジァの主導によって、民衆銀行、消費協同組合、救済・援助団体、葬儀火葬団体の設立、普通選挙の導入、死刑制度、娼婦制度の廃止など近代文明の普及のための活動と情宣を行っている。

民衆教育の活動では、社会主義者・共和主義者とともにカトリック勢力に対抗して、民衆学校、巡回図書館、民衆大学、幼稚園などの分野で活発に活動している。フリーメーソンは、教育と慈善というカトリック側の活動分野に対して、一八八五年に「慰問者」を組織した。カトリックの「演説者」に対抗したフリーメーソンの「慰問者」は日曜・祭日に子どもを集めて、世俗的な道徳原理を教え、親と祖国への愛を涵養した。

放課後、学外の子どもに遊びではなく、教育を施すのが「慰問者」の役割であった。その目的は、子どもに偉大な国の市民としての誇りをもたせ、政治制度を知らしめ、祖国を愛させる「明確に世俗的・愛国的な特色」をもつ少国民形成であった。フリーメーソン員の公教育大臣ナージは、「兄弟のような社会集団、とりわけ友好的な屋外の競技と遊戯」を奨励した。

そのような活動を通じて、フリーメーソンが、カトリック組織による社会福祉・慈善活動に対抗する世俗的な社会福祉活動システムをつくろうとしたことは確かである。「垂直的・集権化された指揮構造」で統一されたフリーメーソンは、水平的な結束形態の組織しかなかった南部イタリアで、「他に例を見ないほどに、深く根付いた」のである。

## 国家版マッツィーニ全集の発刊

フリーメーソンが追求した世俗化教育と関連する「事件」とも言えるのが、イタリア王国で共和主義者マッツィーニの国家版全集の発行が決定され、彼の代表的な著作である『人間義務論』が小学校の教科書に採用されたことである。

共和主義者ジュゼッペ・マッツィーニ（Giuseppe Mazzini 一八〇五～一八七二）は、前述したように、サヴォイア家によるイタリア王国を認めなかった。彼はイタリア王国の正統性を否定し、国王と君主国への忠誠を宣誓する国会議員に選ばれることも拒否した。

マッツィーニの国家版の全集が発行される以前に、イタリアの言語的・文化的アイデンティティの形成のために、国家版ダンテ全集の発行が一八八九年に決定している。ちなみに、ダンテの名前は、オーストリア領として残ったアルト・アーディジェの失地回復運動、イッレデンティズモの政治的旗となり、「ダンテ協会」は祖国の外に置かれたイタリア人に対する言語教育を行っていた。「ダンテ協会」の第二代会長パスクワーレ・ヴィッラリは、一八九八年に「言語について考え、それを普及させることは、すなわち祖国を考え、その繁栄と気高い未来を振興することである」と述べている。この「ダンテ協会」の発足にもフリーメーソンが深く関わっていた。

イタリア軍がピーア門からローマに入城してから二〇年目にあたる一八九〇年に、ガリレオ・ガリレイの国家版全集が出版されている。彼が唱えた地動説をカトリック教会は異端としたが、そのガリレイ全集の発行にはカトリック教会に対抗する政治的意味があった。

　ダンテ、ガリレイに続いて、一九〇五年のマッツィーニ生誕一〇〇周年に、彼の国家版全集の発行が決定した背景には、クリスピによる「祖国の父の複数化」が影響していたことは言うまでもない。ただ、それを実際に工作したのは、フリーメーソン員のエルネスト・ナターンであった。

　その全集とともに、ローマにマッツィーニ銅像を建立することが一九〇四年三月に正式に決定した。全集発行と銅像建立は、「統一の使徒」マッツィーニを「長い間等閑に付していた償い」として、彼に対するイタリア王国の「永遠の、しかるべきオマージュ」であった。ただ、銅像建立は、第二次世界大戦後の国民投票によってイタリアが君主制を否定し、共和国を選択した後の、ローマ共和国一〇〇周年にあたる一九四九年まで待たねばならなかった。現在、その銅像はローマの七つの丘の一つアヴェンティーノの丘にある。

　ナターンは、共和主義者、民主主義者、社会主義者との同盟にもとづく「人民ブロック」の推進者で、一九〇七年に最初の世俗のローマ市長となり（～一三年）、公共機関の市営化、下層階層のための住宅開発、教育改革などを行った。ナターンはマッツィーニと、彼のロンドン亡命時代から家族的な交流があった。ナターンは「道徳的形成においてはマッツィーニ主義者であったが、政治においてはガリバルディ主義者」と言われるが、急進主義者に近い立場をとっていた。

　彼は、国家版マッツィーニ全集によって、イタリアの独立と統一の「陰謀家」ではなく「鼓吹者」としてのマッツィーニ像をイタリアに浸透させ、イタリア王国における彼の存在を合法化し、「祖国の父」の一人と位置付けようとした。その手始めに、一九〇〇年一二月に、彼は自ら蒐集していたマッツィーニ直筆の書簡などをヴィットーリオ・エマヌエーレ国立図書館へ寄贈する書類に、公教育大臣ナージとともに署名している。この寄贈が国家版マッツィーニ全集発行のための工作であったことは言うまでもない。ナターンは、一九〇三年一二月にジョリッティ内閣の公教育大臣ヴィットーリオ・エマヌエーレ・オルランドにマッツィーニ全集発行を提案し、一九〇四年三月一三日付けの勅令によって国家版マッツィーニ全集の発行が決定した。この決定は「ナターンと国王の合意の真の印」であった。たしかに国王とナターンは良好な関係にあったが、国王がフリーメーソン員であったかどうかは明らかでない。

その編纂委員には、一八八二年に最初の社会主義者の国会議員となったアンドレーア・コスタ（Andrea Costa 一八五一～一九一〇）、一九〇九年にノーベル文学賞を受賞したジョズエ・カルドゥッチ、著名な哲学者・歴史家であり、一九一〇年からは上院議員となるベネデット・クローチェ、哲学者でムッソリーニ内閣の最初の公教育省大臣として教育改革を行うジョヴァンニ・ジェンティーレといった当代一流の知識人が名前をつらねている。

統一から半世紀を迎えようとしていたイタリアで、過去の政治抗争はしだいに風化し、それまで否定されてきたマッツィーニを歴史的に評価することができる状況が生まれていた。ジョリッティの登場で開始された「政治の自由化」の流れにあって、一八四九年のローマ共和国においてマッツィーニが追求した民主主義の普及や普通選挙などが、イタリアの現実的な政治課題となっていた。

## 教科書となった『人間義務論』

国家版マッツィーニ全集発行の決定の時期に、彼の代表的な著作『人間義務論』が教科書として認可された。その認可には公教育大臣ヌンツィオ・ナージの存在があった。当時の首相ザナルデッリもナージも、ともにフリーメーソン員であった。ナージは、公教育省承認リストに含まれていない教科書でも、教員に採択権を与えた。その場合、各県に設置された視学官や専門家などから構成される委員会の審査を受けなければならなかった。

マッツィーニ理念が網羅された『人間義務論』は、マッツィーニが一八四一年から一八五九年にかけて執筆した論文をまとめて、一八六〇年にナーポリで出版された。『人間義務論』は、労働者協会、相互扶助会が設置した民衆図書館でも閲覧することができ、農民・労働者・職人のための夜間・祭日学校でも使用されていた。

ナターンは、マッツィーニ生誕一〇〇周年を前に、『人間義務論』二〇〇〇冊を公教育省に寄贈した。その意図は、『人間義務論』を「市民の義務」の基本的な教科書としてイタリア全土の小学校に導入することにあった。

マッツィーニは教科書にもすでに登場していた。一八八〇年初版の『小学校・民衆学校用の祖国史と偉人伝』に、マッツィーニの思想と行動について、次のような記述が見られる。

カルボネリーアに続いて、ジュゼッペ・マッツィーニを指導者とする「青年イタリア」が登場し、その加入者はマッツィーニ主義者と呼ばれた。それによって、彼は陰謀、騒乱、革命の時代を創り出した。革命は一八四八年におこった。祖国史を彩り、自由をもたらすために全生涯をささげた偉人たちのなかで、ジェーノヴァ人のジュゼッペ・マッツィーニに代わる者はいない。彼の名前は、私たちの民族的復権と不可分に結合している。並外れた勉学と不屈の意志をもった詩人で哲学者である彼は、強烈な魂をもって二三年間の亡命を経験した。彼を中心としない運動はイタリアには一八三〇年から七〇年まで存在していない。彼は、「人民と君主」が開始した一八五九年の輝かしい戦いが勃発するまで、それを評価しながらも、飽くことのない扇動者であり続けた。つねに偉大であるマッツィーニは最も効果的な行動で尽力した。

そこには、マッツィーニの不動の思想であった共和主義については具体的に触れることなく、イタリア民族の発見者、その再興を求め続けた愛国者としての側面しか記述されてない。一八八〇年の時点では、マッツィーニの共和主義思想を教科書で取り上げるには早すぎたと言うことであろう。

ナターンの目論みは一九〇一年まで実現しなかった。公教育大臣ナージは、おそらくナターンのグラン・マエストロの地位に配慮して、その要求を受け入れ、一九〇一年七月に公立小学校の教科書として『人間義務論』を推薦した。この決定は、「ナージの押しの強さ、ナターンの積極的な協力、カルドゥッチの精神的な支持」によるものであった。

マッツィーニ生誕一〇〇周年にあたる一九〇五年に、公教育省の認可を得た『人間義務論』が、教科書としてローマとジェーノヴァの小学校に三万三〇〇〇冊配布された。一九〇四年出版のフィレンツェのベンポラード出版社のものは、表紙に「小学生の知識に合わせて改作した」と記されているように、小学生用にマッツィーニの諸概念を簡略化して、再構成している。
ローマのチヴェリ出版社が一九〇五年に出版した『人間義務論』の扉には、「公教育省が推薦する版」とともに、マッツィーニの理念である「思想と行動」と「神と人民」、そして一五版と記されている。巻頭に、公教育大臣ナージの視学官などに向けた次のような回状が掲載されている。

『人間義務論』が道徳教育のために、とりわけ教員に必要であり、それを推薦するという私の決意が下院議会で承認された。『人間義務論』は神、家族、祖国、人類の運命に対する偉大な信仰の成果であり、イタリア人労働者に向けたものであるが、あらゆる時代のすべての人々に、とくに若者に読まれるべきものである。

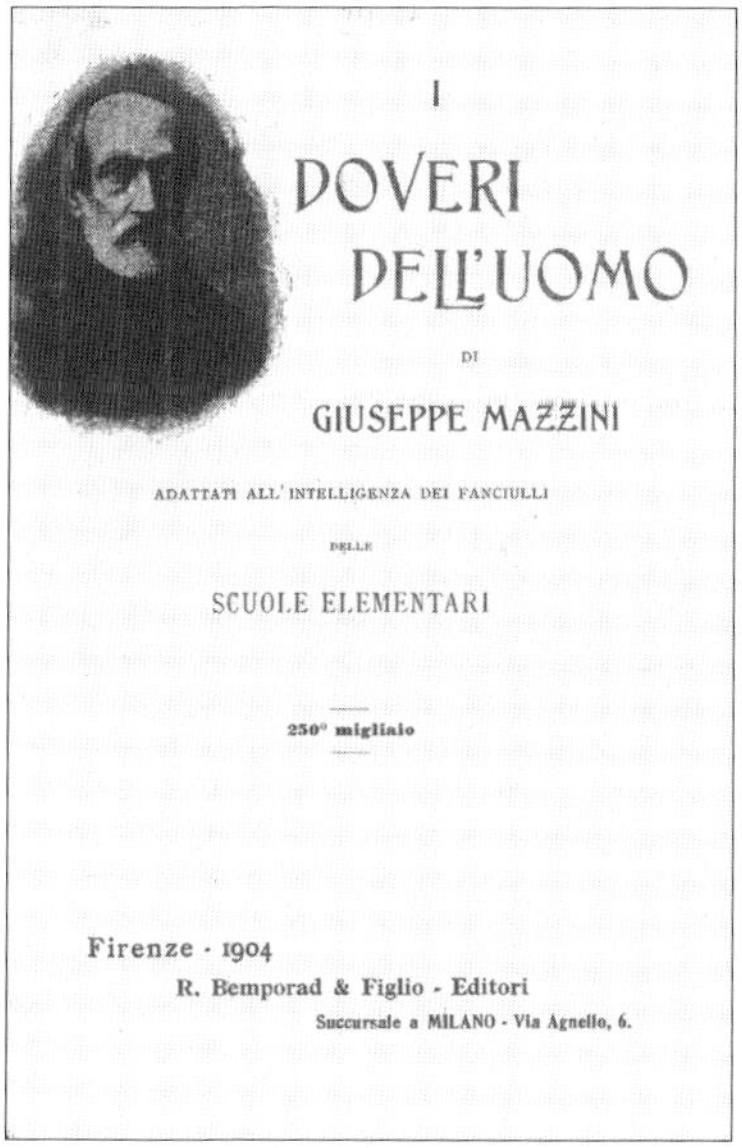


図4-2　1904年にベンポラード社が出版した小学生用の『人間義務論』

一九〇五年にミラーノのロンキ出版社から発行されたものは、マッツィーニの略歴と原著のページを明記しながら、「イタリアの若者」に向けて彼の思想を要約している。

ナターンは、共和主義の政治宣伝を助長することはしないとして、『人間義務論』の序文である「イタリア人労働者に向けて」から、以下のマッツィーニの文章の削除を承認した。「わが母の共和主義的感性が隣人に富者あるいは権力者ではない人間を求めるように私を突き動かした」。「人民の祖国は、君主の祖国、特権者の集団の廃墟の上に、自由な人々の投票によって決定され、生まれる」。

これに対して、共和主義者のコラヤンニは、『人間義務論』の教科書認可をマッツィーニ思想の普及という観点からは賛同しても、共和主義に関わる部分が削除されたことをマッツィーニ思想の根本的な歪曲として認めなかった。その削除がナターンの「明白な同意」の上で行われたとして、彼を激しく批判した。それは、マッツィーニ思想の普及者としての功績は認めながらも、マッツィーニ思想の「冒涜」と考えられたからである。

もう一人の共和主義者ギスレーリの批判は、マッツィーニが労働者のために書いた、きわめて教条的な『人間義務論』は小学生には適切でないというものであった。『人間義務論』の教科書認可に関わる議論は、共和党内部で改革派と非妥協主義、議会主義者と純粋マッツィーニ主義者の対立をかき立てることとなった。

社会党の機関紙『アヴァンティ』では、『人間義務論』を「保守的道徳の用具」、その著者マッツィーニを「司祭でありすぎ、預言者でありすぎる」と述べ、恐れと熱狂で青年を鼓舞しようとする「マッツィーニの原理とサンパオロの言葉の間には違いがない」と批判している。一九〇五年にマッツィーニ研究の古典とも言えるものを著していたサルヴェーミニは、「宗教的教条主義が骨の髄まで浸透した教科書」と反対を表明している。

カトリック教会は、「今や、フリーメーソンが、マッツィーニの小冊子『人間義務論』によって学校のなかに入りこむことになり、間もなく青年たちは非常に危険な読本によって毒殺されるであろう」と述べ、「私たちの学校はフリーメーソンの勧誘の場となってはならない。王殺しを追放せよ」と訴えている。

マッツィーニの再評価は、第一次世界大戦参戦をめぐるイタリアを二分する議論のなかで、その戦争をリソルジメント運動の完成として、オーストリアの支配下にある失地を回復するために参戦を主張した共和主義者に見られる。第一次大戦の塹壕で、あるいはファシズムと戦う共和主義者のパルチザン部隊で『人間義務論』は読み続けられた。他方、マッツィーニの「第三のローマ」、「人民のローマ」をムッソリーニが帝国主義的イデオロギーとして換骨奪胎することになることも指摘しておかねばならない。

## 一九〇五年の教育指導要領

一九〇五年に執筆者フランチェスコ・オレスターノ（Francesco Orestano 一八七三〜一九四五）の名前をとった教育指導要領が発布された。それは若き哲学者オレスターノのきわめて野心的な長文の哲学的内容である。

一九〇四年のオルランド法、一九一一年のダネーオ・クレダーロ法によって、国民形成に不可欠な識字率の向上に関わる改革が行われたが、一九〇五年の教育指導要領もその問題に真正面から取り組んでいる。オレスターノは、イタリアにいまだに広く非識字者が存在することに「恥ずかしくて赤面する」として、「無知に対する戦いは聖戦である」と述べている。この言葉には、統一国家の成立から半世紀を迎えようとしているにもかかわらず解決できない識字率の向上の取り組みに対する強い意志を見ることができる。

一九〇五年の教育指導要領は、イタリア語の授業で方言に代えて国語を創出する、イタリアの本格的な国語教育の開始を印した。一年生には「発音」を通じての「方言の是正」、二年生には「方言を正しい言葉に代えることで、子どもの考えを明確に表現させる」こと、三年生には「間違い、とくに方言を矯正」することを明示している。

道徳教育は、学年に応じて方法と範囲だけを変えて、全学年でそれを教えることとなっている。五年生では憲法に言及し、「政治・行政制度の全般的な概念」と「祖国は単なる空虚な名前ではなく、記憶、栄光、感動、理念、希望、目的が収斂した精神的な最高位にある」ことを、人間と市民の義務と権利に重点を置きながら教育するように指導している。

五年と六年では、「市民の義務」を、「商人の売買関係のように、権利に義務を対置する低俗な概念」を超越した、「直接的な方法で教えなければならない」としている。義務と権利に関連する例として、「徴兵制は単なる義務ではなく、市民の権利でもある」ことと、「選挙権の行使は単なる権利ではなく、義務でもある」ことを挙げている。

さらに、「祖国の市民である意識を形成し、数世紀にわたる外国人の圧政の鎖を打ち破り、人工的な国境を打破し」、「再生という偉大な事業と民族的な成功という重要性を完全に認識」させるために、イタリアが多大な犠牲を払って独立と統一を実現したことを教える指導を行っている。

歴史教育の原理と目的は、「地理の概要」に「生き生きとした内容」を与えるために、「民族的なリソルジメントの事件が展開された場所」を示すことで、「愛国的・市民的に高い、中身のある教育」を行うことができるとしている。

すでに一九〇〇年までの歴史を教えられた四年と五年では、「アフリカの征服と、そこでわが軍隊が展開した英雄的な行動」のような「最も重要な事件」を教え、「最も善良な人々、国王に最も忠誠を尽くした者の純粋な血が沁みこんだ歴史」を記憶させねばならないと指導している。

国王と国民の関係においては道徳教育・市民教育が具体的に強調されている。「労働者保険基金」の設立のための二〇〇〇万リラの基金を議会が決定したことに関連して、「王位継承者の誕生に際して、国王がその基金に一〇〇万リラを寄付した」ことを教員は生徒に話し、「国王と国民の間に存在する情愛のある関係」を教えることを指導している。

## 一九〇五年の教育指導要領にもとづく教科書

オレスターノの教育指導要領が出された時、教科書認可に関わる中央教育委員会は廃止され、公教育大臣が県教育委員会を管理することになり、各県で認可された教科書が公報に掲載された。

一九〇五年の教育指導要領にもとづいて発行された教科書のタイトルには、古代ローマと近代イタリアの連続性を示すものが見られる。例えば、一九〇七年出版の三年生用歴史副読本で古代ローマ神話の『ロモロからヴィットーリオ・エマヌエーレ三世までのイタリア人』、イタリアの起源をエトルリアまで遡らせた一九一〇年出版の女子四年生用読本『若きエトルリア』である。そこには、「古代

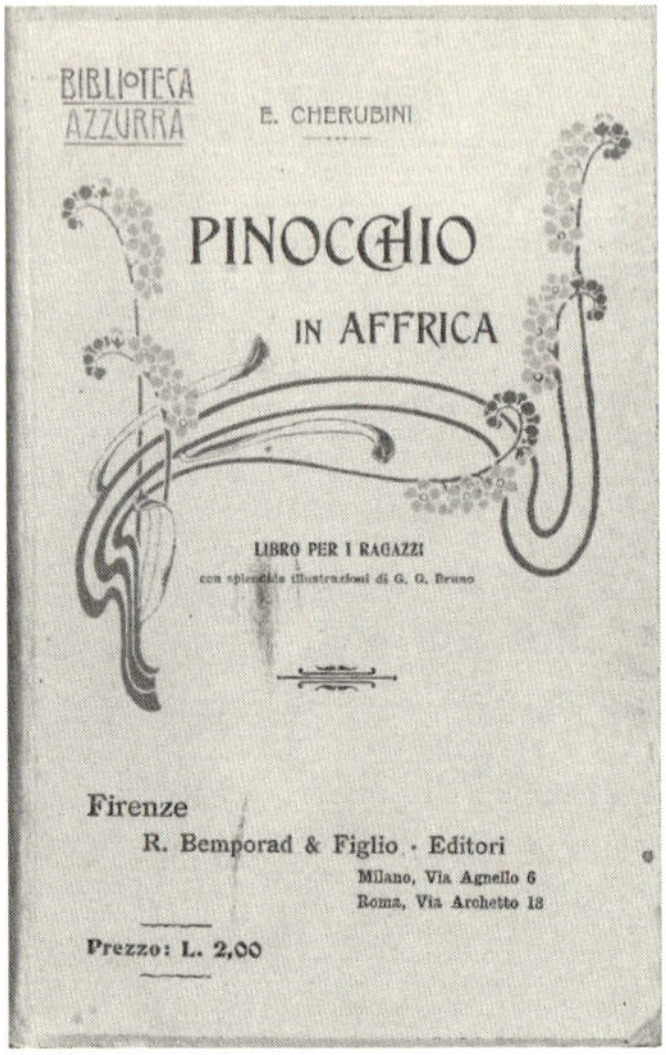


図4-3　『アフリカのピノッキオ』

への回帰」が強化され、古代ローマとの連続性を意図的に創り出す歴史教育が本格化していることを見ることができる。イタリア王国成立五〇周年にあたる一九一一年前後から、古代ローマの栄光を讃え、イタリアの再生を求める「第三のローマ」に関わるタイトルが現れる。一九一三年出版の四年生用歴史教科書『ローマとその偉大性』、一九一四年出版の四年生用歴史教科書『古代ローマの偉大性』、五年生用歴史教科書『ローマの栄光』などである。

リビア戦争については、『リビアでのわが兵士』『リビアにて』『我らのトリポリ』『イタリアのリビア』『栄光ある征服　トリポリに続くリビア征服の逸話』『若者に語るリビアの征服』『リビアの祖国』などがある。子どもの関心を引き付けるために、ピノッキオまで植民地戦争に派遣され、『トリポリ戦のピノッキオ』『アフリカのピノッキオ』といった児童書が登場している。新たな植民地獲得を示唆するような『日のあたる場所』『曙光に向かって』『イタリアの夜明け』などもある。

また、この時期の教科書のタイトルに自動車が登場している。それは『祖国　自動車でのイタリア旅行』である。近代を象徴する鉄道に代わって、一八九九年にトリーノで自動車会社フィアットが設立されたことに象徴されるように、イタリアの自動車産業の発展を子どもに示し、地理を教える手法がとられている。

## 教科書に本格的に登場した軍国主義教育

一九〇五年の教育指導要領に従って出版された三冊の教科書を見てみよう。一冊は『進め、少年たちよ　男女共通四年生用読本』（一九〇五年一月二九日の政府の教育指導要領の内容に対応して、県教科書委員会で承認）である。著者マルカーティは小学校教員で、初等教育の充実や教員の地位向上に熱心な人物であった。

この教科書には出版年が記されてないが、タイトルが典型的に帝国主義的なものであるだけでなく、そのなかに統一五〇周年に除幕式が行われたローマのヴィットーリオ・エマヌエーレ二世記念堂の写真が掲載されていることから、確実に一九一一年以降に出版されたものと考えられる。「僕も兵士になりたい」という章で、その本の主人公ジャンニーノは軍隊の行進を見て、父親に次のように言っている。

図4-4 『進め，少年たちよ　男女共通4年生用読本』の表紙

ジャンニーノ　僕も兵士になりたい、そしてイタリアに仕えたい。
父　親　その年齢になれば兵士になれるよ。今は、できることをイタリアのためにしなさい。
ジャンニーノ　どのようにするの？
父　親　良き兵士は、敏捷で、強靭で、困難にも耐えねばならないのだから、体操で身体を鍛え、頑強にするのだ。命令に従順で、元気旺盛で、粘り強いことが必要だ。良き兵士は軍事訓練で課されたことをためらうことなく受け入れ、恐れることなく、果断な精神をもたねばならない。そのような特質のすべてを獲得できるように、やってごらんなさい。
ジャンニーノ　僕はもうやっているよ。お父さん。戦争に行く準備はできているよ。バン、バン、バーン、ピュン、ピュン、ピュン。

続けて、

父　親　もし祖国の安全と名誉が脅かされたら、戦争は厳しくても必要なことであろう。自分たちの領土が踏みにじられるまま放置しておくことはできない。前線で大砲の音がとどろく時に、おまえは本当のイタリア人として行動するであろう。
ジャンニーノ　お父さん、もちろんだよ。
父　親　今は、自分の弱点を克服する戦いを、毎日心がけなさい。弱点は一番目の敵です。それを怖がることはない。もしそれに打ち勝つことができれば、いつの日かイタリアの敵にも勝てるのです。家庭で、学校で秩序と、勤勉と、実直さの習慣を守り、懸命に学ぶ努力をする子どもは、祖国に奉仕するために、聖なる国旗を護って、戦場で死ぬ兵士となるのだ。

父　親　かわいい息子よ、徴兵は全員の義務なのだ。たとえその法律が厳しくとも、祖国の防衛のために必要なのだ。徴兵を逃れようとすることは犯罪である。祖国は子どものすべてを愛する偉大な母なのだ。その祖国が招集した時に、そのもとに全員が馳せ参じ、その国旗のもとに集合することが義務なのだ。

ジャンニーノ　僕たちの国旗はなんと素晴らしいのだ、お父さん。

父　親　国旗は素晴らしく、栄光に満ちている。国旗は祖国の象徴だ。それは、偉大な戦いで、軍隊とイタリアの名誉を守ってきた。戦闘において、すべての眼差しがその輝かしい一点に注がれる。何人の瀕死の兵士が、三色旗の色とそのはためく音に、祖国の願いと愛を見いだしたことか。母親の肖像を見る子どものように、外国の地で、国旗を見て、悲しみの涙で目を濡らし、慰められた亡命者たちが何人いただろうか。家族と祖国から遠く離れた者にとって、国旗は祖国と家族を思い出させるものである。国旗を捨て、それを裏切ることは、不名誉で、卑怯な振る舞い以上に、許し難い行為である。

この教科書に、国を象徴する国旗を前面に押し出した、軍国主義による少国民形成が本格的に開始されたことを見ることができる。イタリア王国成立直後には広く徴兵忌避者が見られたが、その後徴兵検査は少年から成年となる通過儀礼として農村部で祝われるようになる。その時の女性のざれ歌で、

「国王の役に立たない者は、私にとっても役立たず」と歌われ始めていた。しかし、多くの民衆にとって、徴兵は、入隊で「出発する、出発するだろう、出発しなければならない」とトスカーナ地方で歌われたように、諦念であったことも忘れてはならない。

マルカーティは、地理に関連して、アフリカの植民地獲得にともなうイタリア国境の拡大について言及している。

アフリカを暗黒大陸と呼ぶのは正しい。スエズから五日間の航海で到着したマッサワで、人々は黒い肌で、頭の髪の毛は黒で、縮れている。黒い肌と髪の毛、白い目、純白の歯はまったく奇妙だ。風にたなびく三色旗には本当に感激した。親愛なる、神聖なものを見る思いがした。そのなかにはわが愛するイタリアのすべてを見る思いだった。

わが植民地に住む黒人はアビシニア人（エチオピア人の旧称）である。彼らはいまだに半野生で、野蛮人である。彼らの原始的な軍隊は我らの兵士五〇〇人を殺害するためにドーガリに到着した。アビシニア人は何人いたのか。二〇万人いたのだ。

この文章は、帝国主義時代のイタリアの子どもに、多大な犠牲を払って拡大されたイタリアの国境と、野蛮な、肌の色の異なる新しい同国人の存在を知らしめるものとなっている。

また、この教科書には、一九〇〇年に義和団事件に際してイタリア軍が派遣されたこともあろうが、インド、中国、そして日本のついての記述がある。日本については、「木と紙」でできた家に始まり、戦争ごっこをして遊ぶ子どもが叫ぶ「万歳、万歳」の声など、イタリア人のエキゾチシズムを満足させる内容である。万歳という言葉は、『イルストラツィオーネ・イタリアーナ』紙に克明に掲載された日露戦争の報道で、当時のイタリアでは広く知られていた。「この身体の小さい、親切な国民は、祖国を非常に愛し、中国軍、ロシア軍に勝利した。その勇敢さとヒロイズムによって世界を驚かせた」と叙述されている。

もう一冊は一九一三年出版の都市部女子二年用読本『私の家、私の祖国』である。その教科書の表紙には、国王への報告で公教育大臣バッチェッリが記した、「行うべき時に、可能な限り教育する」という言葉と、一九〇五年の教育指導要領に「厳密に、完全に合致した」ものであるという言葉が記されている。ファシズム時代に国定教科書が導入される以前の教科書検定制度で、この教科書に対する教科書検定委員会のコメントは、「平易で適切な文体、申し分のない道徳的・愛国的・宗教的な示唆」によって認可に値するというものである。

その教科書は使い古されて、ボロボロになっている。内容は「お行儀の良い少女」という話で始まり、ブドウ・花・栗などの農業暦、一一月二日の死者の日、クリスマスなどの宗教暦を追った文学的なものとなっている。女子用の教科書ではあるが、「女性も祖国を愛し、仕える」という章もある。

その特徴の一つは、帝国主義時代の女子の役割が明示されていることである。「家庭の幸せ」という章で、「お母さんを手助けできない女子は、将来しっかりした、りっぱな女性にはなれない。もし思いやりのある、几帳面な、働き者に成長し、無駄に時間を浪費しないならば、遠くない将来、家庭は幸せとなることを明言したい」とある。

女子生徒の従兄弟であるイタリア軍守備隊将校がトリポリから送ってきた絵葉書でリビアを説明している。それは、ラクダを使って畑を耕作している光景とナツメヤシの写真でアラブの世界を想像させ、「わが国の勇敢な陸海軍兵士が祖国にもたらしたトリポリとキレナイカ」として、新たに獲得された国土を教えている。

「私たちの良き王妃」では、暗殺されたウンベルトの後を継いだ国王ヴィットーリオ・エマヌエーレ三世の王妃エーレナを取り上げて、次のような女子教育を行っている。「私たちの女王」は、「非常によくできた母親であり」、「多くの孤児や、貧しい、恵まれない子どもの良き母親でもある」。その王妃は、「看護船に乗って、（一九〇八年一二月の）恐ろしい地震で崩壊したメッシーナに向かわれ、負傷者の看護活動をされた。彼女は、自分の費用で、孤児を収容し、彼らの村をつくられた。そこに多くの貧しい女性、多くの子どもを収容して、食べ物を施し、学校をつくり、仕事を与えた」。

リビア戦争では、「祖国を愛し、仕えた」アオスタ侯爵夫人を取り上げ、「困難や危険をかえりみず、看護婦とともに、負傷者を慰問した。良き母親として、そこで看護活動を行われ、最も苦しい時に彼らを癒され、彼らの家族に手紙や絵ハガキを送られた」とある。

たしかに、サヴォイア家は、自然災害の被災者、戦争の負傷者の慰問・介護を積極的に行っている。国王ヴィットーリオ・エマヌエーレ三世については、「地震、洪水、疫病、その他の災難がイタリアを襲った時に」、「支援と癒しを行うことを決してためらうことはなかった」と説明し、「善良で、徳のある、知的な」国王として、子どもに語っている。

その記述がサヴォイア家に対する親愛の情を子どもに植え付け、祖国イタリア王国に対する忠誠の意識を育む目的をもっていることは明らかである。

## サヴォイア王室の祭日、国旗

教員は記憶すべき日としては、「紳士王がウンベルト一世とともに眠る」ローマのパンテオンの写真が付いた絵ハガキを示しながら、一月九日の「ヴィットーリオ・エマヌエーレ二世が亡くなった日」を子どもに教え、一人の生徒に「可哀想な子どもたちのための病院建設」のために、「多くの慈善の心に溢れる人々」の責任者としてローマに行った父親について語らせている。それに続いて、その生徒の母親は次のように言った。

そうですよ。今日は一月九日です。弔意を表す黒い帯の付いた国旗を掲げましょう。

彼女は保管箱から国旗を取り出したが、絹でできた国旗がほころんでいるのを見つけた。

ああ、なんということ。昨日、女王のお誕生日に掲げた時には、気が付かなかった。おそらく、ほころびは国王の誕生日である一一月一一日に付けたのでしょう。その日は、風が強かったからね。母親は、ほころびを繕って、ベランダに国旗を掲げた。

この長くない文章のなかに、イタリアの少国民形成に関わる重要な二つの要素――サヴォイア家、王室の祭日、国旗――が一体となって出そろっている。祖国の父ヴィットーリオ・エマヌエーレ二世の命日、王妃と国王の誕生日を想起させながら、子どもの意識にサヴォイア家を強く刷りこんでいる。祖国の神聖な象徴である国旗を、王室の祭日に際して、公共空間としての軍隊、学校だけでなく、私的空間である家庭のなかまで導入し、それを掲げることを習慣化しようとする国家意志を見ることができる。

### 「祖国の父」の動員

サヴォイア家については、即位して間もない国王の存在を補い、王家に対する親近感をより強く育む目的であろうが、先代の二人の国王、ヴィットーリオ・エマヌエーレ二世（紳士王）とウンベルト一世（善良王）についての神話的エピソードを語っている。

「祖国の父」については、庶民的で、慈悲深い国王としてのエピソードが統一直後から広く流布していた。「祖国の父」は趣味の狩りの途中で、一人の老婆に出会い、泣いているわけを尋ねた。彼がだれか知らない老婆は、未亡人で、一人息子が兵隊にとられ、生活のために一日中働き詰めであると語った。それを聞いた国王は、次のように言った。

それでは、市長に息子を返すように手紙を書いてあげよう。
えっ、市長が貧しい人々を気にかけるのですか。
それでは、こうしよう。土曜日の朝、教会の前に来なさい。この地域に国王が狩りに来ていることを知っている。国王と話せるようにしてあげるから。

老婆は神の加護の言葉を繰り返した。土曜日の朝、老婆は教会の前で待っていた。狩人が現れ、老婆に近づき、次のように言った。

国王と話したよ、あなたの息子さんは戻されると約束された。

感動した老婆は次のように叫んだ。

なんと感謝の言葉を申し上げたらいいのか、国王にお会いしたい。

国王が合図をすると、散らばっていた狩人の集団から一人の若い兵士が進み出てきて、敬礼した。周りにいた人々は、「国王万歳」と叫んだ。老婆はその若い兵士に駆け寄り、泣きながら抱きしめた。老婆はその親切な人が国王本人であることに気が付いた。国王は直ちに、その息子の徐隊の書類を書いた。

このドラマ仕立てのエピソードは、「祖国の父」の慈悲深いイメージを子どもに与える上で大きな意味があったし、サヴォイア家の存在を子どもに刻印するのに重要な役割を果たした。

慈悲深い、情愛に満ちた、やさしい国王のイメージは、「善良王」と呼ばれたウンベルト一世にも創られた。一八八四年にコレラが発生したナーポリの病院に、「彼自身が伝染し、死ぬ危険があったにもかかわらず、瀕死の患者のベッドに駆け付け」たことや、彼をナーポリで暗殺しようとした「パッサンナンテの母親を援助した」ことが述べられている。

このように、一九一三年に出版された女子二年生の教科書では、子どもを感動させる王家に関わるさまざまなエピソードを通じて、サヴォイア家が国民と結合した神聖なイタリア家族として描かれ、教えられている。

## 女子にも求められる勇敢と勤勉

この教科書では、女性が祖国に対して果たす役割として、溺れていた一人の男の子を救った二人の女子への表彰式に関連して、教員が、市長の言葉を引用しながら、「女性も、隣人を愛し、助け、勤勉で、勇敢で、とりわけ家庭で良き、情愛溢れる人に成長しなければなりません」と、子どもを教育している。

この話は、デ・アミーチスの『クオーレ』で溺れる子どもを救助した勇敢な男子と類似しており、女子にまで勇敢な精神が求められ始めたことを示している。さらに、教員は、「私たち女性は自分たちの家族のために働きながら、日々学び、より賢明な人間になることで、祖国に奉仕するのです。怠惰で、無知で、心の曲がった、家庭を愛さない女子は、イタリア人女性となるに値しない」と付け加えている。

## 自由主義国家の最後の輝き

三冊目の教科書は、一九〇五年の教育指導要領にもとづくと明記された、一九一二年出版の『品行』と題する小学校五年男子・女子用「市民の権利と義務」である。この教科書には、キリスト教にもとづく教訓はまったく存在しない。その代わりに、「社会は家族と比較できる」として、市民社会の基盤としての家族が強調されている。近代の市民社会では、「各人が一定の役割を果たすように、仕事を分担するようになっている。個々人の仕事は他の人々にも有益で」、「人間は多くの恩恵を受ける社会に対してさまざまな義務がある」と言う。

個人の義務については、「人間は社会的存在で、大きな人間社会の一部であり、それから恵みを受け、それに対して義務を有する」となっている。「人間的理想は自らを持続的に改良することである」が、そのような人は偉大な詩人、芸術家、科学者、愛国者として、歴史に名前を刻まれ、銅像が建てられ、顕彰されるとある。

その上で、「私たちの健康の最大の敵の一つが手足を弱め、悪習につながる怠惰である。逆に労働は健康の第一の要因である」と言う。「人間は生存に備えて、お金が必要である。お金を得るためにはまっとうに働かねばならない。しかし、お金は目的ではなく、手段であらねばならないことに気を付けなければならない」と述べている。ここには、「意志は力なり」、「刻苦勉励」を奨励した、当時の共和主義者や社会主義者も共有した実証主義と自助論の影響が見られる。

## 祖国と人類

祖国だけでなく、「祖国と人類」という二項目が立てられているのが、この教科書のもう一つの特徴である。まず祖国について見てみよう。

ピエモンテ人、シチリア人、ヴェーネト人、サルデーニャ人に、あなたの祖国は、と尋ねてみよう。イタリアと答えるでしょう。トレント人、トリエステ人もまた、私たちとは異なる国に属しているけれども、イタリアと言うでしょう。遠く離れたアメリカ大陸に移民としてわたった鉱夫、農民も、イタリアと答えるでしょう。イタリアという言葉が心に思い出、情愛、願望を呼び覚ますように、彼らは悲しみに満ちた甘美さをもって、その愛おしい名前を発するでしょう。

ここで注目すべきことは、とりわけイタリア統一の完成を主張していた共和主義者が深く関わっていた失地回復運動のトレント、トリエステについて言及されていることである。続いて、マッツィーニの有名な祖国の定義が引用されている。

祖国は領土ではない。領土は（祖国の）基礎以外の何物でもない。祖国はその領土をもとに生まれる理念である。祖国は愛の思想であり、その領土の子ども全員を一つに結び付ける集合的感情である。祖国を愛するためにはそれを守るだけでは十分でない。それをますます偉大に、さらに尊敬され、愛されるものとする必要がある。では、祖国を偉大にするにはどのように貢献できるか。平和と友愛的調和、学びと労働という方法で、すべての市民は国を豊かにすることに協力できる。……私たちの祖国への愛は、他の国民を尊敬し、愛することを妨げてはならない。祖国を構成する個々人、家族の結合が愛によって強化されるように、人類を構成する諸国民の最も大きな結合は友愛的結束の固い絆に支配されねばならない。今日、ほとんどの文明的国民は外国人の支配から解放され、独立した国となり、憎しみや戦争の多くの原因はほとんどなくなっている。……外国でも愛され、尊敬されることを望むのであれば、全人類の市民と愛と尊敬を同様に交換しなければならない。

この文章は、一九〇五年にマッツィーニの『人間義務論』が教科書となったことと無関係ではなく、マッツィーニの思想が教科書に登場していることが分かる。

### 憲法にもとづく国家

この教科書では、国王について、憲法との関連で次のように説明している。サルデーニャ王国は絶対君主に支配されていたが、「わがリソルジメント史の最も記念すべき」一八四八年に、「ピエモンテ人はサヴォイア家のカルロ・アルベルト国王に憲法、すなわちそれまで否定されていた自由――思想、結社、信仰、出版に関する――などと、立法権を国民に与える法律を要求した。国王は憲法を認め、立憲君主、すなわち国民の意志に従って、自ら統治する自由な国家の最初の国民となった。憲章 Statuto と呼ばれるこの法律は、その後ピエモンテに併合されたイタリアの地域に広がり、今日でも機能し、わが国の基本法である」。

その憲章によって、「すべての市民は平等となり、市民的・政治的権利を享受した」。「国民は、平等の権利をますます活用できるように、勉強し、学ぶことで、それを有効なものとしなければならない」。

思想と信仰の自由については、次のように述べている。憲法には「特別の規定はないが、法律の精神からして、各市民が思想の自由をもち、望むように考えることが自由であることは明白である」。「異教徒の古代ローマ人は初期キリスト教徒を迫害し、火あぶりの刑にした。キリスト教もまた信仰を強要した。支配者となったキリスト教徒は自由な思想家を迫害し、火刑とした。しかし、思想の自由は勝利し、今日、すべての人が望むように考えることが自由である。唯一、阻止されねばならないことは、考えない、無知にとどまる自由である」。

ここに、立憲君主制のイタリアが明確に統合原理として打ち出されていることが分かる。しかし、それは自由主義時代イタリアの最後の輝きだった。この教科書発行の二年後に第一次世界大戦が勃発し、中立か参戦かをめぐる内乱に近い混乱が生じ、結果として、イタリアは協商国側に立って参戦することになる。戦後は、その第一次世界大戦を「母」とするファシズムが政権をとると、民主主義がしだいに否定されることになる。

# 第5章　教科書に見る第一次世界大戦

## イタリアと第一次世界大戦

一九一四年六月二八日、バルカンの火薬庫が爆発し、オーストリアとセルビアの戦争が勃発した。その戦争はクリスマスまでには終わるという楽観的な予想に反して、ヨーロッパ諸国を巻きこみ、四年以上も続いた。第一次世界大戦は、まさに世界的な規模となり、近代兵器が投入され、国民も総動員されたことから、「大戦争」と呼ばれる。

第一次世界大戦が勃発した時、イタリアは一八八二年に締結した三国同盟を更新して、ドイツ、オーストリア側にあった。イタリアは、同盟国が攻撃を受けた時に限り、自動的に参戦するという三国同盟の条項を盾に傍観者にとどまり、戦争開始から一年間は中立の立場をとった。実際のところ、イタリアは一九一一年のリビア戦争で多大な戦費を使い、精鋭部隊はアフリカにいたことから、参戦ができる状態になかった。

イタリアでは参戦か中立かをめぐって世論を二分する大論争がおこり、未曾有の政治的・社会的混乱に陥った。ジョリッティを中心とする自由主義者は中立を主張した。社会党は非戦の立場をとった。社会党左派であったムッソリーニは反戦から参戦に転向し、社会党から除名された。共和党はリソルジメント運動を完成するためとして、オーストリアが支配するトレントとトリエステなどの失地回復を求め、東ヨーロッパのナショナリズムを支持し、協商国側に立つ参戦を主張した。

二〇世紀初頭に登場したイタリアの「再生」を主張する思潮は、第一次世界大戦の勃発で勢いを得ることになる。プレッツォリーニ、ダヌンツィオ、コッラディーニなどは、民族の健全なエネルギーを発揮する「聖なる戦争」への参戦を訴えた。

軍国主義に反対する社会主義者の集会が警察の襲撃を受け、それに抗議する、いわゆる「赤い一週間」と呼ばれるストライキ・騒擾が一九一四年六月、イタリア全土で続いた。翌一五年には参戦主義者の激しい街頭行動、いわゆる「輝ける五月の日々」と呼ばれる運動が展開された。その激しい街頭行動で国政を決定する運動は、ファシズム運動の原点となる。

参戦反対が多数を占めていた議会で全権委任を取り付けた政府は、密かにイギリス、フランスと交渉して協商国側につくことになる。その見返りとして、イタリアは失地を回復するというロンドン秘密条約を一九一五年四月に締結した。イタリアは、一九一五年五月にオーストリアと、一九一六年八月にドイツと戦争を開始し、五〇〇万人の兵士を動員した。国民は戦争国債を購入し、前線兵士に生活必需品や衣類の入った慰問袋や手紙を送った。子どもは、勇敢な兵士たちの活躍を聞かされて、愛国的雰囲気に巻きこまれていった。

一九一五年出版の『なぜ私たちは戦争するの』と題する児童書は、「危険な状況にもないイタリア」

が戦争する理由として、「イタリアはその戦争に勝つでしょう。その目的である正当な国境の要求、抑圧された兄弟の解放、権利と自由の防衛が、神聖で不可侵であるからです」と、失地回復運動を挙げている。

小学校教員には「後方支援」として、授業で日々の戦況を生徒に語り、愛国心を鼓舞する役割が課せられた。このことに関連して、戦争中のマントヴァの小学校での次のような証言がある。戦争で負傷した父親を見舞いに陸軍病院に行った一人の少女が、「どのように戦争を考えるか」という宿題で、「戦争をした人はすべて貧しい人たちです。なぜならそこで横たわっている人には高貴な人はいなかったからです」と書いた。宿題を出した女性教員は「だれがこのように書くように教えたのですか？」と生徒に詰問した。生徒が「私は父さんを見舞いに行き、そのことを見たからです」と答えると、先生は宿題を引きちぎって、生徒のほほを打った。

子どもに人気のあった『ジャン・ブラスカの日記』の著者ヴァンバは教科書『イタリアの子どもはバリッラと呼ばれる。民族的リソルジメントの少年たち』を一九一五年に出版し、子どもに総動員体制を呼び掛けている。ヴァンバは、リソルジメント時代の子どもの活躍を語り、愛国心を鼓舞した後に、「戦争のためにできるあらゆることをする現在の義務」と題して、次のように述べている。

ドイツとオーストリアが開始したヨーロッパの恐るべき戦争は、今日、新しい義務をすべての人に課した。イタリアは完全な統一を達成するために戦っているが、すべての都市で、市民による委員会が、君たち子どもに力を貸すように呼び掛けている。その仕事は、君たちの年齢、知識、心構えによって、さまざまな方法で展開できるし、なかでも委員会が示した目標にもっぱら役に立つことである。それは、すべての大人が戦いに召集された時でも、市民生活の秩序を保ち、平静に展開し、公的な業務を確保することである。少年たちが勇敢に、秩序立って果たした公的な業務については、すでに「ミラーノの五日間」（一八四八年におこったオーストリア支配に対する反乱）の例がある。その時、孤児たちがバリケードをかいくぐり、手紙や小包を送り届けて、郵便配達の役割を果たした。とるに足りない労苦が求められても、それに応えなければならない。ガリバルディは、必要な時は、イタリア語を教え、ろうそく職人もしていた。学生たちは道路掃除をするかもしれない。通りのごみとともに、なんの役にも立たない、無駄なおしゃべりを一掃するという立派な行為でそれを行うことになる。戦う兵士に替わって、君たちは市民の役割で祖国の兵士の義務を果たしてください。

第一次世界大戦中に、兵士として戦争に動員された大人に代わって、子どもが国内の秩序維持に動員されたことが分かる。その際に、リソルジメントのエピソードを示し、子どもの果たす役割を鼓舞している。

### 戦勝国となったイタリア

一九一七年は大戦争の転換点であった。アメリカは参戦し、ロシアは革命によって戦争から撤退した。その年の春に、イタリアはカルソとトレンティーノの山岳地帯でオーストリアに攻撃をかけたが、成果は少なく、多大な犠牲者を出した。秋にイタリア軍はイゾンツォでドイツ・オーストリア連合軍の攻撃を受け、カポレットで大敗を喫した。

この敗北によって、国民形成における教育の問題が再浮上することになる。カポレットの無残な敗北は、プレッツォリーニによれば、イタリア人の「肉体的・道徳的の特質である恐るべき弱体、軍事的・市民的制度、過去、指導者階級、国民」のすべてを再検討するべき機会であった。

あらゆる議論、綱領、宣伝は、兵士を確信させ、行動させることもなく、心の上を通りすぎて行った。文字の識字は置くとして、おそらく最も驚くことは、精神的な識字である。それは、精神的展望の欠落、家族的でちっぽけな集合体の限界を超えられないこと。なんということだ。このような大衆にとって、祖国は単なる一つの言葉であり、人類は単なる一つの夢である。

ここに「精神的識字」の向上という主張が現れるが、それはナショナル・アイデンティティを強化するということにほかならなかった。カトリック司祭のロモロ・ムッリ（Romolo Murri 一八七〇〜一九四四）によれば、プレッツォリーニが指摘した問題は「最貧階層だけでなく、とりわけ司官や下司官の属する社会階層にあり、団結や国民的義務の生き生きとして、活発な意識、すなわちイタリア性を通じて形成される」ものが欠落していることを告発したものであった。

態勢を立て直したイタリア軍は一九一八年一〇月にヴィットーリオ・ヴェーネトで勝利をおさめた。塹壕戦を中心とした第一次世界大戦は一九一八年一一月に終戦を迎えた。イタリアは六〇万人の戦死者を出した。大量のイタリア軍兵士は捕虜となり、ドイツの収容所に送られていた。

その年に『ピノッキオの心 有名な人形の新たな冒険』が出版されている。著者はコッローディの甥である。ピノッキオは操り人形ではなく正真正銘の人間で、ファータは赤十字の看護婦の役回りとなっている。家を飛び出したピノッキオは前線に向かい、勇敢に戦い、両足を失い、義足となる。傷痍軍人となったピノッキオは除隊となるが、祖国のために戦ったことを誇りに思い、ジェペットと平和に暮すという内容である。

第一次大戦中にヴィットーリオ・エマヌエーレ三世の「一番目の兵士」という神話が生まれた。国王は前線の塹壕をまわり、兵士たちと危険を共有し、「兵士たちに囲まれた国王」という神話が創られた。それは、伝統的なサヴォイア家の尚武の伝統とは異なり、兵士に寄り添い、一緒に戦い、苦難をともにする国王であった。その神話は効果的で、カトリック教徒、共和主義者、そして一部の社会主義者も、サヴォイア家の十字の紋章の入った三色国旗を前に自分たちの旗を下した。

戦後、イタリア各地に戦没者追悼祈念碑が建立された。戦死者の名前が刻まれた石碑が並ぶ記念公園が創られた。そこで開催される戦没者慰霊式典に子どもが動員された。国家祭日には小学・中学の成績優秀者からなる「名誉の衛兵」が行進に参加し、戦死者を讃えた。イタリアにおける戦没者慰霊は一九二一年一一月四日に本格的に始まる。ローマのヴィットーリオ・エマヌエーレ二世記念堂に祖国の祭壇が設けられ、無名戦死者が葬られた。

## 「ファシズムの母」としての第一次世界大戦

一九一九年九月のサン・ジェルマン条約でイタリア領となったヴェネツィア・ジューリア、イストリア、トレンティーノを加えたイタリアの新しい地図が、『子ども新聞』の一面に掲載された。しかし、ロンドン秘密条約で約束されたアドリア海沿岸のダルマッツィア併合はパリ講和会議で認められなかった。それによって、まがりなりにも戦勝国となったイタリアでは「損なわれた勝利」という感情が一気に高まることになる。著名な行動的詩人ダヌンツィオ率いるナショナリストからなる義勇兵部隊がフィウメ（クロアチア語でリエカ）を占領した。

戦後のイタリア社会は、第一次大戦への参戦をめぐる対立の後遺症、「損なわれた勝利」に対する不満、国民の生活を直撃したインフレなどによって大混乱に陥った。農民は戦争への動員に際して公約された土地分配を、労働者は生活改善を要求してストライキを行った。それは、「国民の内部に生じた正真正銘の裂け目」であった。そのような時期、一九一九年三月に、ムッソリーニは「戦士のファッシ」を結成した。

一九一九年一一月に国政選挙が行われた。それは比例代表制による初めての選挙で、新しいカトリック政党の人民党が、社会党とともに進出した。社会党の勢力が強い中部イタリアのエミリア・ロマーニャ地方では、農民による農業協定解約闘争が続き、農業経営者が危機感を抱くことになる。

一九二〇年一一月二一日、退役兵士・学生などが参加したファシスト行動隊が社会党市政のボローニャ市庁舎を攻撃し、社会党員に死傷者を出す事件がおこった。ファシストによる、いわゆる「懲罰遠征」による社会党員の攻撃、殺害はトスカーナ地方にも拡大した。

一九二一年一一月、「戦士のファッシ」は「国民ファシスト党」（以下、ファシスト党と略記）を結成した。首相ジョリッティは、ファシストと社会主義者の内乱状況を解決するとして、社会党と人民党に依拠しない、自由主義諸派を結集したナショナルブロックに、ファシスト党を引き入れた。それによって、一九二二年の総選挙で三五名のファシスト議員が誕生することになる。ジョリッティの考えは、ファシストを国会に参加させることで、彼らの暴力行動を鎮静化することであった。つまり、黒シャツを背広に替えさせる、ファシズムの「体制内化」であった。

ジョリッティの思惑通りにはいかなかった。ファシストの暴力行動はおさまることなく、ミラーノ、ジェーノヴァなどの主要都市を占拠した。この時期から、ファシズムは政治・経済のプログラムを明確化し、君主制の維持という主張で国王と軍隊を引き付け、経済的自由主義によって経営者の支持を獲得するようになる。

一九二〇年六月に成立した第五次ジョリッティ内閣（一九二〇〜二一年）では、哲学者で上院議員のベネデット・クローチェが公教育大臣に就任した。クローチェは、教育の質の向上のために国家試験の導入のほかに、私立学校との競合だけが公立学校を改良することができると考えた。

しかし、ジョリッティにとって緊急の課題は、教育問題ではなく、戦争によって混乱した経済の立て直しと、政治を安定化することであった。哲学者たちによって語られてきた教育改革は手の届くところにあるかのように思えたが、国家試験の導入というクローチェの改革案は、社会党員・民主主義者や教員組織だけでなく、ジョリッティ派のメンバーの反対で実現しなかった。その改革案は、ムッソリーニの最初の内閣で公教育大臣をつとめる哲学者ジェンティーレの改革に盛りこまれることになる。

# 第6章　ムッソリーニが「最もファシスト的」と称賛した教育改革

## 教科書に見る「ローマ進軍」

まさに、この道で、到着するのを見たのだ。

えっ、ファシストたちが？

一〇月二七日の夜だった。どしゃぶりの雨だった。ノメンターナ通りを、黒シャツを着た人が乗って走るオートバイや自動車を見た。

一八七〇年のポルタ・ピーア入城を覚えているね。装備も武器もなんと違うことだろう！

これは、一九三〇年出版の国定教科書『三年生の読本』にある「一九二二年のポルタ・ピーア」と題する章の一部である。一八七〇年九月二〇日に、イタリア軍は教皇支配地として残っていたローマに「ポルタ・ピーア」(ピーア門)から入城した。それはローマ遷都につながるイタリア統一を象徴する戦いであった。この「ポルタ・ピーア」の戦いと一九二二年の「ローマ進軍」を対比するために、

図6－1　「1922年のポルタ・ピーア」にある「ローマ進軍」の挿絵

「一九二二年のポルタ・ピーア」というタイトルになっている。ローマ進軍の話は、一転してファシズムのイデオロギーとなる。

次の二八日の朝、ファシストは、つねにイタリアの頭であったローマに進軍した。大戦争の華々しい勝利の後に、残念なことに、イタリアは頭がなくなっていた。

「だれが切り落としたのか」という質問に、「共産主義者」と子どもに答えさせている。

彼らは秩序を尊ばなかった。秩序は個人だけでなく、人類社会の幸せである。彼らは、とりわけ、犠牲によって獲得された権利も理解できなかった。

この文章は、社会主義者が引き起こした混乱状況にファシズムが社会秩序をもたらしたというものである。子どもを喜ばせるサーカスや賢いロバのユーモアに満ちた話や挿絵が溢れ、一見すると童話の本かと思える教科書には、社会主義に対抗するファシズム・イデオロギーが充満している。

## ムッソリーニに組閣を命じた国王

黒シャツを着た一万五〇〇〇人弱のファシストが、一九二二年一〇月二八日未明、ミラーノ、ナーポリなどからローマに向けて進軍を始めた。ファシストが着る黒シャツはファシズム運動を象徴するパトスであった。黒シャツは第一次世界大戦の志願兵からなるアルディティと呼ばれる突撃決死隊の制服にならったものであるが、一九一九年にファシストが行動を開始した時から義勇兵精神の政治的表象となった。

時の首相ルイージ・ファクタ（Luigi Facta 一八六一～一九三〇）はローマ進軍というクーデタを阻止するために戒厳令を敷くことを国王ヴィットーリオ・エマヌエーレ三世に進言した。しかし、国王は戒厳令への署名を拒否し、ムッソリーニに組閣を命じた。国王がムッソリーニに政権を委ねたことについて、社会主義者と暴力行動を繰り返すファシズムを制度のなかに取りこみ、社会混乱を治め、秩序をもたらそうとしたという解釈が一般的である。

ただ、第一次世界大戦後に未曾有の混乱に陥ったイタリアで国王が危機意識を抱いていたことを忘れてはならない。ドイツ帝国、オーストリア・ハンガリー帝国の崩壊と、ロシア革命の影響を受けた社会主義運動の高揚を前にして、国王は王家を救うためにムッソリーニに政府を委ね、ファシズムとの共存関係を開始した。それはサヴォイア家が「生き残り戦略」としてファシズムと手を組んだという解釈である。

図6－2　『休暇の課題　帝国の青年』の表紙

そのムッソリーニの首相任命について、一九三七年出版の四年生用『休暇の課題　帝国の青年』と題する夏休み宿題帳に興味深い説明がある。その出版地がサヴォイア家の本拠地トリーノということもあろうが、カラー写真の表紙にはサヴォイア家の国王・王妃、皇太子夫妻の肖像が配してある。副題が「帝国の青年」となっているように、一九三六年にヴィットーリオ・エマヌエーレ三世がイタリア国王にしてエチオピア皇帝となったことを記念する意味がある。

そのなかの夏休み第四週目の課題として、「一九一九年三月二三日〜一九二二年一〇月二八日」についての「下記の短文を注意深く読み、文章で要約せよ」とある。その短文の内容を見てみよう。

第一次世界大戦でイタリアの勝利を決定したヴィットーリオ・ヴェーネトの戦いからローマ進軍まで、恐ろしい戦いの四年間であった。否定された祖国、踏みにじられた価値。わが美しきイタリアに不名誉と破滅をもたらそうとするボルシェビズムの突風。神の摂理によって、一人の人間がここに立ち上がった。ベニート・ムッソリーニである。彼は言う。「偉大な母なるイタリアの六〇万人に上る英雄的息子たちの犠牲は、無駄であってはならない。イタリアは偉大で、強力にならねばならない」。彼は献身的で忠実な友人たちを呼び寄せ、一九一九年三月二三日に「戦士のファッシ」を結成した。ファシストたちは増大し、勝利か死か、と誓った。その多くは、イタリアの通りや広場で高潔な血を流し、英雄として倒れた。一九二二年一〇月二八日、ドゥーナェの命令によりイタリア各地から膨大な数のファシストが、ローマを奪取するために首都に向かって行進を開始した。祖国の敵は敗北し、ベニート・ムッソリーニはカンピドーリオに上り、そこでファッショ・リットーリオを打ち立て、続いてヴィットーリオ・ヴェーネトを国王に届けるためにクイリナーレ（王宮）に出向いた。その日からムッソリーニはわが栄光に満ちたファシストの、イタリアのドゥーチェである。

一九二八年一二月、ファシズム大評議会が国家の最高機関となり、大臣の任命権をもつことになった。それによって、ファシズム大評議会が国王の権限に介入し、王位継承も変えることができるようになった。国王はもはや国家の長ではなくなり、国家の全権がファシズム大評議会にわたった。この時点で、「実際のところ君主国はもはや存在しなくなった」という指摘がある。たしかに、制度的には、全体主義国家が進展するに従ってムッソリーニの独裁が強化され、国王の権限は限りなく制限されていった。

しかし、国王の存在が否定されたわけではない。一九三六年のエチオピア征服後も、ヴィットーリオ・エマヌエーレ三世はイタリア国王で、エチオピア皇帝となり、国家の最高の長であり続けた。

ムッソリーニは、一九三八年にイタリア元帥の称号の上位である新しい称号として「帝国第一元帥」を自らに与えようとしたが、軍の最高指揮官の特権を侵害するものとして、国王は激しくそれに反発した。結果として、帝国第一元帥の称号は国王とムッソリーニの二人に与えられた。この時期は両者の対立が頂点に達した時である。ファシズムを理解する上でも不可欠な、この国王とドゥーチェの関係、いわゆる「二頭政治」については後述する。

## ジェンティーレ改革

「ローマ進軍」で政権を獲得したムッソリーニが最も早く取り組んだのが教育改革である。それは、ムッソリーニの母が小学校教員であったことや、彼自身も教員をしていたことと、無関係ではないであろう。

その教育改革のために、ムッソリーニは、著名な観念論哲学者ジョヴァンニ・ジェンティーレ(Giovanni Gentile 一八七五〜一九四四)を公教育大臣に任命した。その任命はファシズムに対する知識人の支持を獲得するムッソリーニの戦略であった。もちろん、名声だけでジェンティーレが公教育大臣に任命されたのではない。彼は、第一次大戦後の一九一八年五月、ボローニャの新聞『イル・レスト・デル・カルリーノ』紙に「イタリアに学校は存在するのか」と題する記事を寄稿し、イタリアの教育体系の「本質的な改革、すなわち根本的で、体系的な改革」の必要性を主張していた。

イタリアに併合されたばかりのトリエステで一九一九年夏に行った師範学校教員への講演で、ジェンティーレは、「学校問題を解決するということではなく、それを真の問題の中心に位置付けると、言いたいのです」と述べている。その上で、「国民とは、そうありたいと望むのが国民である。実際に望むと言うだけではない。国家体制のなかで固有の人格を実現すべき事業であり、その外には集合的意志、あるいは共通の民衆的人格は存在しない」と述べ、全体主義的教育を通じての国民形成の必要性を訴えている。

教育を精神それ自体の生成と考えるジェンティーレは、ファシズムのなかで自らの政治哲学の具体化を目指し、一九二三年に入党した。公教育大臣となって六カ月後に、ジェンティーレは、政治、学校を「復興する」という言葉で、次のように述べている。

今日、復興は我々のスローガンである。道徳的な力を復興させなければ、国家は復興しない。国家は学校が復興しなければ復興しない。学校は家族が復興しなければ復興しない。学校、国家の本質である人間は家族にある。

ジェンティーレの「人間の復興」のモデルは、「ルネサンス的な人間」ではなく、「国民国家の形成を可能にした諸価値の表象であるリソルジメント的英雄」であった。それは、自由に象徴される国家を超越する「理念に献身し、自らを犠牲にすることであり、国家に絶対的な法を承認するものである」。

彼は、ムッソリーニの全面的なバックアップのほかに、多くの知識人やカトリックの人民党員の支援もあり、「学校における規律と教員の義務」という強い態度で教育改革に取り組んだ。一九二三年四月に発布された「ジェンティーレ改革」は、ジョリッティ時代に開始された教育と学校に関わる長くて複雑な議論の成果であり、観念論哲学のなかから生まれたものである。

## 学校制度の改革

観念論哲学にもとづくジェンティーレによる教育改革の中核は、重大な危機に陥っていた中等教育にあった。五年間の中学校（ジンナージオ）、五年間の古典高等学校（リチェーオ・クラッシコ）のほかに、科学高等学校、女子高等学校が設立された。それらは大学へ進学できるただ一つの高校となる。この指導者育成の高校では、ギリシア・ラテン語が導入され、哲学、文学、歴史が重視された。民衆・労働者階級には会計士・測量師などを養成する三年間の専門学校が設立された。それまでの三年間の師範学校（スクオーラ・ノルマーレ）は七年間の小学校教員養成のイスティトゥート・マジストラーレに改組された。

ジェンティーレ改革は、カザーティ法で定められたイタリアの教育制度の最初の、組織的な再編成であったが、その基本方針は「学校を少なく、良い学校を」という量から質の転換を行う厳格なエリート教育であり、指導者階層と中間階層の教育を分断するものであった。小学校では進級、中等学校で入学・進級、高等学校ではマトゥリタと呼ばれる卒業資格試験の導入による厳しい選抜などによって、教育の質を保証しようとした。

## 小学校への宗教教育の導入

初等教育の改革を担当したのは、ジェンティーレの弟子にあたる観念論の教育学者ロンバルド・ラディーチェ（Giuseppe Lombardo Radice 一八七九～一九三八）である。彼は、ジェンティーレの要請で一九二二～一九二四年まで、公教育省の初等・民衆教育局長をつとめ、児童の自発性と個性を重視する初等教育の改革、識字率の向上に取り組んだ。初等教育の改革では、三年間の保育園を準備段階とし、義務教育は一四歳までの四年間となった。

ジェンティーレ改革は高等学校で哲学を未来の指導者に不可欠なものとしたが、小学校では「宗教」を教科とした。一八七七年に必修科目から外されていた「宗教」が小学校で復活した。ジェンティーレによれば、宗教教育は道徳的感覚を発展させ、児童を精神生活の第一段階へと導くもので、哲学教育の予備教育であり、信仰教育ではなかった。すなわち、教理問答ではなく、実践される道徳であらねばならなかった。彼は、「カトリックがイタリア社会の基礎」であり、「国民教育はそれから切り離されたものではあり得ない」と考えていた。なお、一九二九年のカトリック教会との「和解」後に中学校にも「宗教」が導入される。それは、カトリック教会のファシズム体制への同意を獲得する戦略でもあった。

初等教育改革を一任されたロンバルド・ラディーチェは、識字率の向上に取り組んでいる。彼は、ローマ近郊の農村や南部イタリアの読み書きできない成人や、寒村に住む不登校児童の識字率向上活動を行っていた民間団体を統合して「非識字者撲滅委員会」とし、公教育省に本部を置き、大臣が選んだ専門家をその責任者に任命し、財政支援を行っている。

ファシズムに対する同意獲得と民衆の社会的管理の意味もあった学校への財政支援の増加は、識字率の向上をもたらした。一九二一～三一年に、イタリアの非識字者は二七・五％から二〇・九％に減少し、男子が二四・四％から一七・四％に、女子が三〇・四％から二四・二％になり、男女の格差も縮まった。

### ロンバルド・ラディーチェの言語政策

一九〇八年の調査結果によれば、小学校の半数以上がいまだに方言で授業を行っており、教会では国家によるイタリア語の強要に対抗して方言による説教が行われているところもあった。ロンバルド・ラディーチェは、学校教育で「方言を有害な要素、障害としてではなく、国語の熟達に導く一つの行程」と考えていた。

彼によれば、教育は地方文化と切り離すべきではなく、方言は児童の考えを表現させる手段として価値があった。彼は、イタリア人の歴史的・文化的な価値を考慮して、地方の伝統的共同体に根差した学校を目指し、小学校における地域言語の使用を主張した。彼にとって、「方言は感情のこもった言語であり、つねに話されている母語、最初の表現形態、イタリア語の教授それ自体の必然的な出発点となるものであった」。そのためにも、児童の最初の言葉である方言は学校から排除すべきではなかった。方言の使用は子どもの生活と学校を接近させ、その乖離を埋めるものであった。

しかし、そのような考えは、一九一九年のサン・ジェルマン条約でイタリアに併合されたドイツ語圏のアルト・アーディジェでのイタリア語政策と矛盾するものであった。ロンバルド・ラディーチェの方言の容認、地方文化の振興という考えは、ナショナリズムの観点から国語を重視し、国民の均質化を推進するファシズムに否定される。一九二三年にロンバルド・ラディーチェが書いた教育指導要領の序文は修正されることになる。

「民衆文化の根源」である方言に対する漠然とした言及を削除して、「民衆」に「民族」を置き換え、「教育はひとえに民族の最も意義ある祝賀に意識的に参加すること、ファシズム体制の事業について活発に話すことである」となった。一九三〇年代を通じて、ファシズム体制は、純粋国語のキャンペーン、「ファシストを語る、ファシズムの言語、ファシズムの言語政策」を展開することになる。その結果、イタリアのすべての小学校で授業は国語、すなわちイタリア語で行われることになるが、イタリア語以外の言語が日常的に話されていたコムーネでは、その言語は親の求めに応じて授業時間以外で教えられた。

学校を「児童の自主性を尊重する精神的・人間的成長の場」と捉えるロンバルド・ラディーチェの教育方針は、ファシズムのイデオロギーにもとづく「新しいイタリア人」、「ファシズムの人間」を創ることを目指すムッソリーニには不都合であった。「観念論哲学者とファシズムとの和合は誤解の産物」であったために、ロンバルド・ラディーチェはマッテオッティ事件後に、ファシズムを離れることになる。

## 検定される教科書

ロンバルド・ラディーチェは、一九二三年三月に、小学校で使用される教科書を選別するために、自らが長となって教科書検定中央委員会を発足させた。たしかに、一九世紀の読本は教訓的・階級的・偽善的内容が美辞麗句で強調され、「児童には脅迫的な文体であった」が、二〇世紀に入ると

「日々の生活と結合した動機、示唆、模範」へと変化していた。

ロンバルド・ラディーチェは、「教育指導要領に対応して教科書を質的に改善する」という目的を掲げた。それは、教員や教育関係者が短時間に手際よく書き上げた膨大な数の教科書への対応でもあった。その時点で国定教科書は想定されていない。

憲法学者カラマンドレイ、作家プレッツォリーニなどから構成される教科書検定委員会の教科書選定基準は、観念論哲学の教育学にもとづく児童教育であった。一九二三年三月から、委員会が認可し、公報に掲載された教科書一覧表にないものは教科書として使用できなくなった。教員は認可教科書一覧表のなかから選択し、学校教員会という教員組織に提案し、投票によって三分の一の賛成を得なければならなかった。

教科書認可に際して、内容の誤り、装丁・図版・紙質・価格について詳しいコメントが示されたが、基本的に内容に立ち入ることはなかった。その理由は、ロンバルド・ラディーチェ自身が小学校をファシズム体制に組み入れることに反対の立場をとっていたことにある。

検定委員の一人で作家のマリーア・ペッツェ・パスコラート（Maria Pezze Pascolato 一八六九〜一九三三）は、審査は児童のファシズム化を推進するものではなく、教科書としての読本の「本質的な目的は教育にある」と述べている。そのために、児童の人間形成で果たす教育の重要性を強く意識して、内容の誤りだけでなく適切な言葉、そして文学的・美学的観点から詩や表紙のデザインを重視した。読本の多くに見られた孤児や捨子の話は、子どもに希望や勇気ではなく恐怖感を植え付けると批判した。読本には、「児童に親しみやすい、芸術家による価値ある本」という基準が厳密に適用された。

ロンバルド・ラディーチェによれば、「貧者は子どもに高価な贈り物ができない」ので、教科書は子どもへの贈り物として勉学意欲をかき立てる質の高い本でなければならなかった。イタリア王国成立後に出版された教科書も含めて、厳しい審査によって、大部分の教科書でコメントが付いた報告書が、一九二四年八月に発表された。

そのなかには、一八八六年の出版以来ベストセラーとなっていたデ・アミーチスの『クオーレ』があった。実証主義の影響力が強かった一九世紀後半には、センチメンタルな愛国主義を鼓舞する『クオーレ』は児童書としては多く読まれながらも、教科書としては評価されなかった。しかし、検定委員会は、それを「芸術的・教育的価値をもつ、賞賛に値する」もので、「国民の最大の力は善意にあることを無類の方法で子どもに教えるこの児童文学を傑作と評価することはおこがましいことであろう」と評している。

また、前掲の『テスタ』と『ミヌッツォーロ』も言及されている。前者については、「青少年のために民衆図書館や学校図書館で備えられる最高の賞」に値するものとなっている。後者は、ロンバルド・ラディーチェに代わって委員長となった哲学者ジョヴァンニ・ヴィダリ（Giovanni Vidari 一八七一〜一九三四）による一九二五年の検定委員会報告で、「全体として、科学史や地理の情報が多様で、豊富であること、適切に道徳を配列していること」を称賛しているが、「愛国的記述は少し弱く、趣味的で、最近の戦争についてはまったく言及がなく、宗教的感情を反映しておらず」、『ジャンネッティーノ』と同じく、「現在のことより、過去の痕跡を残している」となっている。

## 認可された教科書

ロンバルド・ラディーチェの委員会が、小学校の副読本として、また教員にも有益な図書館に備えられる推薦本とコメントしたのが、ピエトロ・オルシの『いかにイタリアは成ったのか』である。それは、「我らの再興」の歴史的プロセスを「明確に、生き生きと、秩序立てて」説明しており、政治と並んで経済活動においても「イタリアの進歩の理念」を読者にもたらすであろうと、高く評価している。

その委員会が称賛した三二冊の教科書の大部分は、ジョリッティ時代に観念論思潮に影響を受けた作家が書いたものであった。そのなかには、快活な男の子アレグレットと、落ち着いた女の子セレネッラという兄妹の名前をとった『アレグレットとセレネッラ』教科書シリーズがある。

そのシリーズで、一九二四年出版の『神聖な自然』には、第一次世界大戦の話がある。兄妹の父親は戦争で負傷し、足が不自由になったが、友達のお父さんはまだ前線にいるのに、「大好きなお父さんがそばにいてくれる」だけで、子どもは喜んでいるという記述がある。

同じシリーズの四年生用の教科書『幼い友達』にも、大戦争の話がある。カポレットの敗北に関連して子どもが「避難民」のことを話題にした時、父は「多くの可哀想な人たちの悲しみをおしゃべりの話題にするのは好きではない」と言った。息子が戦死した校長先生は悲しみのあまり「髪の毛と口髭が白髪になった」とある。

認可された教科書にはファシズムについての言及はほとんど見られない。それは、検定委員会が「学童は対立・衝突の外にあるべきで、イタリアを愛させることだけに配慮した」ことによるものであった。一九二五年出版の『きらめき』では、健康に良くない生活環境にあるばかりでなく、夏休み、冬休みを海や山で過ごすことができない都市に住む貧しい家庭の子どものために、「コムーネや慈善施設が運営する夏のキャンプ場を海岸や、山の景色のよいところに建設した」となっている。

ファシズムは「バリッラ」の野外活動と病弱な子どものために、海や山のキャンプ場を開設するが、それについて一九二二年出版の国定教科書では内容が異なっている。一九二五年の教科書では、キャンプ場を建設し、運営するのはコムーネ、慈善施設であるのに対して、国定教科書ではファシズムが必要とするすべての子どもに、無料で使わせるとなっている。

一九二三年出版の小学五年生用教科書『金の小麦』には、花の絵の落書きがある。それは教科書に名前が記されたマリーア・レベルトーラが書いたものであろう。内容は、イソップの話、デ・アミーチスの「軍隊の記憶」、マンゾーニの作品からの抜粋、ダヌンツィオの詩、ユリシーズの冒険などが中心である。リソルジメントに関連して、シルヴィオ・ペッリコの詩「祖国」、ガリバルディの活躍、第一次世界大戦では「戦没者の墓」などがある。図版には、「イタリアの新しい領土」としてトレントに建立されたダンテの銅像がある。マメーリの詩「神と人民」を紹介したところには子どもの愛国心を鼓舞するオーストリア軍に投石するバリッラの挿絵がある。

この教科書について、教科書検定委員会は、「指示に従って修正され、簡潔で、体系的」なものとなり、印刷も「改善された」として、認可している。この評価に見るように、内容から印刷にいたるまで、細かく審査されたことが分かる。

ジョヴァンニ・ヴィダリを長とする検定委員会の報告には、一九二五年出版の小学五年生用の『少年時代、少年時代　新しいイタリアの学校のための読本』について次のようなコメントがある。「素晴らしい図版と鮮明な印刷」であり、「祖国と宗教に関わる短い話で埋め尽くされ、保健衛生の規範も示されている。祖国と神についての生き生きとした感情、心のこもった善意が記述されている。祖国と信仰の英雄が明示され、子どもの心に再現させている」。

この教科書ではソマリアの紹介、一一月四日の「祖国、家族、宗教を表象する国旗記念日」の説明のほかは、ほとんどが文学的な内容で、与謝野晶子、佐々木信綱の歌も紹介されている。第一次世界大戦前後に見られた軍国主義、愛国主義はまったく見られない。ファシズムも、ムッソリーニの名前もない。

ヴィダリの検定委員会が絶賛したのが一九二五年出版の都市周辺・農村の学校用読本『露』である。他の教科書と比較すると、頁数が一二四と非常に少なく、コンパクトなものとなっている。この教科書を出版したのは、中部イタリアのアブルッツォの小さなコムーネであるランチャーノで一八七八年に創設されたカラッバ出版社である。この出版社は、古典から近現代の文学作品、児童書、教科書を発行し、とくに二〇世紀前半のイタリアで重要な出版社の一つで、イタリアの出版史において希有な存在である。

検定委員会は、「文学作品からうまく抜粋する知性をもち、作家としての能力」を示していると著者を褒めている。その編集と著者について、「あらゆる作家が完全に無視していたことであるが、愛国的な注釈ではなく、世界がイタリアに認めた特質を見いだした数少ない一人である」と、絶賛している。

これは、文学作品を精力的に出版していた出版社の編集方針に多くを負っていると考えられるが、シラー、オスカー・ワイルドの詩も引用していることにも見られる。イタリアの特質については、おそらく「イタリアの美」と題する詩のなかで、次のような「華麗なイタリア語」について述べたところであろう。

旅人が、海路や、陸路で、不可思議な国々を旅した後に、故郷に戻って、言った。
イタリアでは、一つの言語が話されている。
それは、心に美しい調べを生み、すべてが私たちに優美で、
イタリアが愛の国であることを示している。

ファシズムの政権掌握から一九二五年頃までは、検定を受けた小学校の読本にはファシズム、ムッソリーニに対する言及は皆無と言っても過言ではない。その時期の教科書は「教育的・芸術的・文学的・文化的発展で最も素晴らしい時期に到達した」という指摘があるが、それはロンバルド・ラディーチェの功績であった。

しかし、彼がファシズムから離れた後、教科書検定委員会の長と構成員が替わるたびに教科書のファシズム化は進行し、一九二九年の国定教科書へとつながることになる。このプロセスは、ジェンティーレ改革の空洞化と一致していた。

## ジェンティーレ改革に満足したムッソリーニ

ムッソリーニは「諸改革のなかで最もファシスト的なもの」とジェンティーレ改革を賞賛した。しかし、その改革は「一九世紀的ブルジョア・エリートの価値を建て直すこと」であり、ファシズムのイデオロギーは反映していなかった。

ムッソリーニの絶賛は、ジェンティーレ改革に不満を抱きながらも、「宗教教育の復活と私立学校の自由を評価するヴァチカンの支持を得ることを期待して」、「諸改革のなかで最もファシスト的」としてジェンティーレ改革を評価し、それに対する批判から守ったのである。

ムッソリーニは、ジェンティーレの自由主義的・ブルジョア的伝統を基盤とする教育理念を共有するつもりはなかった。ただ、人文主義的伝統の強化、学校に導入されたファシスト党に依拠する強力な中央集権的教育体制などで両者は合意していた。

ジェンティーレは、改革を終え、自らの使命は終了したとして、一九二四年六月八日に公教育大臣を辞任する。それは「改革の不人気が政府にダメージを与える危険性」があったからである。その後、彼はファシズムの文化政策を代表する百科事典の編集長をつとめ、ムッソリーニとの共同執筆による「全体主義」を次のように定義している。

すべては国家にあり、国家以外に人間的あるいは精神的なにものも存在せず、もちろん価値もない。この意味で、ファシズムは全体主義であり、あらゆる価値の総合と統合であるファシズム国家は、国民の生活のすべてを判断し、発展し、強化する。

ジェンティーレ改革による新しい教育制度は一九二三～二四年の学期から適用されたが、ファシズム独裁が強化されるに従って、次第に骨抜きとなり、一九三九年に「学校憲章」によって終焉を迎えることになる。その意味で、教育のファシズム化のプロセスはジェンティーレ改革によって開始されたのではない。ファシズムの学校への具体的な介入時期は、ファシズム体制の教育的・文化的影響が及んでいないことから、一九二二年という歴史的年とは一致しない。それは、一九二五年前後に表面化し、一九二九年以降に急速に進むことになる。

# 第7章　「パリッラ」による少国民形成

## 一九二五年に始まる教育のファシズム化

一九二五年一月、ムッソリーニは力による支配を宣言して、議会制国家の解体に着手した。その前年四月に、新選挙法（通称アチェルボ法）による総選挙が行われた。その選挙法は最多得票を得た政党が議席の三分の二を獲得し、残りの三分の一はその他の党に比例配分するものであった。ファシスト党は定数五三五の三分の二を獲得し、圧勝した。

その最初の議会で、選挙中に行われたファシストの暴力行為を激しく批判した統一社会党書記長ジャーコモ・マッテオッティ（Giacomo Matteotti　一八八五～一九二四）は殺され、遺体となって発見された。犯人はファシストであった。これに抗議して結成された反ファシズムのアヴェンティーノ連合は議会審議を拒否し、ムッソリーニ政権は危機に直面したが、反ファシズム勢力のとった議会ボイコット戦術によって、その危機を乗り切った。

その年の四月にジェンティーレによる「知識人のファシスト宣言」が出る。続いて首相の権限を強化する「政府首長大権法」（一九二五年一二月）、出版規制法（一九二五年一二月）が発布され、翌二六年一一月には反ファシズム組織の解散・禁止令によって政党が解体された。

## 「新しいイタリア人を創る」

ムッソリーニは、一九二五年六月二二日、第四回ファシスト党全国大会で、「ファシズムのイタリア人」を創ることを宣言した。イタリア人とカトリック教徒が同じであるように、将来はイタリア人とファシストが同じになるようにならねばならない、というものであった。その年の一二月五日に、教員組織を解体して新たに創られたファシスト教員組合の第一回全国大会で、ムッソリーニは次のように明言した。

学校がファシズムの理念を鼓舞することを要求する。学校がファシズムに敵対したり無関心であったり、目をそらすことのないことを要求する。学校は、そのすべての学年で、そのあらゆる教育において、ファシズムを理解するように、ファシズムのなかで一新され、ファシズム革命が創り出した歴史的生活環境で生きるようにイタリアの青年を教育することを要求する。

「新しい人間」形成が始まった時の公教育大臣は、ジェンティーレ改革に敵対していた中世史家でローマ大学教授ピエトロ・フェデーレ（Pietro Fedele 一八七三〜一九四三）である。彼の任期中（一九二五年一月〜一九二八年七月八日）の三年半に、「全国バリッラ事業団」が創設され、国定共通教科書の導入が準備された。

フェデーレは、教育は普遍的人間ではなく、民族のために自らを投げ出す用意のあるイタリア人を形成するものであらねばならないという確信にもとづき、国民感情と祖国愛を子どもに教えこもうとした。ここに、学校のファシズム化が本格的に始まり、ファシズムによる少国民形成が開始される。

## 「新しい人間」とはなにか

ファシズムが目指した「新しい人間」とはなにか。その「新しい人間」に関連する言説の一つが、ファシズムの団体歌「ジョヴィネッツァ」（青年）と一体となった「男らしさ」である。それは、青年賛美、勇気、熱情、力、権威の尊重、民族的誇り、鍛錬などを包含し、ファシズムの男性優位思想の核をなすものである。ファシズムは、力強い、頼りになる父、夫、戦士を賞讃し、女性の服従と受動性を讃えた。

ムッソリーニ自身、食糧増産キャンペーンの「小麦戦争」では筋骨隆々の肉体をさらし、強くて若い男のイメージを誇示するパフォーマンスを行った。ローマのヴェネツィア宮殿の執務室の明かりは夜遅くまで消えることなく、疲れを知らない、義務を果たす強い「新しい人間」のイメージを創り出そうとした。自らの年齢が分かる誕生日、先天的な胃弱体質のこと、ムッソリーニの若さや健康なイメージを損なうニュース、男らしさとは不釣り合いなダンスをしている写真などの報道は禁止された。

この「新しい人間」に反し、否定される特徴は勤勉や努力を軽蔑する者で、『浅薄な考え、軽率、楽観主義』、「事なかれ主義」は唾棄すべきものであった。「チューインガムを噛み、アメリカ車のシートに気だるく座り、ローマの華やかな通りを散歩するのを好む者」は否定された。それは、ファシズムの反アメリカ主義、反ブルジョア性を示すものであった。

「新しい人間」と関連する言説として、ファシズムと古代ローマとの連続性を示す「ローマ性」がある。ファシズムは体制への同意、一体感を創り出すために、イタリアは他の国よりも優越しているという神話を創り出す必要があった。それがローマ性の神話である。ムッソリーニは、次のように述べている。

ローマは我々の出発点、基準点である。ローマは我々のシンボルであり、もし望むならば、我々の神話である。我々はローマ的イタリア、すなわち賢明で強い、鍛錬された、帝国的イタリアを夢見る。ローマの不死の精神の多くは、ファシズムのなかで再生する。我々の誇りと勇気は「ローマ的」である。

ローマ性はファシズムのイデオロギーを構成する基本的要素であった。ファシズムにおいて、イタリア民族の精神的・道徳的再生は古代ローマ文明の諸価値を取り戻すことを通じてのみ可能であると考えられた。ファシズムのイタリアが地中海の、世界の強国として再び君臨するために、古代ローマの規律と鍛錬を始めとして、その象徴や儀礼をも取りこんだ。

ムッソリーニの公的敬称であるドゥーチェ Duce は、古代ローマ軍の指揮官を意味するラテン語の Dux である。ファシズム国家の権標になった、斧の柄に棒の束を縛り付けたファッショ・リットーリオ Fascio littorio は古代ローマの公的表象である。右手を上げるローマ式敬礼 Saluto romano、ローマ式行進 Passo romano などのファシズムのシンボル・儀礼の多くが「ローマ性」から派生する。

国家公務員には握手を禁止し、ローマ式敬礼が義務化されたが（一九二五年一月）、「民族の古い伝統」を取り戻すために、あらゆる教育機関でそれが義務化された（一九二六年一月二日）。ファシスト行動隊員は、「エイア、エイア、アララ」Eia, Eia, Alalà という掛け声とともに、ローマ式敬礼を行うことになる。古代ギリシア語で「勝利の歌をうたう」という意味の Alalà と、「さあ、それ」を意味するラテン語の Eia が結合したものである。軍人は、ドゥーチェに「我らに」a Noi と叫びながら、ローマ式敬礼を行うことになる。

一九三〇年代後半、ブルジョア文化に代わるファシズム様式という政治宣伝もあって、ローマ式敬礼は全イタリア人に義務化された。一九三八年には、映画や演劇での握手が禁止された。

## ファシズム暦の導入

一九二六年一二月から時間のファシズム化が始まる。キリスト教暦と並行して、一九二二年一〇月二八日の「ローマ進軍」を起年とし、その年を「ファシズム紀元第一年」とするローマ数字のファシズム暦が導入された。

それが制定された一九二七年一〇月二九日はファシスト暦四年となり、新年の開始は「ローマ進軍」の一〇月二八日となった。そのファシズム暦にともなって、ファシズムの「記憶の場」である国家祭日が新しく創設された。「ローマ進軍」の一〇月二八日のほかに、五月一日の労働者祝日と合体した古代ローマ神話の建国の日である四月二一日、第一次世界大戦参戦の五月二四日、第一次世界大戦勝利の一一月四日が国家祭日となる。

ファシズム暦と国家祭日の創設は、ローマ進軍以前の歴史と明確に異なる、新しい時代の開始を示すものであった。ローマ建国の日はファシズムのイタリアがローマ文明の精神を継承することを明示し、第一次世界大戦に関わる国家祭日は第一次世界大戦が「ファシズムの母」であることを物語っている。それによって、学校や役所だけでなくイタリア国民の生活すべてがファシズムの設定した時間に従って機能し始めるようになる。それは時間のファシズム化である。

一九三八年出版の二年生用国定教科書『新しいイタリア人』は、ファシズムが追求した「新しい人間」を目指す少国民形成を体系的、徹底的に追求したものである。表題の『新しいイタリア人』の下にムッソリーニの言葉がある。

君たちは、新しいイタリア人の様式に従って生きなければならない。その様式とは何か？　何よりも労働、第二に鍛錬、次に無欲、まっとうな生活、忠誠、純粋、勇気。

## 「バリッラ」の創設

ファシズムによる少国民形成の手段は、一九二六年四月三日に創設された全国バリッラ事業団（Opera Nazionale Balilla：ONB「バリッラ」と表記）と、一九三〇〜三一年学期に小学校に導入された国定教科書である。

ムッソリーニは、一九二六年四月に、ファシズム革命から生まれた機関だけが「イタリア人という人間の教育と全体的・統合的素養の体系を実現」できると述べている。「バリッラ」は、軍事教育・体育を通じて、少年・少女を身体的・精神的に鍛錬し、ファシストの「新しい人間」形成を組織的・体系的に行うものであった。端的に言えば、未来の兵士である子どもを鍛錬し、軍隊式に規律化することと、ファシスト精神を刷りこむことであった。「バリッラ」は、ファシズムという「新しい体制に最も適合した教育政策への介入」であり、児童のみならず教員をファシズム体制に組みこむための「ファシズムの真の学校」であった。それだけに、「バリッラ」は、ファシズム・イタリアのシンボルとなり、ファシズム「体制の目」として重視されることになる。

なお、「バリッラ」創設一年前の一九二五年に、労働者の余暇を組織化する「全国ドーポラヴォーロ事業団」(Opera Nazionale Dopolavoro：OND)と、次世代の身体的・道徳的な発展という国家的要請に応える「全国母子事業団」(Opera Nazionale Maternita e Infanzia：ONMI)が設立されている。この三つの事業団がほぼ同時期に創設されたことは、未来の兵士である青少年、子どもを産み、育てる女性、銃後を支える労働者の国家への囲い込みが組織的に開始されたことを意味している。

## ファシズムの「バリッラ」

バリッラは、前述したように、一七四六年にジェーノヴァでおこった反オーストリアの反乱の口火を切ったとされる神話化された少年の愛称である。ジェーノヴァ出身の詩人・愛国者ゴッフレード・マメーリ(Goffredo Mameli 一八二七〜一八四九)が一八四六年に書いた愛国的詩のなかにバリッラは登

図7－1　オーストリア軍に石を投げるバリッラを描いた挿絵

場する。

リソルジメント時代にオーストリアという「（ペリシテ人の）巨人ゴリアテを投石で殺したイタリアの小さなダビデ」に譬えられたバリッラは、ファシズム時代に蘇った。「バリッラ」の団体歌は、「石が音を立てて飛び、ポルトーリアの少年の声が響く、恐れを知らないバリッラは歴史のなかで巨人である」と、子どもを鼓舞している。

ファシズムには一九一九年結成の「戦士のファッシ」、一九二二年結成の「前衛団（アヴァングアルディア）」などが存在していたが、少年・少女を含む体系的青少年組織はなかった。だが、この時期にカトリック側はボーイスカウトを範とする、青少年の取りこみを積極的に行っていた。

ボーイスカウトは、イギリス人のバーデン・ポーウェルが祖国のために死も厭わない青年を教育する目的で一九〇八年に結成した。その後、それをモデルとする青少年組織がヨーロッパに広く生まれ、日本でも一九一〇年代にボーイスカウトに範をとった少年団が創設された。

教皇ピウス一一世は、第一次世界大戦後の社会混乱を憂慮し、一九二二年にボーイスカウトをモデルとして「アツィオーネ・カットーリカ」を創設した。それは、カトリックにもとづく政治的・社会的意識を覚醒、醸成することを目的とする青少年組織であった。「アツィオーネ・カットーリカ」は、一九二六年に二万六〇〇〇人の会員を擁し、活発な活動を展開していた。

一九三〇年版の、表紙に「教科書委員会の最終的認可を得た。一九二五年六月二三日付官報二五号」と記された『二年生用の読本』がある。一九三〇年から国定教科書になったが、おそらくそれ以前に出版された教科書も使用されていたと考えられる。そのなかに、「偵察隊（ボーイスカウト）の少年」と題する、次のような一文がある。

ボーイスカウトの一隊が通過したとき、人々は立ちどまってそれを見ていた。ボーイスカウトは、灰色のフラネルのシャツを着て、灰緑色の半ズボンをはき、革のベルトをしていた。彼らは平和の子どもも兵士なので武器はもっていません。それに加入する時に、「私は名誉にかけて、可能な限り、祖国と隣人を愛する掟に従うことを誓います」と宣誓します。ボーイスカウトは心と行動において、ほかの子どもの模範です。お金持ちも、貧しい人も区別することなく、寛容で、賞賛を受けなくても、助けが必要な人がいればどこにでも行きます。

このボーイスカウトは団体名から、カトリック系ではなく、世俗の組織と考えられる。その教科書の初版時点、すなわち一九二六年の「バリッラ」の結成以前に、ボーイスカウトが教科書にまで登場していたことを考えれば、ファシズムが青少年の組織化に遅れをとっていたことに強い焦りを感じたことが想像される。カトリックに比べて、青少年の取りこみに出遅れていたファシズムは、「アツィオーネ・カットーリカ」や世俗のボーイスカウトに対抗して、「バリッラ」を創設した。

ムッソリーニは、世俗のボーイスカウト「少年偵察隊」、カトリックが振興していた青少年組織の廃止を一九二八年に宣言した。それに対して教会側は猛烈に反発した。翌二九年の教会と国家の和解「コンコルダート」の第四三条で、カトリック原理の普及と実行のための活動を目的とする、児童の部門のある「アツィオーネ・カットーリカ」の存続が認められた。

「バリッラ」は、当初ムッソリーニの直接管理下に置かれたが、一九二九年に公教育省が国民教育省に改名したのを機に、その管轄下に入り、学校との関係が強化されることになる。国民教育省に設けられた青少年の体力増強を目的とする体育教育次官に、一九二七年以来「バリッラ」の会長で、カッラーラ出身の生え抜きのファシストであるレナート・リッチ（Renato Ricci 一八九六〜一九五六）が任命された。

一九三七年には、「バリッラ」を含めて、ファシズム初期から存在していた青少年組織が統合され、ファシスト党のなかに少年・青年の統一的組織である「イタリア・リットーリオ青年団」が創設される。その責任者には、ファシスト党書記長アキッレ・スタラーチェ（Achille Starace 一八八九〜一九四五）が就任した。六〜二一歳までの男女を統合・管理する巨大な組織「イタリア・リットーリオ青年団」は、ファシズムによる少国民形成を一手に担う機関となった。

スタラーチェは、ファシスト党を再編成し、その支配を一段と強化した。彼は、一九三五年二月に開催されたファシズム大評議会で、ファシスト党の目的を「信じ、服従し、戦う」ことのできる人間の形成を宣言した。

「イタリア・リットーリオ青年団」は、ファシズム信仰を「信じ、服従し、戦う」をモットーとして、「信仰、情熱、喜び」をもって、臆病を軽蔑し、困難なことに立ち向かい、ファシズムに忠誠を尽くす少年・少女の形成を追求した。

一九三五年出版の三年生用国定教科書の「服従しなければならないから、服従する」と題する章に、次のような叙述がある。

服従の理由を問う者は、「服従しなければならないから、服従する」というムッソリーニの言葉に、その理由を見出す。「服従する前になぜと聞くのは、制服に手直しするようなものである」。

### 「バリッラ」の組織

狭義の「バリッラ」は、八～一三歳までの男女の組織（女子は「イタリアの少女」Piccole italiane）である。一四～一七歳の「前衛団」（女子は「若いイタリア女性」Giovani italiane）、一八～二一歳の「青年ファシスト」Giovani Fascisti（女子は「若いファシスト女性」Giovani Fasciste）が存在した。なお、一九二九年から六～七歳の「狼の男子」Figli della lupa（女子は「狼の女子」Figlie della lupa）が加わる。

組織形態は同じであるが、その活動は男女の間で厳格に区分されている。男子は未来の兵士の訓練を行ったのに対して、女子は結婚し、良き母親となるという伝統的な観念にもとづき、家計、裁縫、育児学、園芸、歌唱、朗読、手仕事、福祉施設訪問、慈善活動への参加、時には看護実修などを行った。なお、体操教育は女子を「アメリカ化する」という批判がファシスト党内部にあったことも指摘しておこう。

「バリッラ」は軍隊に準ずる組織として、古代ローマの軍隊区分にならって編成された。指揮官は、国防義勇軍に所属する者から選ばれ、国防義勇軍の服従と鍛練という規律が「バリッラ」にも適用された。

図7-2　行進する「狼の男子」

### 「バリッラ」入会と昇進

「バリッラ」への入会は形式的には自由意志とし、貧困家庭や戦没者の家庭の子どもが優先される建前であった。しかし、子どもの入会を望まない親は、その理由書を学校に提出しなければならなかった。一九二八年八月以降、「バリッラ」に加入した子どもに優先的に奨学金などの恩恵措置がとられるようになるが、当然のこととして入会強制や非加入者への差別があった。一九三九年からは「バリッラ」への加入が義務化された。

入会の儀式では「ムッソリーニはつねに正しい」という言葉で宣誓したが、それは頻繁に子どもたちに復唱させられた。「バリッラ」員は国王とドゥーチェの写真に向かって拝礼し、第一次世界大戦の戦死者への礼拝を日常的に行った。一九四〇年出版の国定教科書『小学校五年生用の読本』では、「祖国は（第一次世界大戦で）戦死した六〇万人の兵士を無名戦士の墓で慰霊する」と記されている。

図7-3 国防義勇軍からバリッラへと,「ファシストの徴募」で小銃を引き継ぐセレモニー

第一次世界大戦の戦死者だけでなく、ファシズムが政権を掌握する以前の一九一九年から一九二二年までに社会主義者との闘争で亡くなったファシスト行動隊員が「三〇〇〇人のファシスト殉教者」として無名戦士の墓に祀られた。

「バリッラ」は、国家保安を目的とするファシズムの民兵軍事組織である国防義勇軍への段階的な移行を前提とし、ファシストの兵士となる準備を行った。軍隊の組織構造が適用された「バリッラ」では、「狼の男子」から「バリッラ」へ、「バリッラ」から「前衛団」へと段階的に昇進する際に、通過儀礼として、一九二七年から「ファシストの徴募」の儀式が行われた。その際に、一人の「若いイタリア女性」員が小銃を「前衛団」員に渡し、それを「バリッラ」員に、最後に「狼の男子」に引き継ぐセレモニーが行われた。

「ファシストの徴募」の日は、最初は「戦士のファッシ」創設記念日の三月二三日であったが、「ローマの建国記念日」の四月二一日に変更される。さらに、一九三九年からは、新学期の開始日である一〇月一六日に移行した。カトリックの堅信礼に相当する「ファシストの徴募」では、ファッショが十字架の機能を果たした。

## 「バリッラ」員の制服

「バリッラ」員の男子制服は、黒シャツ、ドゥーチェの肖像が付いたピンで止めた青いネッカチーフ、灰緑色の半ズボンと長靴下、黒いベルト、フェズと呼ばれた黒い帽子である。女子制服は、当時の有名デザイナー、マーリオ・ポンペイによるもので、黒いひだの付いたスカート、白いブラウス、ネクタイ、小さな黒い帽子である。

一九三〇年出版の二年生用国定教科書にある「バリッラ」の章で次のように叙述されている。第一次世界大戦参戦記念日の行進に参加した親子が、祖国賛歌の歌を一緒に歌いながら帰路についた。「バリッラの制服を着ると、僕も兵士になったように思える」という子どもに、「いつもイタリアの兵士であらねばならない」と父親が答え、バリッラのことを説明する。ジェーノヴァの「最初のバリッラのように、立派で、誇り高く、勇敢であることを約束する」という子どもの言葉で終わる。

「バリッラ」員の制服には、子どもに一体感を植え付け、愛国心を呼び起こし、ファシズムの少国民を形成する政治的意図がこめられていた。制服を身につけた少年たちの軍隊式の野外訓練や行進は、本人たちばかりでなく、それを見る子どもに「力強い、規律正しい、勇者のイタリア」への愛国心をかき立てるものであった。

### 「ファシストの土曜日」

「バリッラ」の活動は土曜日の午後に行われた。月の最後の土曜日は「ファシストの土曜日」として、「バリッラ精神」を発揚する特別な日と見なされた。「バリッラ」員は制服を着て、最初は木の、その後本物の小銃を手にして、行進し、軍事演習を行った。時には軍隊との接触を通じて、子どもに軍隊生活への情熱をかき立てることも行われた。

「バリッラ」は夏休みにはキャンプ場で訓練を行った。「バリッラ」は、広く同意を獲得するために、社会福祉活動の役割を担っていた。その例が、レクレーションや健康促進のためにイタリア各地に作られたサマーキャンプ場である。

前述したように、キャンプ場は、富裕階層の特権となっていた二〇世紀初頭から始まるツーリズムや、結核の療養の機会を与えることを目的として、各地に設置された。そのことについて、一九三二年出版の国定教科書『二年生の読本』で、友達が「海のキャンプ場」に行くのを知った女の子が祖母に「海のキャンプ場」とはなにかという質問をし、祖母が次のように答えている。

それはファシズムがつくったものです。治療の方法がない身体の弱い子どもが、病気を治し、強い身体にするために海水浴ができるようにつくったのです。山のきれいな空気が必要な子どもには山のキャンプ場もあります。お金を払わなくてもいいの、おばあちゃん？　無料なのです。ファシズムは助けを必要とするすべての子どもに、無料で使えるようにしました。なぜ、私たちは行けないの？　あなたたちは、神のおかげで、その必要がないし、自分たちのお金で行けるからです。むしろ、あなたたちが求められたら、恵まれない子どもたちを援助するために、わずかでも喜んでおこずかいをあげなければいけません。

裕福な大きなコムーネは当時の社会的疾病であった結核の子どものために海や山に施設を設置していた。リッチは、そのような社会福祉活動や青少年の健康増進のほかに、共同生活で仲間意識を育み、軍隊式訓練ができる臨海学校・林間学校の施設を増設した。

子どもたちの最大のキャンプ活動は、ローマのカンポ・ドゥックスで、ムッソリーニも出席して行われた「前衛団」員の一週間にわたる訓練である。その模様はムッソリーニがファシズム宣伝のために一九二五年に設立した記録映画会社「ルーチェ」が撮影し、イタリア各地の映画館などで上映された。

カンポ・ドゥックスは、ローマのテーヴェレ河右岸の、モンテ・マーリオの麓にある。そこには陸上競技場・プール・宿泊施設・図書館などが設置された「フォーロ・ムッソリーニ」がつくられた。その中心にはリッチの出身地のカッラーラ産の大理石で、高さ一八メートルの巨大なオベリスクが建立された。それに隣接して一九二八年に男子の体育教員養成学校が設立された。一九三一年には女子の体育教員養成学校がオルヴィエートに開設されている。

## 「書物と小銃　完璧なファシスト」

ファシズムの少国民形成、子どものファシズム化は「書物と小銃」というファシズムの標語に象徴されている。小銃は軍事活動であり、書物は知的・道徳的教育であった。ファシズムの教育とイデオロギーを示す「書物と小銃　完璧なファシスト」の標語は教科書にも登場する。一九四〇年出版の四年生用国定教科書のなかで「書物と小銃」を次のように説明している。

腕に武器を持つだけでは十分ではない。頭も武装する必要がある。無知は盲目である。無知は窓のない家に住む人間のようなものである。教育のある者は多くの窓をもつ家のようなもの、あるいは屋根の上にある搭とも言える。周りのすべて、遠く地平線まで見まわすことができる。無知は貧困である。知識は富である。だれも奪うことのない富であり、つねに利益をもたらし、決してなくなることはない。このことから、ドゥーチェは言われた。「書物と小銃。完璧なファシスト」

図7-4　1938年出版の2年生用国定教科書『新しいイタリア人』の表紙となった書物と小銃をもったバリッラ員

一九三〇年には、イタリア全土のバリッラの施設に本物の小銃が配備されることになる。小銃は「バリッラ」において、ファシストの生活における松明のように、象徴的な意味をもった。

### 「バリッラ」と学校の関係

一九二七年に体育教員が「バリッラ」から小学校に派遣され、学校への「バリッラ」の浸透が始まる。一九二八年には、校長に「バリッラ」、「イタリアの少女」への加入を生徒に促す指示が出る。「バリッラ」と学校の関係は、一九二九年九月に公教育省が国民教育省に名称変更し、「バリッラ」が党から国家の管理となると、一段と強化されることになる。

まず、学内の教育と学外での活動を有機的に結合させるために、公式行事で生徒に「バリッラ」の制服を着せ、ローマ式敬礼をさせる、ファシズムの少国民形成が組織的に行われるようになる。一九二九年五月には、「バリッラ」は植民地のエリトリア、ソマリアなどのイタリア人学校にも導入されている。一九三〇〜三一年学期報告で、リッチはイタリア全土が「一つの巨大な兵舎」となったとムッソリーニに報告している。

農村部の小学校は一九三三年に「バリッラ」の管理下に置かれ、一九三四年には三、四、五年生は日記帳に「バリッラ」の活動を記入し、提示させる指示が出されている。「バリッラ」を指導したのは、ファシスト党員の教員か国防義勇軍のメンバーであった。一九三四年にファシスト党あるいは国防義勇軍の制服着用が義務化された小学校教員は、地方の「バリッラ」の責任者となり、ファシスト党員として社会的上昇も叶えられることで、熱心にファシズムの少国民形成に取り組んだ。

また、小学校教員養成の師範学校の試験問題は、ファシズム思想の普及・宣伝のためにファシズム基本原理、ファシズム運動の歴史、ムッソリーニの伝記などを質疑応答式にまとめた教理問答である『ファシズム第一の本』から出された。一九三三年には小学校教員の採用試験科目にファシズム原理の基礎が加わる。

その『ファシズム第一の本』に次のような問答がある。

ドゥーチェとはだれですか？　ドゥーチェはファシズムの創造者、文明社会の改革者、イタリア国民の長、大国の創設者です。なぜドゥーチェはファシズムの創設者なのですか？　なぜならば、彼は「戦士のファッシ」を創設し、ファシズム革命とファシズム教理が彼によるものだからです。

ファシスト党員でない教員は解雇された。小学校はファシズムの最も忠実で、最も堅固な支柱の一つとなった。「バリッラ」と一体化した小学校では、貧しい家庭の子どもに教科書・ノート・文房具を支給し、貧困家庭や高い幼児死亡率を考慮して、給食を与えるところも現れる。それは「バリッラ」に子どもを勧誘するための方策であるが、貧しい家庭の子どもへの遊び道具や文房具のプレゼントとともに、社会福祉的な意味合いもあった。

## 一九二九年という年

一九二九年一月七日、一九三〇〜三一年学期からの小学校国定教科書の導入が告示された。その一月後の二月一一日、統一国家成立以来続いていた国家と教会の対立に終止符が打たれ、ラテラーノ協定によって両者の「和解」が成立した。教皇はイタリア王国を、イタリアはヴァチカン市国の成立を承認した。一八七〇年にイタリア軍がローマに侵入し、そこを併合した九月二〇日に代わって、その調印日の二月一一日がファシズム・イタリアの国家祭日となった。

一九三〇年発行の小学三年生用国定教科書の「和解」という章で次のように叙述されている。「イタリア国王と教皇はお互いに尊敬し合う」が、「一八七〇年にイタリアがローマを征服した時、教皇は新しい国家の存在を承認したくなかった」。これは「ローマ問題」と呼ばれ、多くの人の努力にもかかわらず、「解決不可能」と思われた。しかし、教皇特使のガスパッリ枢機卿と国王の代理人であるベニート・ムッソリーニがサン・ジョヴァンニ・イン・ラテラーノ大聖堂で会合し、「教皇とイタリアの平和」が調印された。「このように、国王、教皇、ファシズムの指導者の意志によって、和解が成立した」。

その「和解」には学校と教育の問題が含まれていた。政府は協定（第三六条）ですべての教育過程の基本をカトリックとするという教皇庁の要求に応えた。「宗教」が中学校でも必修科目となった。その年に出版された児童書『イタリアの少年に語るムッソリーニの生涯』には、「カトリック教徒であること、ファシストであること、そこにイタリアの新しい世代のモットーがある」と記されている。

国家と教会が「和解」した祝賀モードのなか、新しい選挙法によって一九二九年三月二四日に行われた選挙は国民投票的なもので、下院議員は単一候補者名簿で選出された。ファシズム大評議会は立憲機関となり、自由主義国家の議会システムが完全に否定され、憲法は形だけのものとなった。その年、ファッショ・リットーリオが国家の紋章となり、新しい刑法であるロッコ法が施行された。

一九二九年九月、公教育省から国民教育省へと教育組織の再編成が行われた。ムッソリーニによれば、それは単なる形式的なものではなく、「国民を教育する国家の権利と義務」にもとづくもので、国家による教育の独占であった。この公教育省から国民教育省への名称変更の政治的意味について、一九三一年のラツィオ州の師範学校の試験問題で次のような叙述がある。

この変更は「ファシズムが学校に行った根本的な刷新」と、「ファシズム体制が教育に与えた人間形成の明白な指標」である。「バリッラ」は、「国民的な精神の形成と強化のための補完的事業」である。「国民生活はすべて、ある意味で、学校である。精神形成の事業が明確な目標とした、最も強烈な溶鉱炉の中心が学校である」。

このように、学校は「新しいイタリア人の形成」のために機能しなければならなくなった。それは教育機関全般に及ぶものであった。一九三〇年には、大学学長・学部長の就任にあたって、少なくとも五年間はファシスト党に入党することが求められ、一九三一年には、初等・中等学校教員に続いて、大学教授全員に国工だけでなく、ファシズム体制への忠誠宣言が課せられた。ここに、小学校から大学までが、ファシズム体制に組みこまれることになる。

# 第8章　少国民を創る国定教科書

## 国定教科書にいたる経緯

国定教科書とは、すべての学校で一律に使用する国家が発行した共通教科書のことである。ファシズム体制は一九二九年一月に、一九三〇～三一年学期から小学校の教科書を国定で共通とすることを告示した。

たしかに、国定教科書に関わる議論はイタリア王国成立以来続いていた。第一次世界大戦後に、内容の乏しい教科書への対応策として、国定教科書が検討されている。しかし、ある教育学者は、教科書は「工業生産物」ではなく、「基本的な条件として自由な精神の産物」でなければならないと主張している。その時期には、国定教科書という「グロテスクな制度」に批判的な意見が大勢を占めていた。

一九二五年になると、古くからの教科書をめぐる論点が再び取り上げられる。ある教育官僚は国会演説で「小学校三年では七冊の教科書が必要とされ、四年では八冊、五年では一〇冊となり、五〇リラを超える出費になる」として、教科書にかかる費用が家庭の大きな経済的負担となっていることを告発している。

翌二六年五月一三日の公教育省予算に関わる下院での審議において、初等教育が無料であるのに対して、教科書は有料であることの矛盾が指摘された。それを受けて、ムッソリーニは、「国の教科書をつくろう」、「国家の基本的な教科書を五冊、あるいは六冊つくろうではないか」と述べた。これが、ファシズムによる「小学校への国定教科書の導入についての最初の、公的な表明」である。

公教育大臣フェデーレは、「今日、国定教科書に向けて踏み出すことは義務であり、それは公立学校の大多数の生徒を引き付ける手段の一つであり、非識字者を撲滅する戦いの武器である」と述べている。教科書についての議論は教科書検定委員会でも行われていたが、その初代委員長ロンバルド・ラディーチェの立場は明確で、憲法にもとづく教育・思想の自由、地域の歴史と文化に合致した多様な教育であった。

しかし、その後に委員長となったミケーレ・ロマーノは教科書検定委員会に提出された教科書のほとんどが「古いメンタリティーで占められている」として、「新しい世代にファシストと結合した緊密な教育を保証する必要がある。新しいイタリア市民の形成に完全に合致した手段として、国定単一教科書を作成し、大胆な一歩を踏み出すこと」が必要であると述べている。

一九二八年一月、ファシスト党の副書記長の一人、アレッサンドロ・メルキオーリ（Alessandro Melchiori 一九〇一〜一九八七）が教科書検定委員会の委員長となった時から、ファシスト党が教科書検定委員会を牛耳るようになり、「ファシスト党員の著者も限りない誤り」を犯しており、いかなる教科書も「新しい要請」に応えるものではない、という検定結果を出した。

公教育大臣フェデーレは、一九二八年二月二四日の閣議で、国定教科書の導入についての法令を提出し、小学校の教科書が「新しいイタリア人を形成しながら、新しい国民意識を形づくる」ことを明言した。彼によれば、教科書の執筆者は「外見だけで、ファシズムの魂を本のなかに盛りこんでいない」。そのために、「ローマ進軍」後に変化した「歴史的・政治的・法的・経済的要請」に教科書の内容を合致させ、ファシズムの方針と「調和した新しい理念的価値に的確に呼応した」教科書の内容にする必要があった。フェデーレの後任、ジュゼッペ・ベルッツォ（Giuseppe Belluzzo 一八七六〜一九五二）は、「教科書を通じて、学校のファシズム化を完成する」ために、国定教科書に関わる法令を発布した。

これに「出版業ファシスト全国連盟」は、経済的に大きな打撃を被るとして猛然と反発した。ベルッツォは、新学期に教科書が間に合わないこともあり、検定済みの教科書のなかから「新しい要請」に合致しているもの一〇%を応急措置として認可した。

児童の知的・精神的・道徳的に自由な成長を教育理念とするロンバルド・ラディーチェは、国定教科書の導入に関連して、ジェンティーレに次のような書簡を送っている。

君が望んだ小学校改革は、共通教科書の布告によって、崩壊した。手付かずのまま残る君の改革のように、学校組織に関わる理念的なあらゆる意義は取り除かれてしまった。一九二三年の改革は今や死に体である。事態を軽視してはならない。たとえそれが人目を引くことはなくても、他の多くの重大なことの後におこった最後の一撃である。君が学校について行ったあらゆることが崩壊の危機に立たされている。

ジェンティーレも、「人民の感情、経験、傾向、習慣、言語、魂に密着した」教科書の重要性を主張し、小学校への国定教科書の導入を「オーストリアか、中国の考えで、ファシズムのものではない」と否定している。

教育学者のコディニョーラも、国定教科書導入は「個々のまさに建設的な学校の否定」であり、フランスとの国境に近い「ヴァル・ダオスタあるいは（シチリア西部の）トラーパニの住民に、トリエステあるいはカラーブリアの人々に、私たちは同じように話すことはできない」と反対を表明している。

イタリアの国定教科書導入は日本でも注目を引いている。自由主義者の林達夫は、「イタリア・ファシズムの教育政策」（一九三二年一一月雑誌『教育』）で次のように述べている。

ファシスト小学教育の目的は、認識の諸手段を児童にあたえることにも、その知的及び道徳的力を発展させることにも、またそれぞれの児童の示している素質に基づいてその人間を形成することにもなくして、反対に一切の個性を没却し、一切の素質を抹殺して、幾つかの既成観念を児童の頭の中に叩き込み、思慮することなくして行動すること、すなわち憎悪し或いは服従すること、――ファシスト的行動はその二つに尽きる！――を仕込むことにある。そのために編纂された国定小学校教科書は、一つの暴力行為にも等しき断乎たる支配階級的意志によって貫かれた類稀なる記念碑である。

もちろん、この林達夫の主張は直接的にはイタリアの状況を憂い、批判したものであるが、間接的には一九〇四年から小学校に導入された国定教科書が年を追うごとに、軍国的・愛国的な傾向を強化していた日本への批判でもあった。

## 過渡期の教科書

一九二九年は、一九三〇～三一年学期からの国定教科書を前にした「息継ぎ」の年であった。国定教科書を準備するための猶予期間として一九二八～二九年学期用として認可された教科書には、内容はそのままで、ローマ式敬礼をする制服を着た「バリッラ」員や、三色旗を掲げる「バリッラ」員の表紙に変えたものもある。

その一冊に都市部の三年生用教科書『ファシストの春』がある。著者のグラヴェッリ（Asvero Gravelli 一九〇二～一九五六）は、当時「前衛団」の副書記長であり、非妥協的なファシストの代表的人物であった。彼は、一九三〇年代のファシズム体制の硬直化に失望し、新しいファシズムのヨーロッパという ファンズムの普遍主義を主張することになる人物である。

公教育大臣ベルッツォは、国定教科書準備委員会のメンバーを任命した。それには、ファシズム体制支持者はもちろんのこと、著名な作家、学者、そしてファシズムの最高指導者まで含まれていた。挿絵も当代一流の画家が担当した。

国定教科書は国家印刷局が中心となり印刷され、地方の総合事業所を通じて販売された。ファシスト党は四〇％の割引で購入した教科書を、「バリッラ」や学童保護協会を通じて、貧しい家庭の子どもたちに配布した。第一次世界大戦後にイタリアに併合されたヴェネツィア・ジューリア、アルト・アーディジェの国民化政策として、その地に住むドイツ人やスラブ人など「他民族」家族の子どもにも教科書が贈られた。この措置はムッソリーニが個人的に行ったものであるが、一九三三〜三四年学期には、トリエステ、ゴリツィア、フィウメに住むスロヴァニア人、クロアチア人の教科書をもたない子どもにも無料で配布された。これが非イタリア人住民の統合という政治的な意味をもつものであったことは、その費用が一九三六年以降内務省の警察基金から出るようになったことでも明らかである。

## 人文主義的要素を残す国定教科書

一九三〇〜四四年の一四年間に小学校で使用された国定教科書を全体的に見ると、一九三五〜三九年にかけて全学年で執筆者が変わり、新しい内容となっている。ただ、一〜三年用は一九三五年に、四年用は一九三八年に、五年用は一九三九年にと、すべてが一律に同時期に変わったわけではない。特徴的なことは、一九三五年以降の教科書でムッソリーニの神格化が強化されたことである。それは、全体主義体制の方針を打ち出した一九三四年の教育指導要領を受けたものであるが、ドイツへの接近、エチオピア戦争、イタリア領エチオピア帝国の成立、スペイン内乱などの国際状況の変化も直接的に反映していた。

しかし、国定教科書の内容は一年から五年まで教育的に系統立てて段階的に編集されていない。著名な執筆者のファシズム体制への忠誠度によって、ムッソリーニ賛美、イタリア帝国賛歌などで共通していても、その重点の置き方は教科書によって大きく異なっている。加えて、教科書の執筆者の多くが著名な作家であったこともあり、ファシズム体制・思想を取りこんでいるものの、童話や詩などのほかにダンテ、マンゾーニ、パスコリ、ダヌンツィオなどイタリアの代表的文学者の作品の引用が随所に散りばめられ、文学的内容とバランスをとったものとなっている。

一四年間の国定教科書のすべてに共通しているのはその構成である。一〇月に始まり六月に終わるイタリアの学期に合わせて、「ローマ進軍」「ファシズムのベファーナ」などのファシズム暦、小麦・ブドウの収穫などの農業暦、クリスマス・復活祭などの宗教暦から構成されている。そのなかにムッソリーニと国王・王室に関わる叙述が共通して存在する。宗教・歴史・地理・算数・科学についてはそれぞれの教科をより詳しく叙述した副読本が国定教科書に準ずる扱いで出版されている。

このような特徴を踏まえた上で、国定教科書の内容が変化する一九三四年、ないし三七年の前と後に分けて、それらを検討する。

### ノートやぬり絵にも登場したファシズム

少国民形成に使用されたのは国定教科書だけではなかった。「国民帳」と呼ばれたノートの表紙、夏休みの宿題帳、ぬり絵帳なども、その役割を果たしている。ノートの表紙には、行進する「バリッラ」の少年の写真、食糧増産のキャンペーンである「小麦戦争」のために「バリッラ」の制服を着た

図8-1　種まきをする「バリッラ」員

図8-2　1年生用宿題帳の表紙

子どもが種まきをしている絵が付いたものがある（図8-1）。

一九三六年出版の『休暇になまけない現代の子ども』というタイトルのエチオピアの地図上の征服地に国旗を置くバリッラ員の絵が表紙の宿題帳（図9-4）のなかには、国旗掲揚の儀式の写真があり、制服姿の「バリッラ」員がキャンプ場で手紙を書いている挿絵がある。そのほかに、イタリアの地図とともに国王、王妃、皇太子の写真もある。その本の裏表紙にはファシズムの団体歌「ジョヴィネッツァ」の歌詞が記されている。

一九三四年出版の一年生用宿題帳の表紙（図8-2）では、制服姿の「イタリアの少女」員の二人がブランコで遊んでいる。その最初のページにムッソリーニの肖像と、彼の次のような言葉が記されている。

子どもたち、夜に手を合わせ、親しい人たちのために祈りなさい。生きている人、亡くなった人のために、ドゥーチェが私たちの祖国を末永く守り、保持することを神にお願いしなさい。ベニート・ムッソリーニ。

ぬり絵の教科書には、「バリッラ」員と「イタリアの少女」員とともに、ファッショがある。図画の教科書には、遠近法を使って「バリッラ」から「青年ファシスト」まで一堂に集めた軍事訓練の図があり、その上に「祖国に未来の輝きがあり、地中海を支配する二〇世紀に、ラテン文明の中心をローマに見る」というムッソリーニの言葉が添えられている。

一九三〇年出版の一年生用教科書『文字帳と初級読本』では、朝食前に父親が「今日はローマ建国記念日（四月二一日）だ」、「永遠の都とそこに住む国王とドゥーチェに気持ちを届けよう」と子どもに話し、それに続いて子どもが「拍手をしながら、万歳、と大きな声で言った。ブルーノはあらん限りの声を出して、アララ（ファシズムの勝ちどきの掛け声）と叫んだ」となっている。祖父は「良いぞ！　未来のバリッラの歓喜が好きだ」と言って、「ポケットから小さな箱を取り出し、エナメルでできた国旗の三色に彩られた小さなファッショを取り出し、子どもの上着に付けた」。ファシズム暦のローマ建国記念日を子どもに想起させ、国王

図8-3　ファシズム時代の家族の肖像

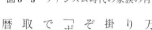

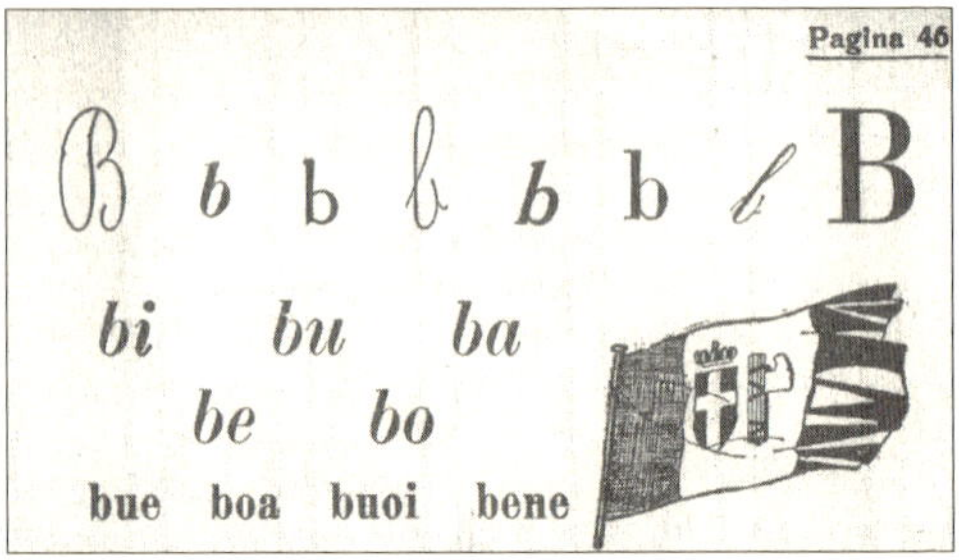


図8-4　サヴォイア家の十字の紋章とファッショが並列された三色旗

とドゥーチェに言及し、祖父が三色のファッショを孫に与えるという、ファシズム時代の模範的な家庭を子どもに示している。

さらに、国王とドゥーチェについて、「我らの君主はヴィットーリオ・エマヌエーレ！　万歳、国王、万歳、ムッソリーニ！　太陽に輝く国旗に、ローマ式の敬礼をしよう」とある。この国王とドゥーチェの関係、サヴォイア家とファシズムの関係を示す珍しい教科書が、一九三四年にミラーノで出版された一年生用のアルファベット練習帳である。

Uは Uva ブドウ、Oは Orologio 時計、Eは Elefante 象と、子どもに身近なものを取り上げて、挿絵を添えて、発音を練習するようになっている。Rの発音に関連して re ra ro ru ri と列記し、国王 Re を記憶させるためにヴィットーリオ・エマヌエーレ三世の写真が添えられている。Dの発音では do di da de du と列記し、ムッソリーニの写真がある。ドゥーチェ Duce という言葉はないが、教員あるいは親が子どもに、ドゥーチェとムッソリーニを関連させて、説明したと考えられる。Bの発音では、bi bu ba be bo と発音させ、サヴォイア家の白抜きの十字の紋章とファッショが白地の部分に配置された三色の国旗 Bandiera の挿絵がある。ファシズム期に公的表象である国旗にサヴォイア家の紋章とファッショが並列されたことはない。それは、イタリアの二つのシンボルであるサヴォイア家とファシズムを並列させ、「二頭政治」を子どもに認知させる政治的意図が隠されている。

## 子どもの第一の徳は服従

ファシズムによる少国民形成においてとりわけ特徴的な一冊が、一九三〇年に出版され、一九三五年まで使用された、女流作家のクエルチア・タンザレッラによる『二年生の本』である。それは、子どもの関心を引き付けるために、著名な画家マーリオ・ポンペイによる色付きの挿絵が効果的に配置され、一見すると絵本のようである。内容は、他の教科書と同様に、一〇月から六月の学期に合わせて、イソップに題材をとったおとぎ話やブドウ・小麦の収穫など農業に関わる歳時、国家祭日などを織り交ぜたものである。そのなかに、ファシズムによる少国民形成のための重要な要素が盛りこまれている。

「服従」の章で、「子どもの第一の徳とはなんでしょうか」と年老いた賢者に尋ねると、その返答は「第一に服従、第二に服従、第三に服従」とある。続けて「バリッラ」員の第一の条件はなにかという問いに対して、「服従」となっている。

「窓に掲揚される国旗」の章で、教員が「明日は、すべてのバルコニー、窓という窓に、国旗が掲げられるでしょう、なぜだか知っていますか」と聞くと、生徒全員が起立をして「知っています」と答える。教員が一人の生徒に「明日は何日ですか」と聞くと、「一〇月二八日です」と答え、さらに「なんの日ですか」と聞くと、「ローマ進軍記念日です」と答えている。その章には、馬に乗ったドゥーチェの写真が一頁を占めている。

一一月四日の第一次世界大戦戦勝記念日を「重要な祭日」として、教員は次のように生徒に話している。「その当時、ドゥーチェは一兵士であり、すべての兵士のように服従していた。勝利をおさめた戦争から帰還した時にはじめて、ファシストの先頭に立って指揮をとり、国に秩序をもたらした。彼の精力的で、確実な指導のもとで、イタリア人は、悪者が混乱させていた働く喜びと家族の平和を取り戻した」。

この文章は、第一次世界大戦後にファシズムと内乱に近い抗争を続けていた社会主義者を悪者とし、彼らを征伐し、イタリアに平和をもたらした指導者としてムッソリーニを叙述したものである。このような記述は他の教科書にも見いだせる。

## ファシズムの三子教訓

「数の力」の章では、毛利元就の三子教訓状を想起させる、おそらくイソップの「三本の棒」からヒントを得たものであろうエピソードを引いて、ファシズムのシンボルであるファッショを説明している。子だくさんの農民が、喧嘩を繰り返す子どもに向かって、小枝の一本は簡単に折れるが、それを束にすると折れないと、兄弟の結束、団結を説いている。最後に、「ファシズムのシンボルは複数の枝をしっかりと一緒に結んだ束である。それは、全イタリア人の意志が強力で、無敵であるために結合したことである」と、記されている。

この教科書の一つの特徴は、ファシズムの国家祭日を軸に、ファシズム体制の記憶すべき話を展開し、子どもにファシズム時間の刷りこみが行われていることである。一〇月二八日のローマ進軍の日、一一月四日の第一次世界大戦勝利の日に続いて、「一一月一一日」の章では、祖父が孫娘に、この日は「国王の誕生日で、とりわけ重要な祭日なのですよ」、「国王の名前を知っていますか」と聞いている。それに、孫娘は「大戦争を戦い、その優れた指揮のもとで勝利をおさめたことから、〈勝利王、ヴィットーリオ〉と呼ばれることを知っているよ」と答える。

次の頁は国王・王妃・皇太子・皇太子妃の写真で埋められている。続いて、「私たちの良き王妃はエーレナという名前で、慈悲深い妖精のように、慈善を行い、苦しむ人を慰める日々を送られている」。「王位継承者の皇太子は、祖父と同じくウンベルトと言い、イタリアの第四番目の国王となられる方です。皇太子妃はマリーア・ジョゼで王妃となられる方です」。

ここには、国王の誕生日に関連させて、武人としての国王だけでなく、国民を思う慈悲深い王妃、そして皇太子・皇太子妃も写真で子どもに視覚化させ、サヴォイア家をイタリア統合のシンボルとして機能させようという意図が見てとれる。それに続くのが、子どもにやさしいドゥーチェである。

## 「ファシズムのベファーナ」

一九二八年に「ファシズムのベファーナ」が設けられた。救世主の御公現の祝日、ベファーナは、東方の三博士がキリスト礼拝にやってきたことを記念する一月六日のお祭りで、エピファニーアとも言う。クリスマス後の一二日目にあたり、この日でクリスマスシーズンは終わる。ベファーナの前夜に、老婆が箒にまたがって子どもに贈り物を届けるという習慣がある。

ファシズムは、そのベファーナをファシズム体制の祝祭日に変え、洋服、食べ物、おもちゃなどを、

図8-5　ファシズムのベファーナで子どもに贈り物を渡すムッソリーニ

ドゥーチェの写真や絵ハガキとともに、貧しい家庭の子どもにプレゼントした。一九二八年からその日には、子どものために芝居や映画の上映などが全国で組織的に行われた。一九三四年にフェッラーラで行われたベファーナでは、ドゥーチェの写真とともに、お菓子の袋、米一キロ、靴下一足、靴一足、セーターなどが、子どもに贈られている。ただし、その贈り物も「バリッラ」員に限られていた。

「ファシズムのベファーナ」の章では、ベファーナの前日、教員が「満面の笑みを浮かべて、白い大きな封筒」を生徒に示し、宛名は「小学二年の良い子たちへ」になっているが、「この手紙をあなたたちに書いた人はだれだかわかりますか」と聞いている。一人の生徒が「ベファーナです」と答える。教員は、「その人は正真正銘の人間ですよ」と、手紙を読み上げる。

　親愛なる「バリッラ」の子どもたち！　ちょっと君たちに手伝ってもらいたいことがある。今年は、喜ばせてあげたい子どもの数が多くて、少しお金が足りません。昨年のおもちゃか、ほかの子どもを喜ばせてあげるわずかなお金でも、あげられますか。あなたたちを頼りにしています。私はファシズムのベファーナです。

その後に、教員は「あなたたちはベファーナのお手伝いなのです。なんと名誉なことなのでしょうね」と言う。子どもたちは、僕は太鼓、私はセルロイドのボール、私は二リラと、口々に叫んだ。教員は、「よかった、よかった、ベファーナがあなたたちに頼むとは、いい考えだったと思います。あなたたちが、イタリアの子どもとして小さな義務を理解したのを見るのは嬉しい」と言って、話は終わっている。

ここには、手紙の主の名前を出すことなく、子どもにムッソリーニを想起させ、彼が行う慈善活動に加わることで、体感と親近感を喚起する工夫が見られる。

ファシズムの時間化に関連して、「ローマ建国記念日」の章では、「イタリアの首都であり、かつては世界の首都」であったローマの「偉大さを世界に再構築しよう」と、ムッソリーニが四月二一日を「ローマ建国記念日と労働者の祭典」として国家祭日にしたことが記述されている。

「五月二一日」の章は、「バリッラ」の制服を着た息子と黒シャツに数々の軍事勲章を付けた父親との会話から成り立っている。「今日、私たちが戦い、私たちイタリア人が最初に勝利した五月二一日は、第一次世界大戦記念日である」。「なぜ、最初なの？」「フランス、イギリス、アメリカなどの兵士もほかの前線で戦っていたけれど、最も偉大な、決定的な勝利は、私たちがヴィットーリオ・ヴェーネトであげたからだ。四年間続いた世界戦争を終わらせた偉大で最高の勝利であった」と記されている。

カトリック教会との「和解」が成ったこともあり、「教皇庁」と題する章には、一頁を使って教皇ピウス一一世の肖像写真を載せている。サン・ピエトロに象徴される教皇の司祭権、司牧権、教導権を三重の冠と説明し、「ファシスト政府はヴァチカン市国を承認した」と述べている。その上で、「今の教皇の名前を知っていますか」と教員が聞くと、生徒の一人が「ピウス一一世です」と答え、教員は「よくできました」と言い、教皇は「完璧な司祭であるとともに、博学で、教養ある偉大な人であることを覚えておかねばなりません」と加えている。

巻末には、高位聖職者の監修した「父と子と、聖霊のみ名において」で始まる五〇頁弱のカトリックの基礎知識が収録されている。このことは、教皇の肖像も含めて、長い間の教会と国家の対立に終止符を打ち、教会とファシズムが相互に認め合う関係となったことを示すものである。

## 改訂版で加筆されたムッソリーニの神話

クエルチア・タンザレッラの『二年生の本』は一九三四年に改訂版が出ている。表紙と挿絵はマーリオ・ポンペイによる幾何学図形をモチーフにした、原色による対比表現が特徴のアール・デコとなっている。

一九三〇年版と異なる改訂部分は、馬に乗って、右手を上げるムッソリーニの写真に続いて、「非凡な子ども」というタイトルでドゥーチェが自ら語る略伝が加えられていることである。それを教員が読み、生徒に指導したのであろうが、その教科書を使用した女子生徒が記したと思われる、アクセントの印が単語の上に鉛筆で書かれている。

ムッソリーニの誕生日から始まり、小学校教員だった母親に教えてもらって幼い時から読み書きができたこと、家は貧しく昼食は野采スープとパンだけだったこと、苦労した母親などについて書かれている。その後に、「その少年がドゥーチェです。偉大な国家の長であり、四二〇〇万のイタリア人の指導者であり、現代の最も偉大な政治家です」という説明がある。その人口数には、植民地の「同国人」も含まれている。

「国王」の章では、王室の写真が国王だけになっているが、国王付副官の証言として「一兵士の国王」の神話が加わっている。サヴォイア家については改訂前の三頁から六頁と、二倍に増えている。この王家に関する頁でも、教員の指導に従って生徒が記入したアクセントの印が鉛筆で書かれて、最後に「勉強する」studiare の書きこみがある。

図8-6　幾何学図形をモチーフにした
アール・デコの教科書表紙

生徒が記入した鉛筆によるアクセントの印は、「ベファーナのお手伝い」の章にも見られる。生徒が教科書にアクセントを記入しているのは、この章とムッソリーニ、王家に関わる章だけであるが、教員がこれらの章に重点を置き、指導したものと考えられる。

一九三四年改訂版にはファシズムの干拓政策を説明する「驚くような寓話」という章がある。祖母が孫に語る「昔、力のある、慈悲深い魔法使いがいました」で始まる寓話である。その魔法使いは「巨大な城壁のような海に囲まれ、花の咲き誇る、広い、豊かな土地をもっていました」。それはイタリアの隠喩である。その地に一人の邪悪な魔女が忍びこみ、伝染病であらゆる花や植物を根絶やしにし、死と恐怖の種をまき散らした。そのために、刺されると死にいたる恐ろしい虫が飛び交うようになった。そこで、力のある、「鉄の意志と大きな心」をもつ魔法使いは、魔女を追い出し、「死が支配する土地に生命を蘇らせる」ことを決意する。魔法使いは、「意志と呼ばれる最も強い鉄」の杖をもって、鉛色の危険な水をまたたく間に吸い上げ、一瞬のうちに、緑のマントで覆われたような、肥沃な土地とした。再征服した二つの町に、魔法使いは、空色の家を立て、見張り塔を建て、勇敢な家来たちを住まわせた。「二つの都市はリットーリアとサバウディアです」。そして、「戦いに勝った魔法使いがだれかを当てましょう」で終わっている。

単語のアクセントとともに、マラリアを伝染させる蚊の発生地であった湿地を干拓して農地に変え、新しい町をつくった勇敢な、国民思いの「魔法使い」はムッソリーニであると、教員が生徒に説明したことは言うまでもない。ファシズムの象徴のリットーリア（現在はラティーナ）とサバウディアはともにローマ近郊の、ファシズムが干拓した新しい街である。

「ついに学校も最後の日となった」で始まる「お別れ」の章も、改訂版で加えられたものである。生徒たちは全員進級できてよかった、三年担任の先生はだれになるかとおしゃべりをし、教員は「お互いにローマ式挨拶をして、また会いしましょう」と述べている。生徒は、中庭に整列した上級生の「バリッラ」員が歌うファシズムの歌「ジョヴィネッツァ」を後に、入口で待っている親たちに向かって、友達とおしゃべりしながら歩いていく。

その頁に続くのが、本書『ムッソリーニの子どもたち』の表紙に使用したファシズムの少国民形成を決定的に示す挿絵である。右手にペンを、左手に教科書をもつ「バリッラ」員のカラフルな絵と対照的に、影法師のようにすべてが黒い、右手に銃剣をもつ鉄兜姿の兵士が背後に大きく描かれている。「バリッラ」員は、将来の兵士であることを象徴的に暗示した、ファシズムの少国民形成の理念を明示する絵柄である。

## リソルジメントを継承するファシズム

一九三〇～三五年まで使用された三年用の教科書は、二年生の教科書と比べると、活字が小さく、内容もより詳しくなっている。著者は一九二六年のノーベル文学賞を受賞した女性作家のマリーア・グラーツィア・デレッダ（Maria Grazia Cosima Deledda　一八七一～一九三六）である。この教科書も挿絵付きの童話の本かと思えるほど、著名な画家ピーオ・プッリーニのユーモアある水彩の挿絵が印象的である。この教科書は、国定教科書のなかで、読本に加えて宗教・歴史・地理が一冊にまとめられた唯一のもので、頁数は四五五の分厚いものとなっている。歴史はピーサ大学の中世史家オットリーノ・ベルトリーニ（Ottorino Bertolini　一八九二～一九七七）が執筆している。

この教科書は、他の教科書と同様にファシズム暦、宗教暦、農業暦に合わせて、ファシズムのベファーナ、王妃の病院慰問、「バリッラ」、復活祭の卵、植林活動、小麦の収穫、造船所の進水式、羊飼いの話などからなっている。子どもを喜ばせるユーモア溢れる話や挿絵にまぎれて、反共産主義の思想がはさみこまれている。この教科書の特徴は、とくにリソルジメントの人物や事件と対比して、ファシズムを叙述していることである。

教科書は、ローマに住む子どもを主人公にして、新学期に友達と、休みにどこに行ったかを話すところから始まっている。一人の子どもが三年への進級のお祝いに、父親がムッソリーニの生誕地であるロマーニャ地方のプレダッピオに連れていってくれたと言う。ムッソリーニの家に着く前に父親が車を止めて、「この道は、彼が子ども時分から何度も通った道だよ」と説明すると、「私は感激して眺め、私たちのように手に本をもった子どもの彼が、生垣沿いに歩いているように思えた」と述べている。

歴史の最初の章「一〇〇年前のイタリアとリソルジメント」では、「リソルジメントでイタリア人を主導した偉大な人々——ヴィットーリオ・エマヌエーレ二世、カミッロ・ディ・カヴール、ジュゼッペ・マッツィーニ、ジュゼッペ・ガリバルディ——をよく理解してください」とある。それに続いて、「我らの国王ヴィットーリオ・エマヌエーレ三世とファシズムのドゥーチェがイタリアにもたらした繁栄と力はなにかを理解してください」とある。その後に、時系列的に歴史的重要人物、歴代国王を中心とした歴史叙述が行われ、第一次世界大戦の殉教者と英雄が紹介され、ムッソリーニは「イタリアを刷新するために超人的な努力を行った」となっている。

この教科書のローマ進軍に関わる記述は「一九二二年のポルタ・ピーア」として先に引用したが、その説明に続く「ファシズム体制」では、「世界のイタリア」として、ソマリア、リビアを植民地とした後、「ムッソリーニの業績によって、世界のすべての国がイタリアを尊敬し、敬意をはらうようになり」、「百年前の分裂した、奴隷のようなイタリアは、今日、世界の最強国の一つとなり」、「リソルジメント、大戦争、ファシズム革命の英雄と殉教者が自由で、統一した、繁栄する、強力な祖国をつくった」と結ばれている。ここに、リソルジメント運動を継承し、それを完成したファシズムという歴史解釈が示されている。

### 「書物と小銃」

一九三〇〜三七年まで使用された四年生用教科書の著者はアンジョロ・シルヴィオ・ノヴァーロ（Angiolo Silvio Novaro　一八六六〜一九三八）である。彼はヴェリズモ、真実主義の影響を受けた詩人で作家であった。表紙に帆船・客船・軍艦が描かれているのは、この教科書だけである。内容は「国王」、「戻ってきたトリエステ」、「最初のファシスト」、「ファシスト党」、「国防義勇軍」、「バリッラ」、「書物と小銃」などに続いて、「ベニート・ムッソリーニ」の略伝――生誕、両親、幼年時代、小学校教員時代、スイス放浪、第一次世界大戦での負傷、ローマ進軍――が前半部分に集中し、多くの部分が教訓的な話である。

一頁弱の「国王」についての記述では、「全国民の価値を象徴する人間、我らの国王」は「イタリアの第一番目の兵士と呼ばれるが、まさにその通りである。国王は強い自己犠牲の精神で、危険をかえりみることなく、徹底的に国に奉仕した」と神話化されている。砲弾の飛び交う、危険な前線に、悪天候のなかでも立ち続けたばかりでなく、負傷した兵士を見舞った。国王の見舞いを受け、手をとって励まされた負傷した歩兵の一人は、「その存在は神のようであった」と語ったと記されている。最後は「サヴォイア家、つねに前進！」で結ばれている。

「書物と小銃」では、「未来のイタリアの良き種子」である「バリッラ」などの青少年組織を説明した後で、「腕を武装するだけでは十分ではなく、頭も武装しなければならない」と述べ、「頭は、知識でなければ、なにで武装するか？　決して壊れることも、錆びることもない武器とはなにか？」、「知識は富である。だれにも奪われることのない富である。つねに成果をもたらし、決して使い尽くすことのない財宝である。このために、ドゥーチェは言われた。〈書物と小銃、完璧なファシスト〉」と記されている。

この教科書は、ムッソリーニが前面に押し出され、「バリッラ」の活動を通じて子どもの愛国心を鼓舞する部分を除けば、大部分は動植物、家族のことなどで、国定教科書以前の「読本」の内容と変わりがない。例えば、ダンテ、マンゾーニといったイタリアの代表的な作家の詩や言葉が引用されている。その教科書で、ムッソリーニの言葉は略伝の最後にある「我々の夢、我々の詩人、我々の戦士、我々の殉教者のイタリアを偉大で、誇れる、堂々たるものに鍛え直そう」だけである。そのことは、文学者としての著者ノヴァーロの教育観によるところが大きいと言えるが、この時期の国定教科書でも人文主義的な特徴を残していたことを示している。

**ファシズムの『クオーレ』**

国定教科書のなかで最も長く使用されたのが、ファシズムの『クオーレ』と呼ばれた小学五年生用の『バリッラ員のヴィットーリオ』である。それは、一九三〇年に出版され、一九三五年度に改定され、一九三八～三九年学期まで使用されている。

著者ロベルト・フォルゲス・ダヴァンツァーティ（Roberto Forges Davanzati 一八八〇～一九三六）は、

ローマの日刊紙『ラ・トゥリブーナ』の編集長で、ナショナリストのリーダーであった。彼は、作家で画家のアルデンゴ・ソフィチが教科書執筆を断ったことで、代わって執筆することになった。『バリッラ員のヴィットーリオ』は児童書としても読まれ、ファシズム時代の「子どもの記憶に良くも悪くも深い影響を残した」ものである。

一九三一年版の表紙は地味な濃い土色であるが、一九三七年版は制服を着た「バリッラ」員が小銃を肩に行進しているカラーの絵が表紙になっている。一二章からなる、付録も含めて四〇〇頁の大部な教科書には、ファシズム体制の重要な政策が記述されている。内容はほとんど変更ないが、一九三七年版には「六年後、ファシズム暦一四年」と題する一章が加えられている。挿絵は一切使用せず、「ルーチェ」が撮影した「バリッラ」の行進などの記録写真などを多用している。

教科書に登場する主人公の名前はヴィットーリオで、一〇歳の消極的な少年である。その名前は、一九一八年一一月、第一次世界大戦でイタリアが勝利した時に生まれたことから、「ヴィットーリオと名付けよう」と伯父が命名した。ヴィットーリオ一家はオルヴィエートに近いカステル・ジョルジョという農村に住んでいた。伯父は村で最初のファシストとなり、「行動隊」員として農村で活動し、「ローマ進軍」後に村のファシスト党の書記長となった。

『バリッラ員のヴィットーリオ』は、デ・アミーチスの『クオーレ』の構成を部分的に踏襲している。ヴィットーリオ一家はアグロ・ロマーノで進められていた干拓事業に参加するために家族とともにローマに転居し、そこで一年間過ごすことになる。この教科書の特徴は農村と都市の生活を対比させ、穀物戦争、干拓事業などのファシズムの農業政策を叙述し、額に汗を流して生産に励む農民を称賛するファシズムの農本主義を浮き上がらせていることである。

ヴィットーリオはローマの狭いアパートに息苦しさを感じ、農村の生活にノスタルジーを感じる。しかし、「ローマに行けば、ドゥーチェに会える？」と言うヴィットーリオの言葉に象徴されるように、子どものムッソリーニに対する憧憬も描かれている。

転校したローマの小学校の担任の先生は、大戦争で負傷した退役軍人で、胸に勲章を付けている。『クオーレ』で描かれたトリーノの社会的縮図と同様に、ローマの小学校の五年生クラスの友人は、父親が知事のトロンティ、貧しい仕立屋の子どもルッケージなど、さまざまな社会階層の子どもたちである。出身地もイタリア各地の出身者を登場させ、トスカーナ出身の方言を讃え、シチリア出身の子どもに関連して、その古い文化を紹介している。

ジラーニが小刀で机に傷を付けているのを見たメニコーニは「机に傷付けるなよ、君のものではないのだよ」と注意すると、ジラーニは次のように反論する。「僕の父さんはたくさん税金を払っており、君の父さんはそうではない。僕は君の分も払っているのだよ。だからやるのさ」。それを聞いたメニコーニは、ジラーニを殴り、小刀を叩き落とした。

その争いを止めに入った先生は、神聖な国の財産を傷付けたのだから、君の行為はとがめられるものであるとジラーニを諭した上で、次のように言う。ジラーニは二人兄弟だが、メニコーニの両親は、「七人の子どもを食べさせている。それはすべての子どもと同じように、イタリアの富である」。そこには多産を奨励するファシズムの人口政策が示されているが、それについては後述する。

不勉強なヴィットーリオに先生は、ほかの人の命令に従って肉体労働の職人として一生過ごすことになると苦言を呈している。続けて、世界各地で外国人に労働者として使われている多くのイタリア人移民は「地味で、粘り強いが、まったく無知」と言われるように、このままだと、イタリアは世界で「職人の民族」を抜け出ることはできないと説明する。そこには、国際社会で尊敬され、活躍できる強い新しいイタリア人をつくろうとするファシズムの教育目標が示されている。

歴史の授業で、先生はリソルジメントとファシズム、一八四八年革命とローマ進軍、ガリバルディとムッソリーニなどを関連付けて、その連続性を強調する。その上で、ファシスム体制の国家祭日となった「戦士のファッシ」創設記念日の三月二三日、ローマ建国記念日の四月二一日などを子どもに記憶させている。

## ベファーナに小学校を訪れた皇太子妃とドゥーチェ

『バリッラ員のヴィットーリオ』ではサヴォイア家が小学校に登場している。それは「皇太子妃」という話のなかで、次のように記述されている。

勲章を付けたファシスト党の責任者、国防義勇軍の百人隊隊長である男の先生が、子どもたちを厳粛な雰囲気の広い講堂に整列させている。国旗の三色で飾られたロビーの手すり越しに、子どもの父母、姉妹、町の人たちが顔を出している。そこに「皇太子妃のご到着」という声が響いた。「王室行進曲」(国歌と位置付けられた)と「ジョヴィネッツァ」(ファシズムの党歌)が演奏され、子どもは全員が起立し、人々は「万歳、皇太子妃さま」と拍手して、叫んだ。マリーア(皇太子ウンベルト二世と結婚したベルギー国王の娘、サヴォイア王家最後の王妃となったマリーア・ジョゼである）は、子どもたちから大人へと見まわし、繰り返される万歳の声に応えるように頭を下げて挨拶し、小銃をもって立っているヴィットーリオとレスギの間を通って、舞台に上られた。歓迎の花束を受け取られた皇太子妃は、最初に呼ばれた一番小さな男の子と女の子に贈り物を与えられた。その名誉に母親は感激している。その後、一番貧しい子どもに、服をプレゼントされた。それが終わると皇太子妃は、そのほかの学校に向かわれた。ファシスト党員が最後の贈り物を子どもに渡し終えた時に、ローマのファシスト党書記がドゥーチェを案内して、会場に到着した。サン・ジョヴァンニ門近くの貧しい人々が住む地域の四つの学校を訪問してきたドゥーチェは、「ファシズムが支援し、活力を与え、教育する子どもによって、イタリアの未来は確実である」と、彼の愛する子どもにいつものように笑顔で接した。盛大な式典が終わり、外に出ると、通りでは子どもが贈られたプレゼントの箱を開けて、洋服、ズボン、絵本、おもちゃなどを見せ合っており、大人たちは立ちどまってそれを見ていた。ムッソリーニのベファーナは、ローマの冬の明るい太陽のように晴れ晴れと、情愛のこもった、国民への恵みであった。

ヴィットーリオの父親が参加した干拓地リットーリアの農村生活は、「農地を放棄する国民は衰退という非難を受ける」という言葉に象徴されるように、イタリアの生命力を強化するものであった。アッシジの清貧と労働に励むサン・フランチェスコ会の修道僧はムッソリーニの政策に「単に堅実な労働だけでなく、贖罪でもあるイタリアの偉大な言葉」を見いだしていると、修道僧まで引き合いに出して、農村における労働を奨励している。

　また、ヴィットーリオの父親が働く干拓事業を中心に話を展開させる一方で、近代的技術・産業としてフィアットやランチアといった自動車産業、鉄鋼産業のアンサルドなどを称賛している。そこには、「農村への復帰」開かれ、拡大した都市、全国民にとって落ち着いた家族とまっとうな生活」という言葉に象徴されるように、農業と近代的産業を発展させようとするファシズムの政策が示されている。

　この教科書は、干拓事業の仕事を終えた父親、家族とともに、ヴィットーリオがウンブリアの生まれ故郷に戻るところで終わり、ヴィットーリオは、そこで農業学校に入る。

# 第9章　ファシズム思想が充満した国定教科書

## 一九三四年の教育指導要領

ムッソリーニは、将来の戦争を想定して、「市民と兵士の役割はファシスト国家で不可分である」として、青年も武器を扱う「軍事化した国民」の形成を一九三四年三月に布告した。国民教育省大臣フランチェスコ・エルコレ（Francesco Ercole 一八八四〜一九四五）は、「書物と小銃」というファシズムの標語を小学校から大学まで適用し、一九三四年末には兵役前の若者に対する軍事教練を義務化する。その年に出された教育指導要領で、エルコレは小学校に対して、「新しいイタリア人を形成し、完成する」ことを求め、「バリッラ」を「徳、訓練、勇気」の学校と位置付け、小学校と完全に一体化し、「軍事文化」教育を推進する。

彼の後任は「ローマ進軍」の四天王の一人で、敬虔なカトリック教徒・熱烈な君主主義者で、職業軍人のチェーザレ・マリーア・デ・ヴェッキ（Cesare Maria De Vecchi 一八八四〜一九五九）である。彼は学校を戦時体制に合致させる必要性から、農村開発で使用された「開墾」という言葉を教育政策に適用した。

## 新しいイタリア人を創る教科書

一九三五〜三六年学期に使用される小学校一年、二年生用の教科書の公募が一九三四年一二月に発表された。その基本的要件は、「ファシズム精神に自然に、完全に一致する内容、新しいイタリアを形成し、完成させる効力、児童の真髄に訴える魅力」であった。

それによって出版された教科書の一冊が、前掲のファシズムの少国民形成を強力に打ち出したペトルッチの『新しいイタリア人　小学二年生用読本』である。筆者が利用した教科書には、それを使用した生徒のものと思われる綺麗なカリグラフィで書かれた名前がある。

『新しいイタリア人』は、「バリッラ」のキャンプでファンファーレを鳴らす少年の絵が付いた「国旗掲揚」で始まり、「行進」と続き、「バリッラ」員の子どもたちの絵で埋められている。「干拓と小麦戦争」・羊飼い・車を恐れないロバ・「喜びと労働の時」など農業に関わる話、「農民の良き友人の鍛冶屋、「ファッショの家」、「傷痍軍人の家」、一九二五年に設立された農民・労働者の余暇活動組織「ドーポラヴォーロ」、東アフリカの戦争に徴発された馬といった内容が大部分を占めているが、子どもの関心を誘うサッカー、スキーなども取り上げられている。

王妃も動員された「ファシズムのベファーナ」は良き少国民を表彰する日となった。「狼の男子」員である教科書の主人公ヴィットーリオは、貧しい子どもに贈り物を与える任務についた。学校から「ドーポラヴォーロ劇場」へ、軍隊式行進で向かう。劇場の一階正面席は贈り物を受け取る子どもで埋め尽くされている。入口に立って指示を出しているのは「バリッラ」員である。贈り物は、男子に半ズボンと上着、女子に洋服一式。小さな子どもにはおもちゃ、大きな子どもには絵本。子どもは大喜びし、母親は感激の涙で目を潤ませている。最後は、「イタリアの村という村、町という町で、このように行われている。ベファーナは今やお金持ちの特権ではない」、「王妃さまも、王女さまも、今日は、王宮から妖精のように降りてきて、子どもに贈り物をします」という言葉で結ばれている。

「三色旗のマント」と題する章は、国王の誕生日を全国民がお祝いする内容である。ファシズムのパトスを象徴する黒い下絵のイタリア半島・シチリア島・サルデーニャ島にイタリアの三色旗が林立する挿絵があり、次のような話で始まっている。

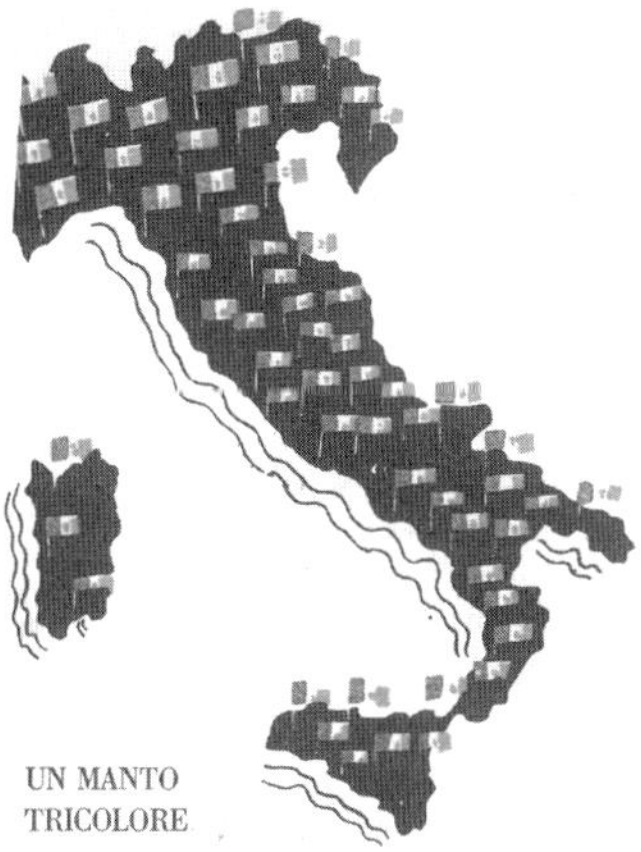


図9-1　イタリア全土に林立する三色旗

ラジオが国旗掲揚の時を知らせた。「王室行進曲」、「ジョヴィネッツァ」、「ローマ賛歌」が鳴り響き、国の窓という窓に国旗が掲げられ、その三色旗が風にたなびいている。一一月一一日は、イタリア国王にして、エチオピア皇帝であるヴィットーリオ・エマヌエーレ三世の誕生日だ。真っ青な空を飛行機が飛んでいる。空から見ると、多くの三色旗が一つの国旗に思えた。イタリアは、国王・皇帝をお祝いし、敬うために三色旗のマントをまとっているように、飛行士には思えた。

## 植民地拡大を教える教科書

記録映画を教科書に登場させた「ルチアーナの世界一周」の章では、国王と王妃が臨席したサバウディアの干拓地開会式、都市改造を終えたばかりのローマの「帝国通り」「地中海通り」「勝利の通り」のほかに、新しい植民地としてトリポリのヤシの木、エーゲ海のローディ島の柑橘類畑、マッサワの港などを語り、ムッソリーニの功績を称賛し、イタリアの領土拡大を教えている。

「世界の真珠　イタリア」の章では、「イタリアはどこまで広がるか?」という質問に対して、次のように説明している。アルプスから海まで、イタリア語が話されているところを超えた、「私たちの労働で豊かになったリビア、エリトリア、ソマリア、エーゲ海諸島の植民地である。イタリアは、わが軍隊の功績によって征服し、残忍なラス（エチオピアの土候の尊称）から解放したエチオピアにもある。イタリアは世界に散らばる全イタリア人の心のなかにある。彼らは天賦の才、腕を使った生産力、古代ローマ文明の印をいたるところにもたらす」。

そして、イタリア人とアビシニア人を戦わせ、残忍なお化けのラスを退治する人形劇マリオネットが、「正義は下された」という言葉で幕となっている。

「偉大な家族はイタリア、素晴らしい、栄える家族。私たちがその国民であることは誇りである」で始まる「イタリア統一」の章は、ガリバルディがシチリアと南部イタリアを征服し、イタリアの統一を目指して「イタリアとヴィットーリオ・エマヌエーレ」と叫んだ時、十字軍の時のようにイタリアの全土から「神はそれを望まれた」という声がおこったと叙述されている。第一次世界大戦後にトレントとトリエステがイタリアに併合されたが、「イタリアは成長し、さらに発展する」と結ばれている。

### 国王と並列されるムッソリーニ

ローマのヴィットーリオ・エマヌエーレ二世記念堂に創られた「無名戦士の墓」に続く「サヴォイア家とイタリアの運命」の章では、次のように記されている。「サヴォイア家のように国民と結合した王家はほかにない」。一八四八年にオーストリアとの最初の独立戦争を戦ったカルロ・アルベルト王、その願いを実現した「祖国の父」ヴィットーリオ・エマヌエーレ二世、アフリカの地に最初にイタリアの国家を打ち立てたウンベルト一世に続いて、ヴィットーリオ・エマヌエーレ三世は「イタリアの植民地を拡大するであろう」。イタリア人は古代ローマ人が支配した土地に戻るであろう」。これは「神が王家に与えた使命」であり、国家と教会の和解により、「イタリアの運命が立派に達成されることを神は望まれる」とある。

ここにはサヴォイア家の存在が全面展開されているが、それに続く「新しいイタリア」の章で、国王と並列してムッソリーニを取り上げ、その存在を神格化している。

大戦争では祖国のために多くのイタリア人が勇敢に戦ったが、そのなかには英雄的狙撃兵、ベニート・ムッソリーニがいた。戦後に彼の周りに若者や大胆不敵な者が集まり、ローマ進軍が決定された。国王はムッソリーニに政府を任せた。軽率な群集がぬかるみに投げ出そうとした三色旗が直ちに再び掲げられた。ファシズムはイタリアを征服した。イタリアは、今日、新しい生命として生まれ変わった。イタリアは、今日、帝国を有している。イタリア人それぞれが一兵士である。各人が、国王・皇帝という神聖な名において、ドゥーチェの指導のもとに、イタリアをさらに偉大に、美しく、尊敬されるように努力する。世界は驚きをもって私たちを見ている。しかし、私たちはとどまってはならない。子どもたちよ、ファシズム革命でムッソリーニが灯した松明を消すことなく、ローマの光を世界に広げるために、毎日打ち勝つ必要があることを覚えておきなさい。

主人公のヴィットーリオは「ファッショの家」に置かれたドゥーチェの大理石の胸像に近づくと、「心臓が早鐘のように打っていた。まず広い額、次に深い眼、鼻、口、力強いあごをやさしく触った。指先にあらゆる特徴が刻みこまれ、それが記憶としてそのまま形づくられるように思えた」。それまで家に掲げられていた国王とドゥーチェの肖像写真を見ることができなかったが、「その日からしっかりと見ることができるようになった」と記述されている。

最後にある「新しいイタリア人」の章では、学期が終わり、夏休みのキャンプに向かう制服姿の「バリッラ」員の一隊が駅に向かって整然と行進している。それを見ていた二年生の一人は、「兵士の、新しいイタリア人が生まれた」と感じたと述べ、次のように続けている。

戦時でも平時でも、子どもも、若者も、老人も祖国に仕える。さらにより偉大な、より強い、より恐れられる祖国を見るために、書物、小銃をもって、つねに祖国に奉仕する。これが新しいイタリア人の使命である。駅に到着し、小さな兵士たちは気を付けをした。「国王に敬礼、国王万歳！ドゥーチェに敬礼、我々のもとに！」ここで、教科書は終わる。だが、新しいイタリア人は留まらない。鉄の意志をもって行進を続け、勝利のために毎日準備する。

ここには、国王とドゥーチェに忠誠を尽くし、祖国イタリアの勝利と繁栄のためには、死をも厭わない、ファシズムが求める露骨なまでの少国民像が示されている。

## 「ドゥーチェは完璧である」

図9-2　アール・デコ風のドゥーチェの挿絵

一九三五～三八年まで使用された、作家で政治家でもあったパデッラーロが執筆した『小学三年の本』でも、最初の頁からファシズムのイデオロギーが前面に押し出されている。自然や動物についての詩や話が挿入されているが、銃剣・行進・ファシズムのはためく旗・機関銃・鉄条網と炸裂する大砲など戦争を賛美し、鼓舞する挿絵とともに、全編が軍国少年の形成を意図した内容となっている。あたかも付け足しのように、最後の方に、ファシズムの知識人宣言にも署名し、一九三四年にノーベル文学賞を受賞したルイージ・ピランデッロ

(Luigi Pirandello 一八六七~一九三六)の詩「媼《おうな》」が載っている。

ファシズム建築の特徴であるモダニズム様式の小学校に登校する「バリッラ」の制服を着た子どもたちの挿絵がある第一章では、教員が教室の壁に掲げられた十字架を指し示し、次のように述べている。

あがない主はあなたたちに一つの誓いを求められた。国王・皇帝もまた、あなたたちを見ておられる。あなたたちは兵士でしょう。昔、子どもたちは兵隊ごっこをして遊びました。木製の剣で、紙の兜を突き刺そうとし、追いかけっこをしました。それもいつも親が止めに入って終わりましたが、今は、たとえ遊びであろうと、逃げることは良いことではありません。あなたたちは大人の賞賛のなかを行進するのです。あなたたちをじっと見ているドゥーチェの目があります。

それに続くのがリアルなヴィットーリオ・エマヌエーレ三世の肖像である。その後に、カルロ・アルベルト王が述べたと言われる有名な言葉「イタリアは自ら成す」(自力で独立を実現する)と、ヴィットーリオ・エマヌエーレ三世が戦場で戦友の死に泣き叫ぶ兵士に言った言葉、「国王はあなたたちとともにある」について説明している。

この文章の後、眼光鋭い、鉄兜をかぶったムッソリーニの肖像のある「二一人の賢者」と題する章で、「私は変わりたい。法律を学びたい」と求めた者に、一人の賢者は未熟者と激怒した。もう一人は「私たちはファシストの法、信仰のすべてをたちどころに示すことができる」、それは「ドゥーチェは完璧である」という言葉である、と答えた。

「Mの文字」という章の挿絵には、ローマ式敬礼をする「狼の男子」員の胸に大きなMの字がある。Mの意味をめぐって子どもが言い争っている。仲介役のロマーノは、「Mの字はムッソリーニを意味し、またマンマ（お母さん）の意味である」と述べている。頁は異なるが、「教会で一人の子どもが洗礼を受けた。その子の名前はベニートという名前である」という箇所もあり、この時期にムッソリーニと同じ名前が子どもに付けられたことを示している。

**戦争未亡人の登場**

「犠牲者の声」では、アフリカで息子が戦死した親、夫を失った妻、父が戦死した子どもがドゥーチェに送った電報、手紙が紹介されているが、それはこの教科書だけに見られる。一人の母親は電報で次のように記している。

図9-3　Mがついた制服を着て，ローマ式敬礼をする「狼の男子」員

ヴォロンゴ（北イタリアのクレモーナ県の寒村）、二月二二日、ファシズム暦XIV（一九三六）年

二〇年前、祖国に夫を、今は、長男を差し出した。次

男は志願兵として参加している。私は貧しい家政婦ですが、大きな悲しみを分かち合う兄弟をすべてのイタリア人に見いだし、慰められています。

戦争未亡人で、アンバ・アラダムで戦死した息子の母親。サンティーニ・チェシラ

大戦争だけでなく、植民地獲得の戦争に農民の多くが動員されたことを考えれば、電報の内容は農村部に広く存在していた現実であった。この電報を教科書に転載した意図は明らかである。夫だけでなく、息子も戦争で失った貧しい女性が、周りの人々に慰められ、悲しみに打ち勝ち、力強く生きていることを示し、小学三年の子どもにも連帯を鼓舞しているのである。

### 一九三六年の歴史的な意味

一九三六年はファシズム体制の新たな分水嶺であった。ファシズム革命によって再生した「新しいイタリア」というムッソリーニの主張は、一九三四年まであくまでも理念であったが、一九三六年にそれを実行に移すことになる。

ソマリアに駐屯していたイタリア軍は、一九三五年一二月におこったエチオピア国境での軍事衝突を口実に侵略を開始し、七カ月でアディス・アベバを占領した。ムッソリーニは、一九三六年五月九日のヴェネツィア宮殿のベランダから広場に集まった熱狂する国民を前に行った演説で、「一五世紀後にローマの運命的な丘の上に帝国が再現された」とローマ帝国の再興を宣言した。イタリアは、エチオピア・エリトリア・ソマリアを合わせて、イタリア領東アフリカとし、ヴィットーリオ・エマヌ

エーレ三世がエチオピア皇帝となった。

国際連盟はイタリアのエチオピア侵略を非難し、通商禁止という経済制裁を課した。それは国際社会の意図とは異なる結果を生み出した。ムッソリーニは、制裁措置に賛同した五二カ国によって祖国は重大な名誉棄損を受けたとして、民族感情に訴え、国民的結束を図った。経済制裁によって、イタリアは自給自足（アウタルキー）体制を敷くことになる。それにともなって、コーヒーの飲みすぎが規制されるなどの耐乏生活が国民に求められた。

エチオピア戦争が終わった一九三六年一一月、ファシズムの全体主義化に教育が合致していないとして、デ・ヴェッキに代わってジュゼッペ・ボッタイ（Giuseppe Bottai 一九二八～一九四三）が国民教育大臣に就任した。野心的なボッタイは、社会を再組織化し、学校体系を国家経済に適合させる方針を打ち出した。学校が真に「帝国の温床」となった時にこそ根本的な変化をもたらし得ると考えるボッタイにとって、学校の「ファシズム化は、技術進歩と社会変化によって生じた新しい要求に応える能力と同義語であった」。

その考えは一九二九年の「学校憲章」で示された。二九条の原理からなる「学校憲章」の目的は、学校を通じて「新しい世代の人間意識と政治意識を創り上げる」ことによって、純粋なファシスト社会を創造することであった。「学校憲章」はファシズム体制の教育原理を網羅し、学校を資本主義の自由主義経済、社会主義の計画経済ではない第三の道であるコーポラティズムという経済的秩序に合致させようとした。それによって、ジェンティーレ改革が示した「近代的ヒューマニズム」にもとづく理念は完全に否定された。

「学校憲章」は、いかなる自由、反対の余地も残さない教育の完全なファシズム化で、青年を再編成した準軍事組織と学校制度の緊密な結合を前提としていた。ファシズムの青少年組織を統合した「イタリア・リットーリオ青年団」は、「教育義務」と軍役を、「学齢」と「政治的年齢」を一致させ、「政治と戦争の準備」によって子どもの道徳的・知的教育を完成させるものであった。労働と学校は新しいファシズム教育の出発点であらねばならなかった。ボッタイの教育改革の目的は、第二次世界大戦への参戦が不可避となっていた時期に、自給自足政策で軍倉を満たすことと、青年の軍事教育にもとづく人的資源の確保であった。ただ、一九四〇年にイタリアが第二次世界大戦に参戦し、一九四一年にはロシア戦線に派兵したこともあって、「学校憲章」は大部分が実行されなかった。

## 小学校で教えられたイタリア帝国

イタリア領エチオピア帝国宣言後に、小学校では「新しいイタリア人」教育に、「帝国のイタリア人」教育が加わった。その時期の小学生の「記憶の場」である「帝国」について、デル・ボーカは次のように述べている。「エチオピア戦争七カ月間の学校における生徒の日課は、日々の戦況を書き取り、壁に掛けられたアフリカの地図上で、イタリア軍が征服し、領土が拡大したところに国旗を移動することであった。その意味で、当時の学童にとって、歴史教育は過去の歴史ではなく、ファシズムが進めるイタリアの領土拡大であり、新しいナショナル・アイデンティティの形成であった」。

パデッラーロが執筆した『小学三年の本』の一九三八年改訂版では、「帝国」について次のように叙述されている。

一つの信仰が帝国を創った。それは「ムッソリーニはつねに正しい」であり、一〇万人の志願兵、一〇万人の労働者、戦死者、生存者の信仰である。最も古く、著名な戦士の家系の子孫の、最も賢明な統治者である凱旋する国王の額に帝国の花冠が飾られている。帝国の父であるムッソリーニがローマ帝国とファシズム帝国を結合したファシズム暦XIV（一九三六）年五月九日の夜、ヴェネツィア宮殿はムッソリーニの頭上で、無限の勝利のアーチへと変貌した。

ここに、皇帝となった、サヴォイア家のヴィットーリオ・エマヌエーレ三世と、古代ローマと連続性をもつファシズムの長であり、「帝国の父」となったムッソリーニの、全体主義国家を目指すファシズム体制の「二頭政治」が示されている。

図9-4　『休暇になまけない現代の子ども』と題する三年生用の宿題帳の表紙で，エチオピアの地図上で領土を拡大した場所に国旗を置くバリッラ員

しかし、統合原理をめぐる国王とドゥーチェの軋轢は、教科書では子どもに見えないように、あたかも両者の関係を結束、あるいは併存、共存として「二頭政治」が叙述されている。

## 三つの「げんこつ」

ムッソリーニは、一九三八年一〇月二五日に行った「げんこつ演説」として知られる演説で、一番目の「げんこつ」はローマ式行進、二番目は「Lei の使用禁止」、三番目は「人種問題」と述べている。

第一の「げんこつ」は、一九三八年二月に軍隊に導入された、「ガチョウ式の行進」と呼ばれるリズムをとって足を上げるローマ式行進（これはナチスドイツの模倣で、上げ足歩調）である。

第二の「小さなげんこつ」は、英語の she にあたる三人称単数の女性形で、一六世紀以降に一般化していた、親しくない年上の大人の男女に敬意を表して大文字で使う Lei の使用禁止である。

一九三八年一月、言語学者ブルーノ・チコニャーニは、『コリエーレ・デラ・セーラ』紙で、ラテン語・イタリア語ではなく、スペイン語に由来する「外国語」の、「卑屈な」Lei に変えて、tu あるいは Voi の使用を提案した。

この提案を受けて、ファシズムは、丁寧語の Lei、敬称で文語的に使用される Ella、地位の高い人への敬称として、無冠詞で使う貴殿という意味の Sua の使用を禁止し、古くから使用されていた敬称で二人称複数の Voi、二人称単数の tu の使用を強制した。

Lei は「偽善的、ブルジョア的、スノッブな、女性的、サロン風」というもので、ファシズムの新しい人間の特徴である男らしさに反するというものであった。Lei の廃止とともに、南部イタリアで使用された敬称ドン Don も使用が禁止される。それは南部イタリアの農民、労働者の雇用者に対する媚びへつらいを示しているという理由であった。

この措置は、「イタリア・リットーリオ青年団」員、ファシスト党員だけでなく、学校、軍隊、役所にも及ぶことになる。ここに、ファシズムのブルジョア精神克服キャンペーンは頂点に達する。

一九四〇年発行のファシズム・イデオロギーを代弁した『反ヨーロッパ』誌の「反レーイ」antilei特集号で、その政策について著名な有識者が次のように述べている。美術史家、文学研究者マーリオ・プラーツ（Mario Praz 一八九六〜一九八二）は、Voiの導入で動詞の変化が単一化され、イタリア語学習を簡素化し、イタリア語を学ぶ外国人に勇気を与える、と述べている。イタリアに住んでいたムッソリーニ支持者、反ユダヤ主義者のアメリカ人詩人で、詩のモダニズム運動の中心的人物エズラ・パウンド（Ezra Pound 一八八五〜一九七二）はLeiを活力を欠いた、弱く、卵を思い起こすものであると述べている。未来派芸術の創始者マリネッティは、「我々未来派の飛行詩人はつねにtu、voiを使用してきた。それは機関銃の銃口を思い起こさせ、戦いに必要である。Leiはやわらかいソファーである」と述べている。

図9-5　「アンナベッラ」に雑誌名の変更を告知する『レーイ』誌

「反レーイ」の一番目の犠牲者は、リッツォーリ社が出版していた女性グラビア誌『レーイ』leiで、「アンナ ベッラ」Anna bellaに雑誌名の変更を余儀なくされ、表紙に「次号は Anna bella のタイトルで発行される」と記されている。

この「反レーイ」措置を、Galileo Gali*lei* を Gali*voi* と呼べと言うのかと笑い飛ばし、それを行った者を「頭がおかしくなった馬鹿」と冷笑することで、ファシズム体制への抵抗を示す人々もいた。それはファシズム独裁下で窒息状態にあった民衆のささやかな、されどしぶとい抵抗であった。

第三の「げんこつ」は一九三八年に始まる反ユダヤ人政策である。その年の七月一四日付『ジョルナーレ・ディタリア』紙に、「人種は存在する」で始まる「人種の純粋性に関する宣言」が、ローマ大学の人類学教授グイード・ランドラを中心とする一〇名の名で発表された。それに二〇〇人近い知識人・芸術家・政治家たちが署名した。

その新学説は、ランゴバルド族の侵入以降イタリア半島で民族移動はなく、今日の人種は一〇〇〇年前と同じで、「純粋なイタリア人種」が存在し、イタリア人は「アーリア系であり、その文明はアーリア的」で、「イタリア民族の最も大きな卓越性」を示しているというものである。その上で、「ユダヤ人は、イタリアにおいて決して同化されない唯一の民族である」から、「今こそ、イタリア人は人種主義者であることを率直に宣言するべき時である」と述べている。

この宣言に対して、ファシスト党は、「ドゥーチェがしばしば、著作や演説において、イタリア人種がインド・アーリア集団に属していることを強調している」とコメントした。続けて、イタリアの「帝国創建によって、イタリア人種が他の人種と接触するようになり」、「あらゆる混血や雑婚から守られなければならない」として、「人種法」の重要性を指摘した。

一九三八年九月五日に「学校におけるイタリア人種の防衛のための措置」、通称『人種宣言』が発表され、反ユダヤ人政策はまず学校で開始された。学校のファシズム化を強力に主張した国民教育大臣ボッタイは、人種法の導入の推進者であった。

ユダヤ人学童の公立小学校への入学は禁止され、ユダヤ人の小学校教員・大学教授は教育機関から排除された。ユダヤ人の書いた書物の使用も禁止された。ユダヤ人は、幼稚園から大学までのあらゆる教育機関、アカデミー・研究所から排斥された。ユダヤ人は自らの費用で開設した小学校に子どもたちを通学させることになる。

## ファシズムの教理問答に見られる反ユダヤ主義

一九三九年に出版された『ファシストの第二の書』の巻頭には軍服姿のムッソリーニの肖像が掲げられ、肩書は「第二のローマ帝国の創設者。ファシズムのドゥーチェ」となっている。目次は「アーリア人の優位」「人種の防衛」「ドゥーチェの人種思想」「ファシズムは人種に対してなにを為したか」「ファシズムとユダヤ人」「人種と帝国」などからなっており、ファシズムの反ユダヤ主義が展開されている。

そのなかで、国民を「定まった領土に定住し、意志と行動の統一を実現し、歴史的・政治的・精神的生活を展開する、同じ人種の個々人の総体」と定義し、「個々の国民、個々の国家は、人種と民族の特質に起因する非常に根源的な歴史と核心を有する」というムッソリーニの言葉を記している。

「人種についてなにを学ばねばならないか」の章で、ファシズムの反ユダヤ人政策が問答形式で明示されている。少し長くなるが、反ユダヤ主義に関わる箇所を引用してみよう。

問　（イタリア人は）どのような人種に属するか？
答　アーリア人種に属する。
問　なぜアーリア人種であるのか？
答　イタリア人種がアーリア人であるからである。
問　アーリア人種の使命はなにか？
答　アーリア人種は世界を文明化し、絶えることなく文明を進歩させる使命をもっている。
問　世界の文明で最も優れている人種はなにか？
答　世界の文明で最も高度なものは、アーリア人種である。

これに続いて、混血児は「肉体的に、道徳的に下等な者」で、「法律は雑婚を禁じ、処罰する。混血児を出産する者は人種の威厳を損ない、その子どもは生理学的・道徳的・社会的に劣等と処せられる」となっている。イタリア人とアーリア人種の外国人との結婚は、「認められるが、内務省の同意を得る必要がある。しかし、公務員、公共行政機関につとめる者は、いかなる場合も、外国籍の者と結婚できない」とある。これに続いて、ユダヤ人に関わる問答が始まる。

問　イタリアで生まれたユダヤ人は、我らの人種に属するのか？
答　否である。
問　だれがユダヤ人と見なされるのか？

答　たとえユダヤ教と異なる宗教を信仰していても、ヘブライ人種の両親から生まれた者、あるいは雑婚で生まれ、ユダヤ教を信仰し、イスラエル共同体に属し、ヘブライズムを表明する者である。両親の一人がユダヤ人で、もう一人が外国人の場合は、子どもはユダヤ人と見なされる。また、ユダヤ人の母親と人種が分からない父親の子どもはユダヤ人と見なされる。

問　ユダヤ人はファシスト党に加入できるか？

答　できない。

問　ユダヤ人は戦時・平時に軍役につくことができるか？

答　できない。

問　公職につくことができるか？

答　できない。

問　ユダヤ人学童はアーリア人の生徒が通う公立・私立学校に入ることができるか？

答　できない。ユダヤ人の小学校、中学校がある。

問　ユダヤ人は公立・私立学校で教えることができるか？

答　ユダヤ人はユダヤ人の小学校・中学校でだけ教えることができる。

問　ユダヤ人に家や土地を所有することが認められるか？

答　財産額が法律で定められている限度を越えなければ、所有できる。

問　なぜファシズム体制はユダヤ人に関する措置をとったのか？

答　イタリア人の血と精神の純粋性を保護するためと、国際的なユダヤ主義の陰謀から国家を守るためにとられた。

問　人種防衛というファシズムの行動はいつ始まったのか？

答　ファシズムは、その発端から、人種防衛の運動であった。

問　ファシズムの社会政策の本質的目標はなにか？

答　ファシズムの社会政策の目標は、イタリア人種をさらに純粋に、強力に、有力にすることである。

問　帝国の領土で生活するイタリア人の第一の義務はなにか？

答　帝国の領土で生活するイタリア人の第一の義務は、現地人に対する優越性を継続的に示しながら、人種の威厳を保持することである。

問　帝国領土で現地人と婚姻関係をもつイタリア人は、いかなる罪を犯すのか？

答　法律で罰せられる罪を犯し、道徳的・身体的な品位を落とす。

ボッタイは、「人口と人種総局」を設置して、多産を奨励した「量」の拡大に加えて血の「質」を防衛する人口政策に取り組んだ。そのために、『民族の防衛』を発刊し、ファシズムの人種政策の「倫理的・生物学的価値」を学生・教員に理解させるために、教育機関に配布した。『民族の防衛』の学校への配布と並んで、ボッタイはラジオ放送を積極的に利用して、民族としての誇りを子どもに刷りこむことと、反ユダヤ人の大々的なキャンペーンを行った。

## なぜファシズムは反ユダヤ主義をとったのか

リソルジメント運動に少なからぬユダヤ人が参加し、イタリアは「いかなる宗教的弾圧もなく独立と統一を獲得したヨーロッパで唯一の国家」と言われた。イタリア王国においても、ユダヤ人がさまざまな分野で数多く活躍していた。ルッツァッティのように首相（一九一〇年三月～一一年三月）を務めた者、陸軍大臣（一九〇二年五月～〇三年一一月）をつとめたジュゼッペ・オットレンギ、司法大臣（一九一九年六月～二〇年五月）をつとめたロドヴィーコ・モルターラ、前述のローマ市長をつとめたエルネスト・ナターンといった人物がいた。ウンベルト皇太子の家庭教師もユダヤ人であった。人種法が発布された時点で、一万人以上（約七〇〇〇人という指摘もある）のユダヤ人のファシスト党員がいた。彼らの多くは全体的に高学歴で、中産階級に属し、都市部に住んでいた。

ファシズムは、一九二九年のラテラーノ協定後、公的秩序を乱すことなく、良き行いを条件に、宗教的マイノリティに対して信仰の自由を認めた。彼らは政治的・市民的権利を享受できるだけでなく、軍隊に入ることも公職につくこともできた。シナゴーグやユダヤ教徒子弟の学校の設立も認可された。ラビ養成の神学校の学生は義務兵役の延期を申請することができたし、公立学校におけるカトリックの宗教教育免除を要求できた。一九三一年四月に行われたローマのラビ指導者とムッソリーニの会談で、カトリックの教義が多い教科書を別のものと変更することが認められた。

ムッソリーニ自身も、一九三二年春に、次のように述べている。「イタリアには反ユダヤ主義は存在しない。イタリアのユダヤ人は市民としてつねに良き行動をし、兵士として勇敢に戦った。彼らは、大学で、軍隊で、銀行で高い地位についている」。

では、なぜファシズムは一九三八年に反ユダヤ主義政策をとることになったのか。イタリアの人種法は「アフリカ大陸への帝国主義膨張政策」と関係していた。人種法の導入は、イタリア領エチオピア帝国成立後、アフリカの現地人に対するイタリア人の優位性を確立するために混血を否定することにあった。一九三七年四月一九日の布告で、有色人種との同居が禁止され、東アフリカの有色人女性と内縁関係にあるイタリア人男性は軍人・民間人を問わず投獄され、混血児は認知されなくなった。

一九三三年に政権を掌握したナチスがイタリアのユダヤ社会に影を落としたのは事実だが、「ファシズム体制が人種主義政策に突然に転換したのは、たとえ一九三三年以後にイタリア領土内で開始されていたナチのプロパガンダを考慮したとしても、ドイツによる影響、あるいは直接的に説得されてのことではない。一九三六年のローマ・ベルリン枢軸の形成がムッソリーニを人種政策に大きく舵を切らせることになる」。人種法を導入することをムッソリーニが決定したのは、イタリアとドイツの接近において、ファシズムとナチズムの「二つの体制の政治において明白な対立を除去しておく必要性」にあった。

## 国定教科書批判

一九三六年一月の調査報告で、「大人にはよく語られているが、子どもに語ることを知らない」と、とりわけ有名な著者の教科書が批判の対象となった。教員の側からも、国定教科書の「小学生の心理的現実とはかけ離れた描写、過度に複雑な言葉」が指摘された。国定教科書は、そのような批判も踏まえて一九三六年以降の政治状況の変化を反映する方向で、改訂が行われるか、新しいものに取り換えられた。

　ボッタイは、一九三七年七月に、次のように述べている。「一九二三年以来休まることのない教科書問題はしかるべき時期に準備を整え、適切な教科書を学校に保障する解決策を今なお待っている」。ボッタイの国民教育大臣時代（一九三六年一一月～四三年二月）に発行された教科書では、ムッソリーニの神話化が一段と強まり、反ユダヤ人主義の記述のようなファシズムの政治的プロパガンダが直接的に打ち出されている。

　この時期の夏休みの宿題帳、ぬり絵、ノートの表紙にも、その特徴が明確に表れている。その一つが、一九四〇年に締結された日独伊三国同盟の「枢軸の子ども」というタイトルのノートで、鳥居、富士山、剣道をする子ども、着物を着たおかっぱ頭の日本の少女が表紙に描かれている。

図9-6　「枢軸の子ども」で，おかっぱ頭の日本の少女を表紙にしたノート

　一九三九年出版の『一年用の本』では、「バリッラ」の子どもたちのローマ式敬礼の挿絵とともに、「一枚のカラー写真があります。ドゥーチェは小さな『バリッラ』員を抱き寄せ、口づけをします。少年はドゥーチェに綺麗な花を差し上げます」とある。

## ファシズムの農本主義

その教科書の「おとぎ話のような話」では、すでに何度か取り上げたファシズムの干拓事業に関連して、ムッソリーニは沼地を肥沃な農地に変える魔法の杖となっている。

このブルーの小さな家はなんですか？　それは農民の家ですが、あたかも小さな別荘と見間違うほど、清潔で、上品な家ですね。リットーリアには、このようなブルーの家がたくさんあります。その周囲のすべてが、広大な小麦畑です。リットーリアに行ったことがありますか。小さな町ですが、美しい家とすべてが新しい建物の気持ちのいい町です。数年間でつくられた新しい町です。以前は、広い荒廃した湿地帯で、土地が乾くことはなく、耕作できませんでした。恐ろしい病気であるマラリアを運ぶ蚊がたくさんいました。そこに住んでいた人々は高熱と貧困で亡くなっていました。そこで、ドゥーチェは、この土地を干拓しなければいけない、とおっしゃいました。干拓された土地は肥沃になりました。蚊はいなくなりました。突然に、美しい、活気ある町に変わりました。今や、なんとたくさんの小麦がとれることか。六月には、すべてが黄金色をした麦の海となります。あなたたちにはおとぎ話のように思えるでしょう。ドゥーチェは本当に魔法使いでしょうか？

この話は、ファシズムの農本主義とも関わる「穀物戦争」のプロパガンダであるが、「都市の偽りの幻想」による農村からの人口流出を阻止し、農民を農村へ呼び戻すファシズムの政策でもあった。

## 「人口戦争」

一九四一年出版の『農村部の小学三年用読本　犂と剣』は、タイトルからして農村の子どもを意識したものとなっている。白馬に乗って登場する「ドゥーチェが駆けると、砂が飛び散り、輝く、偉大なイタリア、帝国、これが彼の思想」というアルベルト・ペトルッチの詩がある。

この教科書には、都市部の教科書には見られない、ファシズムの人口政策が明確に示されている。ファシズムは「人口戦争」として多産を奨励したが、子どもが多いことはファシズム国家にとってより豊かであることを意味するとして、次のような文章がある。

図9－7　白馬に乗ったムッソリーニ

> ヴァレンティーノには、今、七人の子どもがいる。でも、それを上回るものがいる。マッティア・デッラ・ヴェルナは九人である。マッティアは子だくさんの家族を幸せで、誇りに思っている。妻のベッタは働きづめの、可哀想な女性であるが、そのことが大変なのだろうか。ベッタの重荷にならない仕事があるとすれば、それは子どものためにする仕事で、子どもは私たちの本当の富である。

最後はムッソリーニの言葉「多産な国民は地上に彼

らの人種を広める誇りと意志をもっている」で結ばれている。

ファシズムは、労働人口と兵士の増産を目的として、一九二三年に一二月二四日を「母と子の日」とした。その日に、子だくさんの夫婦、あるいは結婚式を挙げたばかりのカップルを表彰し、ムッソリーニが直々に五〇〇〇リラを賞金として与えた。それによって、ムッソリーニが心ある善意の人、指導的な父親であるというイメージを創り出そうというものである。その結果、ファシスト党員の履歴、大家族の写真とともに、奨励金を求める手紙がムッソリーニのもとに殺到することになる。

ムッソリーニは、一九二七年五月二六日の「キリスト昇天祭の演説」で、兵士の増産を目指し、「数は力なり」として人口政策を取り上げた。それは「人口戦争」と呼ばれ、子どもの世話と家庭労働に専念する妻という伝統的女性観に根ざすものであった。ファシズムには「結婚している、良き母親」という女性に対する固定観念があり、女性の活動領域は家庭のなかに限定すべきという考えがあった。「戦争」という言葉は、「穀物戦争」にも使用されているように、ファシズムが国民を総動員するための戦略的なものである。この「人口戦争」のキャンペーンに、ファシズム精神の発露として、「若いファシスト女性」員が動員された。

多産な母親には報奨金が与えられ、子だくさんの大家族には税金免除が行われた。その報償金の財源は、二五〜六五歳までの独身男性に課された独身税で賄われた。ファシズムの「人口政策上の鞭」である独身税について、前掲の『ファシストの第二の書』に次のように記されている。

問　人種に対する個々のイタリア人の基本的な責務はなんですか？

答　人種に対する個々のイタリア人の基本的な責務は、結婚と子孫である。
問　ファシストとして、合法的支障なく、独身のままいられるのですか？
答　できない、ファシズムの法律では正当な理由のない男性独身者を道徳的・物理的に罰する。
問　正当な理由のない男性独身者にはいかなる措置がとられるのか？
答　その措置には、独身税と、職場で特別の地位に昇進できず、公的な決定権のある地位につくことができないなどの一連の処分がある。

一九二七年に施行された独身税は「社会正義の見せしめ」として、「人口戦争」キャンペーンで最も注目を浴びた措置であった。多産家族を奨励する「数は力なり」とともに、「父親でないものは男ではない」という言葉が繰り返された。それは男は夫であり父親であらねばならないというファシズムのマスキリズムと深く関わっていた。なお、独身女性には税金が課せられなかったが、それは女性が独身を選択したわけではないという理由からであった。

ファシズムの同性愛者の弾圧は、その人口政策、ファシズムの「男らしさ」と深く関わっていた。一九三一年発布の刑法、いわゆるロッコ法では、男性の同性愛者はファシズムの目指す「新しい人間の男らしさ」を損なう、資本主義社会の堕落の結果と見なされた。彼らは、社会モラルを紊乱させるものとされ、警告に始まり、強制指定居住、ランペドゥーザ島への流刑などの処罰をともなう取り締まりの対象となった。性行為の目的を唯一生殖とするカトリック教会も、ファシズムの同性愛者に対する取り締まりに賛同した。「人口戦争」政策にともなって、移民に対するパスポート発行は厳しく制限され、家族をともなわない季節労働移民に限られた。アメリカ移民は禁止され、農業労働者は植民地リビアに移住させせられた。

「人口戦争」にもかかわらず、出生率は低下を続け、一九三七年にムッソリーニはその失敗を公的に認め、新たな方策としてドイツをモデルとした「結婚貸付」制度を導入した。結婚貸付は、男女とも二六歳以下のカップルの結婚に行われた。四人の子どもが生まれれば返済免除となった。一九三七年から四〇年にかけて出生率が上向きになったが、そこには新しい政策と同時に、エチオピア戦線から帰還した兵士の存在があった。

一九三八年に出版され、ファシズム崩壊時まで使用された『小学四年生の読本』の表紙はアール・デコ風で、銃剣の先に付けられたファシストの旗、書物が幾何学模様に描かれている。挿絵はカラーで、その内容は動物や昆虫などの自然に関わるものが一番多くて一一、第一次世界大戦で勝利をおさめたヴィットーリオ・ヴェーネト、アフリカの戦争、ローマ進軍など戦争に関わるものが一〇、「勇敢なバリッラ」、「少年水夫」など子どもに関するものが七で、農民、労働者、羊飼いなどの労働と、勇猛果敢、勇気、信仰、犠牲といった子どもの感情に訴えるものが、それぞれ五である。

「ローマ建国記念日」の章は、「ローマ文明」として、「鍛錬と正義。これがローマの法であり、これがローマ文明と今も結合しているイタリアの労働の法である」とある。その最後に、ムッソリーニの次の言葉がある。

今日、ローマ建国記念日は、イタリアの労働祭日である。鍛錬と平和において、人民に幸せと力を与えねばならないし、与えることになるお祭りである。これは我々の信仰であり、確信であり、とりわけ我々の意志である。

## 現代のシーザー

「シーザーとムッソリーニ」の章には四頁を割いている。シーザーの胸像と鉄兜をかぶった軍服姿のムッソリーニの肖像画が並べて掲載されている。ヴェネツィア広場を埋め尽くした人々は、シーザーから「二〇世紀後」「世界に名を馳せたムッソリーニがバルコニーに現れるのを目を凝らして待っている。そして、彼は歓呼して迎える人々の前に立った」。それに続くのが次の文章である。

彼もまた、シーザーのように、ローマに進軍した。それはローマを略奪したり、罰を与えたりするためではなく、無能な支配者から解放するためであった。彼もまた、シーザーのように、政争に終止符を打った。彼もまた、民衆のことを考え、仕事を与えた。彼もまた、(国際連盟加盟国の)五四の国家の封鎖を打ち破り、世界に勝利し、アフリカでは奴隷制帝国との六カ月の戦いで勝利をおさめた。彼もまた、個人的な勝利は考えなかった。いまだ、やるべき仕事が山積していた。植民地化すべきあらゆる地域、法を待っている国々、仕事を求める人々。ムッソリーニの燃えるような目が、夜に輝くシーザーの目と交わったように思えた。古代ローマ人と新しいイタリア人、カンピドーリオから祖国の祭壇へと荘厳な挨拶が取り交わされたように思えた。幸いあれ、シーザー！　幸いあれ、ドゥーチェ！

ここで詳しい説明は必要ないであろう。古代ローマのシーザーと同一化されたムッソリーニの神格化である。たしかに神格化されたムッソリーニが押し出されるが、それによって国王あるいは王室の記述が消える、あるいは減少することはない。

「イタリアの第一番目の兵士」

七頁を割いた「イタリアの第一番目の兵士」と題する章には、軍服で鉄兜をかぶった国王ヴィットーリオ・エマヌエーレ三世の肖像があり、戦場での国王の行動を詳細に記して、最後にダヌンツィオの国王賛歌の詩が記されている。

太い眉、短く灰色の口髭の国王は、（ヴェネツィアの北）フリウリの公邸から灰色の車で前線に向かう。国王で、イタリアの第一番目の兵士の戦場での一日が始まる。敵の砲弾で前進ができない、長い銃剣を付けた旧式の銃で武装した兵士に向かって、国王は「前進！」と叫ぶ。道路は敵の砲弾で破壊され、進むことができず、国王は車を降りて、徒歩で前線の塹壕に入った。兵士たちは驚く。その姿は新兵ではない、その眼、その凹んだほほ。兵士たちは自分たちの〈なかま〉に気が付く、子どもの時からその人を知っていた。学校で、ノートから目を上げて、その穏やかな眼差しを見たことがある。驚きから冷めやらぬ兵士たちの間で、言葉が飛び交う。「見たか？　国王だよ！」、「俺の肩を叩いたよ」、「俺に挨拶したよ」、「食事は美味しかったかと聞いたよ」、「俺に葉巻をくれたよ」と。その兵士は時にはぬかるみにはまり、ある時は日差しのなかを歩き、雪と戦い、雨のなかを歩く。疲労で痩せこけ、苦悩で傷つき、さまざまな思いから白髪が増えたその兵士は、イタリア国王だった。国王に会った兵士たちは、使用済みの大砲で作ったカンテラの明かりで、家族に手紙を書いた。一人の兵士は「今日、国王が来て、元気でいるかと尋ねられた」と。別の兵士は国王からもらった葉巻を針金で便箋にくくりつけ、これが「国王からもらった葉巻。吸わないよ」と。ヴィットーリオ・エマヌエーレ三世は兵士たちのことをよく知っている。どんなに勇敢かも知っている。イタリアの領土は、国王にとって、神聖なものである。

## 鉄の結婚指輪

第一次世界大戦中に最前線の塹壕で指揮する、勇敢な兵士思いの「第一番目の兵士」という国王の神話は、おそらく、シーザーと対比されるドゥーチェよりも、子どもの感情に訴えるものであったろう。その神話が男の子に対するものであったとすれば、王妃も登場させた「鉄の結婚指輪」の話は女の子に、サヴォイア家の存在を刷りこむ効果があったと想像される。話は、母親が人差し指にしている二つ指輪の理由を娘が聞くところから始まる。

一つはグラッパで一九一八年一〇月に英雄として戦死した父親のものである。未亡人となった母親は子どもを育てるために働き、指輪がすり減ったように思えた。ドゥーチェの下に結束したイタリアは子どもたちに仕事を与えるためにアフリカに帝国を実現しようとしたが、豊かな国々は武器ではなく、(経済制裁という)飢えをもって、それを阻止しようとした。

イタリアは銀行家たちが評価できない富をもっていた。それは結婚指輪を祖国に寄贈した国民のなかにあった。それは喜びと愛を記憶する金である。奪ったのではなく、寄贈した金である。新婚夫婦が左手の中指にはめていた、装飾のない、質素な金の指輪である。この指輪は装身具でも、贅沢でもなく、一つの象徴である。信仰を表明し、女性は夫、子どもに忠誠を尽くすことを意味する。家族、家への忠誠である。イタリアのすべての女性は、金の結婚指輪を祖国に提供した。そのお手本をエーレナ王妃が示した。彼女はイタリアの第一の母親と呼ばれる。王家の中心となる情愛の深い母親である。施設に収容され、治療を受ける孤児の慈悲深い母親である。一九三五年一二月一八日、王妃は（ローマのヴィットーリオ・エマヌエーレ二世記念堂の）ヴィットリアーノの階段を上り、無名戦士の墓の前に、自分の結婚指輪を差し出した。

二つの金の結婚指輪を提供した未亡人が家に帰る途中に左手の人差し指を見ると、指輪の跡が白く残っていた。それを見た息子が、母親の手をとり、撫ぜながら、別の二つの指輪、鉄製の指輪を差し出した。それを見た娘は、「私たちの忠誠はこれからさらに純粋で、強いものとなるでしょう。鋼の壊れない忠誠」と言った。

ファシズムは、一九三五年一二月一八日に、戦争資金の調達のために、とくにイタリア女性から貴金属を徴発する「ファシズムへの忠誠の日」キャンペーンを全国的に行った。それは「フェーデの日」と呼ばれた。フェーデには信仰、忠誠、結婚指輪などの意味があるが、それは「世俗宗教」としてのファシズムへの信仰、ファシズム体制への忠誠の証として、既婚女性が金の結婚指輪を祖国に寄

図9－8　ヴィットーリオ・エマヌエーレ2世記念堂で行われた「フェーデの日」に出席したエーレナ王妃

図9－9「塔を戴くイタリア」

贈するという意味もこめられているのであろう。

ファシストは、女性の自発性を強調したが、そこには義務としての強制があったことは言うまでもない。そのキャンペーンには、ノーベル文学賞を受賞したばかりのピランデッロを始めとする著名人が名をつらね、ローマの「祖国の祭壇」、すなわちヴィットーリオ・エマヌエーレ二世を顕彰するモニュメントで開催されたセレモニーにはサヴォイア王家のエーレナ王妃が参加した。右記の教科書は、そのことを叙述したものである。

一九三五年一二月一九日の『ローマの人民』紙に掲載された「祖国へ金を」キャンペーンのポスターには、イタリア統一直後に登場したが、早々と姿を消していた「塔を戴くイタリア」が、光背の帯に「栄誉　祖国に金を」と記されて再登場している。

カトリック教会も野蛮に対する文明の伝播という「使命」からエチオピア戦争を支持し、「フェーデの日」を祝福した。

## 国定教科書の「逸脱」

一九三五年にサポーリが執筆した女子五年生用の教科書『祖国愛』が出版されている。作家で美術評論家の著者サポーリ（Francesco Sapori 一八九〇～一九六四）は、『芸術とドゥーチェ』（一九三二年）、『ファシズムと芸術』（一九三四年）などで、ファシズムを賛美していた。

この教科書は、一九三五～三六年学期（ロンバルディーアだけ）から一九三八～三九年学期の三年間だけ使用されている。男女共通ではなく、女子に限定した国定教科書は、この『祖国愛』だけである。この教科書は、一九三六年以降の新しい政治展開に沿ったファシズムの少国民形成を前面に押し出した内容となっている。

冒頭の「エチオピアのファシズム帝国」では、アフリカへの植民地拡張の歴史について、「地中海交易の復興をスエズ運河」に見ていたカヴール、「伝説的な探検家や伝道者」などによって知られた「暗黒大陸の征服」を目標としたクリスピを紹介し、他の教科書には見られない、イタリアの植民地獲得の経緯を詳しく述べている。

エチオピアを探検したアントーニオ・チェッキは、命をかけて、「ソマリア植民地をイタリアにささげた」。それから三〇年後、「ファシズムの四天王の一人チェーザレ・マリーア・デ・ヴェッキが、ファシズム暦 XIV 年の事業（一九三六年のエチオピア征服と帝国の樹立）を準備し、剣をもってより広大な国境線を引いた」。「地中海におけるイタリアの孤立は、一九一一年から一九一二年にかけて、リビア占領によって克服された」。

「ファシズム暦 XIV、一九三六年五月九日、経済制裁から一七四日目に、ファシズム大評議会はエチオピア帝国の領土とその国民にイタリア王国の完全で、全面的な主権を宣言した。国王には皇帝の称号が与えられた」。

ここでは、エチオピアを征服し、それをイタリア領とし、ハイレ・セラシエ一世に代わってヴィットーリオ・エマヌエーレ三世が皇帝となった「ファシズムの業績」を生徒に指し示している。

サポーリの教科書は、他の国定教科書と同様に、ローマ進軍・バリッラとともに、国王・王妃・ドゥーチェの順で写真が配置され、「ファシズム革命展」といった新しい内容もある。

この教科書の特徴を四つ挙げておこう。一つ目は、ファシズム暦の年号が意識的に使用されていることである。それは、生徒に対するファシズムの時間化を意図したものと考えられる。二つ目はドゥーチェの弟アルナルド・ムッソリーニを「祖国の優位」を目指した「義務の司祭」として登場させていることである。弟までも教科書に登場させたことは、一九三六年以降のムッソリーニの神話化とも関連している。三つ目は、女子に特化した教科書ということもあって、国王よりも王妃に関する叙述や宗教的な内容が多いことである。「女性の優秀性」という章では、ルネサンス期の大長編叙事詩であるルドヴィーコ・アリオストの『オルランド・フリオーゾ』に登場する女性の価値について述べている。ファシズム体制下で、女子も勇敢に戦うよう示すことを著者が意図したのであろうが、小学五年生にはあまりに高尚な内容である。

この特徴と関連して、四つ目の特徴は、おそらく著者サポーリの思想と文学者としての趣向によるところが大きいのであろうが、きわめて専門的で、小学五年の女子はもちろんのこと、それを教える教員にもかなり難解な内容となっていることである。その例として、「ドゥーチェの先駆者」としてアルフレード・オリアーニ（Alfredo Oriani 一八五二〜一九〇九）を取り上げ、彼の『理念的反乱』の一文「我々は偉大な民族になれるし、ならねばならない。明日の支配者は新しい理念を適切に表現する者であるが、その理念は古い炉から上がる狼煙のようなものであろう」を引用している。

オリアーニは、一九〇八年に出版した『理念的反乱』で社会生活に強力な国家の必要性を主張していたが、ムッソリーニはそれをファシズム思想に取り入れた。そのこともあり、ムッソリーニは彼の三〇巻の全集を編纂している。

ここには、ファシズムの国定教科書に関わる重要な特徴を見ることができる。それは、『祖国愛』は国定教科書の「逸脱」との指摘があるように、教科書が決して体系的なものではなく、国際・国内政治もさることながら、著名な作家や詩人である著者の趣向が強く反映していることである。また、ムッソリーニの神格化が強化されても、国定教科書が人文主義的な特徴を失うことはなかったことである。

## 神がつかわした天才ムッソリーニ

国定教科書のなかで、ファシズムの少国民形成が最も典型的に、かつ徹底して追求されたのが、ファシズム期の『クオーレ』と言われた『バリッラ員のヴィットーリオ』に代わって、一九三九〜四〇年学期からファシズム体制崩壊時の一九四四年学期まで使用されたリナルディ執筆の『五年生の読本』である。それには、ボッタイの教育政策を反映して、ファシズムの政治的プロパガンダが充満している。まずは、神から能力と使命を授かったムッソリーニと記述されている最後の頁から見てみよう。

時に、神は天才のひらめきを与え、人間を高位につかせる。能力のある人間は、人類が数世紀にわたって実現できなかったことを、その生涯で達成できる。イタリアは天才の揺籃の地と呼ばれ、あらゆる時代に世界に大きな光をもたらした。君たち子どもも、今、この光を見るであろう。最初、（ムッソリーニが生まれた）ロマーニャ地方の村で火が灯り、永遠の都から光り輝き続けている。

ここに、ムッソリーニは神がつかわした天才となり、その神格化は頂点に達している。この教科書も、農業暦を反映した一〇月の「ぶどう狩りの時期」から始まるが、ファシズムに関わる「記憶の場」である歴史的事件を軸に構成されている。

ローマ進軍の「一九二二年一〇月二八日」に続くファシズム「体制の事業」では次のように記されている。「ドゥーチェの指導のもと、ファシズムの一七年間に、イタリアはあらゆる分野で奇跡のような進歩を達成した」が、その一つが一九二五年から開始された「穀物戦争」で、「すべてのイタリア人に十分なパンが祖国の地」からもたらされ、勝利をおさめている。

第一次世界大戦勝利の日である「一九一八年一一月四日」では、「祖国は大戦で倒れた六〇万人の兵士を無名戦士の墓で崇拝し、栄光ある戦士を称賛し、損なわれた勝利に翼を再び与えることのできた人々のことを忘れない」とある。その後に「ピアーヴェの少年」（お話）、「戦死者の息子」（詩）、「リットーリアの母」（お話）が続いている。

「一九一五年五月二四日」では、「若き英雄たち」、「イタリアの君主たち、戦争における国王」、「負傷したムッソリーニ」、「老砲兵の思い出」、「モンテ・グラッパ」と、リビア戦争、第一次世界大戦での英雄や戦死者を取り上げている。

「アルナルド・ムッソリーニ」では、『ポーポロ・ディタリア』の編集を助けた弟をムッソリーニの右腕として、母親のローザ・マルトーニ・ムッソリーニを「プレダッピオの母」として取り上げている。父親は、他の教科書と同様に登場していない。その間に、ムッソリーニの言葉が各所に挿入されている。その一つに次のような言葉がある。「イタリア人民は自らの血をもって帝国を創りあげた。それを自らの労力で豊かにし、あらゆる敵から武器をとって守るであろう」。

「バリッラ」や子どもについては、「詩人で兵士」のゴッフレード・マメーリの章で、次のように記されている。彼はマッツィーニの「義務と愛の宗教」を「未来の最も尊い約束」と考え、ローマ共和国の防衛戦で戦い、負傷し、亡くなったが、その「約束」は「ベニート・ムッソリーニの世代によって守られている。君たち、明日の兵士と母親である、イタリア帝国の少年と少女たちに、輝かしい手本に従う使命が課せられている」。最後に、マメーリの詩「イタリアの子どもはバリッラと呼ばれる」が記されている。

「一九三五年一二月一八日、『フェーデ』の日」では、王妃から貧しい階層の女性たちにいたるまで、「祖国に結婚指輪を提供する。全世界に大きな反響をもたらした祖国愛のショーである」と記されている。「家族」と題する章では、次のようなファシズムの家族像が示されている。

家族は一種の小さな国家である。そこでは父親が君主で、母親が王妃である。二人はこの政府をよりよい方法で治め、子どもを教育する。とりわけ、父親は子どもを管理し、助言し、命令し、褒めて、賞を与え、必要であれば罰する。神は、愛する者を養うために、労働と力とともに、父親に最も高い権威を与えた。偉大で、強力で、幸福な国民は、子どもの多い、健康な、一致した家族の産物である。イタリアのドゥーチェは子どもの多い家庭を愛し、賞を与え、励ますのです。「バリッラ」員も未来の青年の幸せな日に、家族をもつことを考えてください。

### 教科書に登場した反ユダヤ主義

「人種」の章で、ファシズムによるアーリア人神話が叙述されている。チベット高地に住んでいたアーリア人は、人口増加にともない食糧を求めて、カスピ海やコーカサス地方に進出するが、その一部がバルト海と北海にも現れ、チュウトン（ゲルマン）民族とアングロサクソン民族を形成した。アペニン山脈に向けて進出した別の一派は、イタリア半島に住んでいた原住民であるリグリ、ウンブリ、ティレーニ、サンニーティ、シークリといった「非常に頭の良い人種」と出会い、「いまだに痕跡を残す古代文明を生み出した」。そのなかで「長い世紀にわたって存続した唯一の文明が地中海文明あるいはラテン文明である。ローマによって形成された文明は、他の人種を支配したことで、地上で最も偉大なものと見なされる」。

その「新しい征服者たちのなかにユダヤ民族が混入した。彼らは、ペルシア湾岸とアラビアの沿岸に散在し、その後に神の呪いによって、生まれ故郷から遠く離れたところに拡散し、現在はアーリア人の国々に浸透している。彼らは、北方の民族のなかに、商業主義、貪欲な利益追求という新しい精神、地上の大きな富を獲得することだけを目的とする精神をもちこんだ。輝かしいローマ文明の後継者であるムッソリーニのイタリアは、利益優先の、不和の種をまき散らす、あらゆる理想の敵であるユダヤ民族の集団を前にして、手をこまねいていることはできなかった」。

これが、一九四一年出版の国定教科書『五年生の読本』だけに見られる人種法を反映した反ユダヤ主義についての記述である。その他の国定教科書には見られない。この記述に関連して、スペイン内乱との関係で、教員が次のような説明を生徒に行ったことは想像に難くない。イタリアに住むユダヤ人は、終始一貫してファシズムに敵対的であった。すべての反ファシズム勢力はユダヤ人が指導し、世界のユダヤ人はスペインでボルシェビキ側に与していると。

### 孤児を養女にしたファシスト

そのスペイン内乱で孤児となった子どもを養女にするファシスト兵士の話が「善意の頁　一通の手紙」と題する文章である。一九三六年七月、フランコ将軍はスペイン共和国に反乱をおこし、ドイツとイタリアに支援を求めた。ムッソリーニは、まず空軍と海軍を、続いて陸軍をスペインに派遣し、スペイン内乱に介入した。第二次世界大戦の前哨戦として、スペインを舞台に、ファシズムと共和主義勢力が激しく戦うことになる。

ムッソリーニのスペイン内乱への介入に対して、フランスに亡命していた反ファシズム運動の「正義と自由」を率いるカルロ・ロッセッリは、一九三六年一一月に「今日はスペインで、明日はイタリアで」というスローガンを発表し、スペインの共和主義者支援のために義勇兵を呼び掛けた。

スペインに派遣された正規軍二万人にファシストの義勇兵三万人を加えたイタリア部隊は、一九三七年三月に共和国勢力にグアダラハーラの戦いで敗北するが、精鋭部隊の増強によって、フランコ将軍部隊とともに、一九三九年三月にマドリードの攻略に成功した。

その一方で、エチオピア併合と国際連盟離脱で国際的孤立を深めていたイタリアは、一九三六年一〇月二四日、イタリア・ドイツ外相会議で議定書に調印した。それをムッソリーニはローマ・ベルリン枢軸と表現した。一九三七年に日独伊防共協定、一九三九年五月には独伊鉄鋼同盟が締結され、イタリアとドイツは一段と関係を強めた。

スペイン内乱で孤児となった子どもを養女にするファシスト兵士の話に戻すが、その手紙は「バルセッローナ、一九三九年（ファシズム暦）XVII、一月二七日、わが愛する妻へ」となっている。それは、フランコ陣営を支援して戦ったファシスト兵士が、ソヴィエトのボルシェビキに指導される、反カトリックの「アカ」たちとの戦いは終わったと、妻に知らせるものである。

「勝利だ！　国民軍は情け容赦なくいまだ進軍を続けている」。「スペインの制空権を握り、スペインの空のいたるところを飛び交うイタリアの飛行機からの爆撃によって、敵の『アカ』は逃走した」。その後に、「君に話したいことがある」として、「僕は、二日前から三歳ぐらいの少女の子の養父になった」と告白している。「敵が破壊した家の近くで偵察隊が、母親を探して一人で歩き回っている彼女を収容した。なんと可憐な幼子であろうか！」。その幼い子どもに家族のことを聞いてみた。その無垢な子は天涯孤独であることが分かった。

少女は食事をとり、身体を洗い、新しい洋服を着た。彼のところに連れて来られた時、少女は目にいっぱいの涙をためていた。彼がやさしく彼女を腕に抱くと、小さな腕で首にしがみつき、ほほ笑みながら、彼に「パパ」とつぶやいた。彼は一瞬、どのように反応すればよいのか分からなかった。

本人も含めて、だれも彼女の本当の名前を知らなかったので、「イタリア」と呼ぶことにした。部隊の若く勇敢な兵士たち全員が、その子の父親になりたがっていた。しかし彼に彼女を養女とする意思のあることを知ると、兵士の一人は「たしかに、隊長の家の方が、私たちの家よりはよいでしょう」と言い、全員があきらめた。

このように述べた上で、妻に次のように書いている。「マリーア、君の考えはどうだい。私たちの家族は金持ちではないけれど、神のおかげで足りないものはない。私の稼ぎは十分だし、一つ口が、可愛い小さな口だけれど、増えたことで破産することはない」。妻の考えを知らせるように記した手紙は、「このよき行いを幸せに感じ、かつファシスト文明の勝利のために我々が戦い、勝利しているこの戦争を嬉しく思うことを忘れないでください」と結ばれている。これに対して妻は「はやる心を抑えつつイタリアを待っています」と電報で返事した。

ファシズムは、スペイン内乱への介入についてイタリア国民の同意を得るために、イデオロギーと宗教に訴えた。イデオロギーは「アカ」に対抗した反ボルシェビズムであり、宗教は共和主義者からカトリック教会を守るというものである。教皇ピウス一一世は共和国勢力の反カトリックの行動を批判し、神の敵に対する信仰者の十字軍として戦いを訴えた。これに対して、世界のカトリック組織はフランコ勢力への支持を表明していた。、そのことから、この「善意の話」は、ファシズムが国民に訴えたイデオロギーと宗教が反映したものと言える。ただ、それが、イタリアに伝統的に存在する養子縁組を取り上げて、子どもに人道的博愛精神を訴えたのか、あるいは、博愛的なファシズムという政治的なプロパガンダなのか、判断はできない。

# 第10章　「バリッラ」員だったお爺さんと、それを拒否したお婆さんの話

## 記憶のファシズム

ファシズムの少国民形成は成功したか、否か。それを検証することは容易ではない。「バリッラ」で軍事訓練、国定教科書を通じてファシズムのイデオロギー教育を受けた子どもが、ファシズム体制崩壊期に誕生したサロ共和国（イタリア社会共和国）防衛に駆り出され、反ファシズム勢力との戦いで命を落としている。他方、「バリッラ」員となり、国定教科書で教育を受けながらも、レジスタンス運動に参加し、武器をとってナチ・ファシズムと戦った若者がいる。

まず、筆者が聞いた話を記しておきたい。「バリッラ」世代で歴史学者となった人物が、連合軍の動静などを学校で密かに友人に流していたという。これは彼の幼友達から聞いたことであるが、偶然にその歴史学者と席をともにすることがあり、確認したところ、笑いながら鉱石ラジオを聞いていたのだと答えてくれた。ファシズム体制末期に陸続きのヨーロッパでは、連合軍あるいは反ファシズム勢力が流すニュースを聞いていた少年がいたのである。そのニュースを親とともに聞いていた子ども

が、ファシズムに面従腹背の立場をとっていたことは考えられる。それだけに、子どもたちが決定的にファシズムの少国民形成に組みこまれていたとは言い難い。

もう一つの話は、学会の折に参加者とともに食事をしていた時に聞いたことである。若い女性研究者は、「バリッラ」による子どもの洗脳は成功しなかったと一刀両断に言った。これに対して、「バリッラ」世代の父親をもつ別の女性研究者は、「私の父は『バリッラ』の精神を信じていたようだな」と、小さい声で私につぶやいた。

この会話は、子どもに対するファシズムの刷りこみが成功したのか、しなかったのかという難問と関わっている。それを解く一つの手掛かりが、いまや八〇歳を超えた、一九三〇年代に小学生だった人の証言である。その証言は、ファシズム時代の「記憶」を記録する地道な活動を続けている小学校教員グループが、一九三五年の時点で人口が約一万五〇〇〇人だったカンピ・ビセンツィオ（中部イタリアのフィレンツェ県）に住む、当時小学生だった人に行った聞き取り調査である。

証言者の一人はレティツィアさんである。彼が小学生だったのは、証言で国民教育大臣ボッタイの学校訪問の話が出ることから、ファシズムの少国民教育が最も強化された一九三六年以降のことであろう。

レティツィアさんは、小学時代をノスタルジックに次のように証言している。クラスには三五〜四〇人の生徒がいた。木製の机の上にはインク瓶を置く穴があった。インクで机を汚した彼に、先生はすべての机をきれいにするように命じた。先生は厳しく、生徒の手を棒で叩き、罰を与えた。悪いことをすると、「私は悪い子でした」と書かれた札を首にかけられ、学校中を連れ回された。非常に屈辱的なことだった。生徒は授業中に便所に行くことが認められず、しばしばこらえ切れない者もいた。それに親が抗議することはなかった。

行動隊員でもある先生は、祖国への信仰をもつように言い、母親が祖国に結婚指輪を寄贈したかと尋ねた。「ファシストの土曜日」には「バリッラ」の制服を着て学校に行き、その日の午後は長い行進をしなければならなかった。喉の渇きをいやすためにレモンを一個もつことが許された。行進中に、「大佐、私はパンではなく、小銃の弾がほしいです」といった言葉を繰り返し、軍歌を歌った。ボッタイ大臣が学校を訪れた時、一〇時から五時まで待たされて、動けなかったことを覚えている。

もう一人の証言者は、「私は一九二九年に入学した。小学校の建物は大きく、冬には寒い教室で、女の先生がもってきた火鉢で手を温めた」と回想する、記憶の確かな、ファシズムに批判的な女性のルイーザさんである。

担任の先生は生徒から慕われていた。ペンで書いていたので、ノートを汚さないようにするのが難しかった。インクがなくなると、用務員さんのところに行き、インク壺を満たしてもらった。イタリア語、算数、習字用の三冊のノートをもっていたが、お金持ちの子どもは赤い線の入った黒いノートだった。教科書は二冊で、手に入れるのが難しく、上級生が使ったものを再利用することもあった。教科書には結核予防やイタリア語教育の活動をしていたダンテ・アリギエーリ協会に寄付したことを示す領収書が付いていた。

何人かの友達は、仕事のために、あるいは親が学校の重要性を理解できなくて欠席が多く、最後には来なくなった。彼女は両親がファシスト党員ではなかったので、「モントゥーラ」と呼ばれた「バリッラ」の制服はファシスト党から贈られず、母にそれをつくってもらった。ファシズムのベファーナには親がファシスト党員の子どもにだけ贈り物があり、彼女には何もなかった。小さな村のカンピ・ビセンツィオで、ラジオをもっていたのは二家族だけだった。ムッソリーニの演説をラジオで聞くために「ファッショの家」に村人が集まった。

二人の証言を総合すると一九三〇年代の農村部の学校生活が見えてくる。授業は朝の八時に始まり、一三時に終わった。コロンブスがアメリカを発見した一〇月一二日は休みであった。この日が休みになっていることはファシズム暦からは見えてこない。一〇月三一日に行われた貯蓄の日には、最も貯金した子どもに九リラが与えられた。三月二日はオーストリア軍に石を投げてジェーノヴァの反乱の口火を切った少年バリッラを記念する「バリッラの祭日」だった。この休日が小学校だけの祭日なのかは分からない。

教室ではよくできる子どもは一番前に、中くらいの子どもは真ん中に、できない子どもは一番後ろに座っていた。生徒が使用した勉強用具はノート、羽ペン、インク壺である。国定教科書を入手するのは非常に困難で、古い教科書が使い回しされるか、お金持ちが貧しい家庭の子どもに寄贈した。全員に教科書がそろうのは学期が始まってから二カ月がすぎていた。

先生が『クオーレ』を読んで聞かせた。子どもに好まれたのは『ピノッキオ』であった。はしかや風邪を引いたり、麦わら帽子をつくるために働かねばならなかったりして、欠席する子どもがたくさんいた。クラスにはいつも年長の生徒がいた。落第したか、働かなければならず学校に来なくなった子どもである。ファシスト党員でない教員は解雇された。

## 「学級日誌」に見られる子どもの生活

この聞き取り調査の内容は、教員が一日の行動・活動を記した「学級日誌」によって、再確認することができた。一九三〇〜三一年学期の女子二年生の「学級日誌」によれば、在籍者四六名のうち、六〜九歳が三三名、一〇〜一一歳が一〇名、一一〜一四歳が三名となっている。高年齢の女子がいるのは落第したか、労働あるいは病気で通学できず、二年で進級留となったことによるものであろう。

生徒の欠席について多くの記述があり、それに教員は心を悩ませていることが分かる。欠席の理由は、肺炎、熱、インフルエンザといった病気のほか、この地方の特産品である麦わら帽作りのためである。寒く、雨が多い一月には欠席が増え、教員は母親に連絡している。

「バリッラ」と同年齢の組織である「イタリアの少女」に参加しているのは四六名の生徒のうち一三名で、残りの三三名は加わっていない。始業式は一〇月二三日に教会で行われ、貯蓄銀行の通帳が生徒に配られ、その後に戦没者記念碑を訪ねている。学期中に九回、映画館に行き、記録映画のほか、『クオーレ』の映画を見せている。

第一次世界大戦参戦記念日には、生徒は第一次世界大戦の戦いを賛美する『ピアーヴェ』を歌い、戦没者記念碑の前で行進する。視学官が学校を訪れ、生徒指導が行き届き、学校が清潔であり、女子児童が着る白いエプロンも整っていることが称賛される。そのほかに、貧しい家庭の子どもへの学習用具や教科書の支給、ジョヴァンナ王女とブルガリア王ボリスの結婚式で休校のこと、赤十字の募金活動への参加、コムーネで映写機を購入するための宝くじが販売されたことなどが記載されている。

生徒の名前の横には、優、良、可、不可と教員の評価が記されており、不可だけが赤インクである。

教科として宗教、図画、イタリア語、算数、基礎知識、家事労働と手仕事となっているが、体操能力などのほか、素行も重視されている。

もう一つの「学級日誌」は一九三三〜三四年学期の女子五年生クラスのものである。在学者は二八名、そのうち六〜九歳が二名、九〜一一歳が二二名、一一〜一四歳が四名とあり、進級の遅れた生徒がいる。「イタリアの少女」員でない生徒が三名、所属している生徒が二五名である。その組織率は高いが、「イタリアの少女」に「生徒全員を加入させるために会議を開いた」とあるように、学校による積極的な勧誘活動があったことが分かる。その小さな村の小学校で、強制力のある勧誘にもかかわらず、それに従わなかった生徒（親）が存在するという事実は、ファシズムの全体主義国家の実体に関わる問題である。

新学期が始まってから一カ月後に、「娘が使った教科書を贈り、他の二人の教科書も探してくれた一人の婦人のおかげで、やっと全員に教科書がそろった」という報告が記されている。ここに、教科書が国定であったにもかかわらず、中部イタリアの農村部においては、教科書が学期に間に合わない、新しい教科書を購入できない子どもが存在していたことが分かる。それは、特殊な例ではなく、とくに農村部で広く見られたことであろうが、そこにも全体主義としてのファシズム体制の不完全性が見えてくる。

「学級日誌」にもインフルエンザで生徒の五分の四が欠席したとあり、教員は出席率に気を遣っている。少国民形成の現場を担う教員が苦闘する、病気や児童労働を理由とする欠席児童の多さもまた、統計資料からは見えてこない一九三〇年代のイタリアの農村部の現実である。

教員は、教育目的が「神、祖国、家族」であることを語っている。「子どもは歴史が好きである。ガリバルディの写真を見せて、歴史の授業をした」とある。生徒の多くが「サヴォイア家の写真蒐集をしているが、王家について多くのことを知って満足している」と記されている。「国王、とくに王妃、母なる亡き王妃（前王妃マルゲリータ）について話した。生徒は、国王の病気回復と亡きヴィットーリオ・エマヌエーレ二世のために祈った。アルベルト王の死を偲んだ」。それを通じて、教員は、「生徒がイタリア人であることに誇り」をもつことを望んでいる。これは、「ドゥーチェに忠誠を誓ったイタリア人が、全体としては、国王の家庭的なイメージやサヴォイア家の伝統に愛着を感じていた」ことを裏付ける言葉である。そのことは、子どもの目に映った国家の長はドゥーチェなのか、それとも国王なのかという、ファシズム期の統合原理と関連してくる。

## 「プッツォリーニ」になったムッソリーニ

聞き取り調査を行ったグループが明らかにしたことであるが、二つ重要な事実を紹介しておこう。一つは、一九三〇年出版の小学五年生用読本『バリッラ員のヴィットーリオ』にあるムッソリーニの肖像の顔が「おそらく彼を憎んで意図的に消されている」ことである。この消去が、この教科書が実際に使用されていた時か、あるいはファシズム体制崩壊後か、またただれが行ったのか定かでない。

もう一点は、一九四二～四三年学期に使用された、小学五年生用の副読本『宗教・文法・歴史』にあるムッソリーニ Mussolini という言葉を消して、プッツォリーニ Puzzolini と書き加えた箇所である。それは、リーニ lini という同じ語感を使った、悪臭を放つ者という軽蔑語である。これも、教科書に名前のある、それを使用した少女が書き換えたのか、だれが、いつ行ったのか、分からない。

それが、「反レーイ」政策に対してガリレイをガリヴォイと呼べと言うのかと笑い飛ばしたように、ムッソリーニをプッツォリーニと嘲笑する子ども、民衆の心情であったことは確かである。レジスタンスやパルチザンの戦いのように、歴史の表面には現れないが、ムッソリーニの神格化を拒否し、ファシズム体制を批判し、それに抵抗する民衆意識が存在していたことを、その落書きなどは示している。

そのようなムッソリーニやファシズムに対する批判と対照的に、サヴォイア家のブロマイド蒐集が一九三〇年代の、とくに女子に流行っていた事実は、ファシズムの独裁的支配下においても、イタリア王国誕生以来一貫して追求されてきた統合原理としてのサヴォイア家が機能していたことを示している。

### ファシズム体制期の「二頭政治」

一九三五年以降の国定教科書では、国王とドゥーチェの写真が並んで掲げられ、国家の長と政府の長という「二人の不朽の人物」からなる祖国の理想的な統一が示されている。しかし、国王とドゥーチェが並列され、イタリアの長は国王なのか、ドゥーチェなのか、それとも国王とドゥーチェの二人の長が存在するのか、あるいは、国王は現代のシーザーとしてのドゥーチェの周りに付き添う飾りなのか、子どもには分からない。

ローマ式敬礼、ファシズムのベファーナ、「ファシストの土曜日」に加えて、子どもはムッソリーニについて毎日聞かされている。他方、大戦争戦勝記念日の一一月四日、そして国王の誕生日には「一番目の兵士」として国王、やさしい「イタリアの母」として王妃が語られる。

たしかに、国王の存在はムッソリーニの独裁体制においても否定されることはなかったが、「ドゥーチェの脇に立つ単なる存在」として、陰に追いやられたというイメージがある。ただ、ファシズムは、民衆に広く人気のある国王・王室の存在を取りこみつつ、形式的には主権者の国王と政治の指導者のドゥーチェに棲み分けした「二頭政治」をとり、全体主義化を推進しようとしたと考えることもできる。

その二頭政治を象徴・儀式の観点から見てみよう。国王の公邸であるクイリナーレとドゥーチェの執務室のあるヴェネツィア宮殿、国王が任命する上院とファシズムの下院、国王警護の騎馬憲兵コラッツィエーレとドゥーチェの小銃部隊モスケッティエーレ、国王に忠誠を示す軍隊と国土防衛軍を支持する国防省所属のカラビニエーレ、サヴォイア家の軍隊式敬礼とファシズムのローマ式敬礼、「王室行進曲」と「ジョヴィネッツァ」、サヴォイア家の三色とファシズムの黒色、一

図10-1 イタリアの長は，国王か，ムッソリーニか

〇〇リラ硬貨に刻印された国王の肖像とファッショなどがある。

ただ、公的な場での両者の立ち位置などから、「二頭政治」のデリケートな駆け引きが存在していることが分かる。一九二五年六月七日に行われたヴィットーリオ・エマヌエーレ三世治世二五周年の式典はサヴォイア家の儀式に従って行われた。議会制度は骨抜きになり、思想・出版・結社の自由も完全に否定されていたとしても、国王の存在を定めた憲法記念日は、一九二五年から一九四〇年まで、「ほとんど継続的に」祝われている。

一九三〇年代に、その祝典で行われた行進には軍隊とともに国防義勇軍も参加し、ファシズム的色彩が強くなっていくが、ローマで開催された祝典にはかならず国王の存在があった。カテリーナ・ブリックは、「ルーチェ」が撮影した記録映画を検証し、「軍事行進の場所、その規模を見ると、憲法記念日の式典の重要性が失われたとは見えない」と指摘している。

一九三四年四月一五日に行われた、ファシズムの干拓事業でつくられた新しい町サバウディアの開会式に国王・王妃をムッソリーニは引き出し、その存在を民衆に見せ、ファシズム体制への広範な同意獲得に利用している。一九三九年一一月一一日に行われた国王七〇歳を祝賀する式典においても、「王室行進曲」に続いて「ジョヴィネッツァ」が演奏されたが、サヴォイア王家の存在は否定されていなかった。

## ムッソリーニを解任した国王

国王ヴィットーリオ・エマヌエーレ三世は最終段階でムッソリーニから権力を取り戻した。非交戦国を宣言していたイタリアは一九四〇年六月に第二次世界大戦に参戦し、ギリシア戦線での敗北、ロシア戦線への派兵、連合軍のシチリア上陸という破局的な戦況が続いた。この状況になって、国王はムッソリーニと運命をともにすることはサヴォイア家の消滅につながると考えるようになる。

ファシズム大評議会は、一九四三年七月二四日未明に、ムッソリーニの不信任決議を行った。それを受け、ムッソリーニは権限を剝奪され、逮捕された。国王は、憲法第五条にもとづいて陸軍、海軍、空軍の総指揮権を掌握し、政府をファシスト党とは無縁の存在であったピエトロ・バドリオ元帥に委ねた。一九二二年一〇月に国王がムッソリーニに組閣を命じてから二一年後のことである。

ムッソリーニの罷免・逮捕という決断は国王の統治能力を国民に示した。しかし、バドリオ元帥とともにローマを放棄し、南部イタリアのブリンディジに政府を置いた時、ヴィットーリオ・エマヌエーレ三世は取り戻したばかりの国民の信頼を失うことになる。

ヴィットーリオ・エマヌエーレ三世は、サヴォイア家の存在を再びアピールするため、バドリオ首相を中心に反ファシズム諸政党からなる国民統一内閣が成立した後、ウンベルト二世を国王代行とした。一九四六年五月九日には国王は息子に王位を譲り、退位した。その決定はファシズム体制崩壊後のイタリアの政治体制を問う国民投票キャンペーン中に行われた。それは、ファシズムの最初と最後に関わったヴィットーリオ・エマヌエーレ三世の責任が問われる国民投票を前に、無垢な新しい国王を押し出すことで、サヴォイア家の存続を図ろうとするものであった。

## イタリア共和国の国民形成

はじめて女性に選挙権が認められた体制選択の国民投票で、イタリア国民は共和国を選んだ。一九四六年六月、イタリア王国の最後の国王ウンベルト二世はポルトガルに亡命した。イタリアの君主制はその政治文化の歴史とともに、終止符が打たれた。

国民投票の結果は、共和制に一二七一万八六四一票(五四・三%)、君主制に一〇七一万八五〇二票(四五・七%)であった。この数字は、統一国家樹立以来統合原理として機能させられたことにより、サヴォイア家への忠誠と言わないまでも、それに対する親近感が生まれていたことを示している。地域的に見れば、南部イタリアでは君主制支持が、北部では共和制支持が上回っていた。イタリア王国成立時、サヴォイア家とは縁が薄かった南部イタリアで、君主制が支持された理由はなにか。

それは、北・中部イタリアがレジスタンスによって、ローマ以南の地域が連合軍によって、ナチ・ファシズムから解放されたという事実も影響した。そのほかに、カトリック教会の支配が強い地域で、共和国の誕生を革命の危機と見なす傾向が作用したとも言える。それには、共産主義勢力の拡大を阻止しようとするアメリカの国民投票に対する政治的介入も見落とせない。すでにヨーロッパで始まっていた冷戦が、イタリアの政治体制を決める国民投票に大きな影を落としていたのである。

一九四七年一二月にイタリア共和国憲法が制定された。その精神とは「労働に基礎を置く民主共和国」(第一条)で、「他人民の自由に対する攻撃の手段としての戦争及び国際紛争を解決する手段としての戦争を放棄」(第一一条)とする平和主義である。新しく生まれたイタリア共和国の表象は、サヴォイア王家の紋章を取り除いた緑、白、および赤の同じ幅の垂直な三つの帯」(第一二条)からなる三色旗となった。その時から、イタリアはこの共和国精神にもとづく国民形成を開始することになる。

## 近現代イタリアにおける少国民形成の諸特徴

近代国家成立からファシズム体制崩壊まで、八三年のロングスパンをとって、近現代イタリアの少国民形成の歴史的プロセスと特質を、明らかにした。その理由は、国家の求める少国民像は国内・国外の政治・社会・経済・文化の影響を受けてつねに可変的であり、その完成はないと考えるからである。

近現代イタリアの少国民形成は、国家に対立する教会の存在、地域的格差をともなう高い非識字率、広く存在する方言と深く関わる歴史的な地方意識の存在などもあり、きわめて困難な道のりであった。そのような少国民形成のいくつかの特質を指摘しておきたい。

第一点は、近現代イタリアの少国民形成が地域的・社会階層的にまだら模様であったことである。イタリアの少国民形成は識字率向上との戦いであったと言われたが、統一国家誕生以前から存在していた南と北、都市と農村の識字率の格差や教育制度の欠陥などもあって、少国民形成は均質に進行したのではなく、地域・社会階層の大きな差異をともなう不均衡なプロセスをたどった。

第二点は、近現代イタリアの少国民形成で一貫して機能したのが統合原理としてのサヴォイア家であったことである。イタリアの政治体制は、一八六一年のイタリア王国成立から一九四六年にイタリア共和国が成立するまで、八五年間にわたって立憲君主制であった。ファシズム時代にムッソリーニ独裁が強化され、全体主義国家が追求され、憲法は否定された。国王の存在はムッソリーニの陰に隠れてしまったが、機能停止に陥ったかに見えた立憲君主制はファシズム体制の最終段階で再稼働し、国王が権力を取り戻した。

第三点は近現代イタリアの少国民形成が、「上から」の、国家指導者の側からだけ行われたのではなく、民衆の側からの取り組み、自発的な「下から」の運動もあったことである。不登校の子どもや読み書きのできない大人に識字教育を行う民衆学校や夜間・祭日学校が、一九世紀末から北部・中部イタリア各地に開設された。それらは、博愛主義者の幼児教育、共和主義者・社会主義者が中心となった相互扶助会による識字教室、民衆大学・民衆図書館、反教権主義のフリーメーソンによる慈善活動や世俗教育活動などである。

# 参考文献


## 史料（教育指導要領・調査報告書）

Bettini Francesco, *I programmi di studio, per le scuole elementari dal 1860 al 1945*, Brescia, La Scuola, 1950.

Canestri Giorgio / Ricuperati Giuseppe, *La scuola in Italia dalla legge Casati a oggi*, Torino, Loescher , 1985 (1976).

Lombardi Franco V , *I Programmi per la scuola elementare dal 1860 al 1985*, Bologna  La Scuola, 1987.

Ministero Pubblica Istruzione, *Sulle condizioni della pubblica istruzione del regno d'Italia*, Milano 1865.

Ministero Pubblica Istruzione, *Sull'obbligo della istruzione elementare nel Regno d'Italia, Attuazione della legge 14 luglio 1877*, Roma, 1878.

## 使用した教科書・児童書

〈自由主義期〉

*Abbecedario, ad uso delle scuole ovvero metodo facile e sicuro per istruire nella lettura. I fanciulli*, Napoli, a spese di Gennario Cimmaruta, 1872.

Alfani Augusto, *Battaglie e vittorie. Nuovi esempi di Volere é potere*, Firenze, Babera, 1890.

*Almanacco illusrato del Giornale Il Secolo, 1897*, Milano, Sonzogno, 1897.

Baccini Ida, *Come si diventa uomini. Libro per la seconda e terza classe elementare, compelato sulle norme dei Programmi governativi approvati col R. Decreto del 25 settembre 1888.* Seconda Edizione aumentata e corretta con ritratto dell'Autorice, Rocca S. Casciano, Cappelli Editore, 1893 (1891).

Baccini Ida, *I piccolo viaggiatori. Viaggio nella China. Libro di lettura per le classi elementari*, Firenze, Felice Paggi, 1878.

Baccini Ida, *Prime letture composte da una mamma ad uso delle prime classi elementari. Sesta edizione approvata dal Consiglio scolastico*, Firenze, Felice Paggi lib. Edit.,1886 .

Baccini Ida, *Quarte letture per le classi elementari maschili*, Firenze, Paggi, 1885.

Bianchi B., *Compendio storico della r. Casa di Savoia, ad uso delle scuole*, Bologna, Tip. Chierici, 1863.

Boccardo Gerolamo, *Diritti e doveri dei cittadini per gli alunni del terzo anno di scuola tecnica, conforme ai Programmi governatiti*, Torino, Tipografia scolastica, 1864.

Bosco Giovanni, *La storia d'Italia raccontata alla gioventù, dai suoi primi abitatori sino ai giorni nostri*, terza edizione ed accresciuta, Torino, Tip. Ferrando, 1861.

Bosco Giovanni, *Storia sacra per uso delle scuole e specialmente delle classi elementari*, secondo il programma del Ministero della pubblica istruzione. Utile ad ogni stato di persone. Arricchita di analoghe incisioni e di una carta geografica della terra santa pel sacerdote Giovanni Bosco, Edizione 30$^{a}$, Torino, Tipografia e Libreria Salesiana, 1895.

Cantù Cesare, *Il buon fanciullo : racconti d'un maestro elementare*, Milano, Volpato, 1851 (1835).

Cantù Cesare, *Il galantuomo ovvero i diritti e i doveri*, Corso di morale popolare. Milano, Perelli, 1846.

Cantù Cesare, *Il giovinetto drizzato alla bontà, al sapere, all'industria*, Trentesima ediz one milanese nuovamente riveduta dall'autore, approvata dal Consiglio scolastico di Milano, Milano, Paolo Carrara edit., 1885.

Capodivacca Giovanni, *Il Costume. Nozioni di educazione morale e istruzione civile*, per la V^a^ classe elementare maschile e femminile in conformita dei vigenti Programmi e delle Istruzioni Ministeriali 29 gennaio 1905, Milano, Vittorio Nugoli, 1912.

Casale Felice, *Esempi e consigli agli operai*, 3° Grado, Torino, Paravia, 1919.

Checchi Eugenio, *Come si è fatta l'Italia*, Bologna, Zanichelli, 1911.

Collodi Carlo, *Giannettino*, Firenze, Felice Paggi, 1877.

Collodi Carlo, *Giannettino* (Edizione originale), Milano, A. Barion, 1925.

Collodi Carlo, *Minuzzolo, Secondo libro di lettura* (seguito al «Giannettino»), Seconda edizione aumentata e corretta approvata dal Consiglio Scolastico, Firenze, Bemporad, 1880.

Collodi Carlo, *Minuzzolo, Secondo libro di lettura* (seguito al «Giannettino»), 18ª edizione aumentata e corrtta approvata dal consiglio scolastico. Firenze, Bemporad, 1898.

Collodi Carlo, *Il viaggio per l'Italia di Giannettino. Parte prima (L'Italia superiore)*, Firenze, Felice Paggi, 1880.

Collodi Carlo, *La grammatica di Giannettino per le scuole elementari*, Firenze, Felice Paggi, 1883.

Collodi Carlo, *Il viaggio per l'Italia di Giannettino. Parte seconda (l'Italia centrale)* , Firenze, Felice Paggi, 1883.

Collodi Carlo, *L'abbaco di Giannettino per le scuole elementari*, Firenze, Felice Paggi, 1884.

Collodi Carlo, *La geografia di Giannettino*, Firenze, Felice Paggi, 1886.

Collodi Carlo, *Il viaggio per l'Italia di Giannettino, Parte terza (l'Italia meridionale)*, Firenze, Felice Paggi, 1886.

Collodi Carlo, *Il viaggio per l'Italia di Giannettino*, Illustrato con 93 disegni , 4 tavole a colori e copertina di Luigi Ciani, Terza ristampa sulla nuovissima edizione corretta e aggiornata, Firenze, Bemporad, 1929.

Collodi Carlo, *Il viaggio per l'Italia di Giannettino*, Riproduzione anastatica della prima edizione , Firenze, Paggi, (1880, 1883, 1886), Bergamo, Leading Edizioni, 2006.

Collodi Carlo, *La lanterna magica di Giannettino*, Firenze, Bemporad, 1890.

Collodi Nipote, *Il cuore di Pinocchio. Nuove avventure del celebre buratino*, Firenze, Bemporad, 1917.

*Compendio di Storia patria*, Edizione approvata dal Consiglio Superiore di pubblica istruzione ad uso delle scuole di gramamtica I seduta del 26 luglio 1857, Torino, Stamperia reale, 1857.

Corti Siro/ Domenico Recchi, *Racconti e biografie di storia patria per le scuole primarie e popolari*, Roma, Tip. Elzeviriana, 1880 (1889).

Dazzi Pietro, *Il libro per la prima classe elementare femminile* secondo i nuovi programmi ministeriali (dicembre 1894), con numeros evignette. 3ª edizione -10ª ristampa, Parte II.-Prime letture, Firnze, Bemporad, 1898.

Di San Giusto Luigi, *Pagine azzurre. Quinto libro di lettra educativa ad uso della quinta classe elementare. Femminile.* Nuova edizione conforme ai nuovi Programmi Didattici e alle Istruzioni Ministeriali (R. Decreto 29 gennaio 1905-N. 43). Approvato dalle Commissioni Scolastiche Provinciali del Regno, Palermo, Salvatore Biobdo, s.d.

Di San Giusto Luigi, *Pagine azzurre. Sesto libro di lettura educativa ad uso della sesta classe elementare. Maschile.* Conforme ai nuovi Programmi Didattici e alle Istruzioni Ministeriali (R. Decreto 29 gennaio 1905-N. 43), Palermo, Salvatore Biondo, s.d.

Fabiani Guido, *Casa mia ! Patria mia ! Libro di lettura. Seconda classe elementare femminile delle scuole urbane*, Milano, Vallardi, Terza edizione, 1913.

Fanciulli Giuseppe, *Perchè siamo in guerra*, Firenze, Bemporad, 1915.

Franklin Bejamin, *Vita di Beniamino Franklin scritta da se medesimo*, Firenze, Barbera, 1869.

Gallo E., *Storia della r. Casa di Savoia, narrate in brevi biografie*, Milano, Tip. Gnocchi, 1864.

Ghiron I., *Il primo re d'Italia. Riccordi biografici di Vittorio Emanuele II*, Milano, Hoepli, 1878.

Ghiron Ugo, *Mattino d'oro*. Cosrso di lettura per le scuole elementari con quattrocento temi di composizione. Illustrazione originali di Attilo Mussino. Classe 4ª maschile e femminile. In conformità dei Programmi e delle istruzioni ufficiali del 29 gennaio 1905. 8ª edizione, Palermo, Sandron, 1921.

Grossi Mercanti Onorata, *Come si è fatta l'Italia. Storia del Risorgimento italiano narrata ai Fanciulli. Brevi racconti per la terza classe elementare*. Libro di testo per molte Scuole del Regno, Settima edizione aumentata, approvata dal Consiglio scolastico provinciale, Firenze, Bemporad, 1901.

Grossi Mercanti Onorata, *Libro di lettura* per la terza classe elementare urbana in conformità dei programmi governativi (dicembre 1894). Edizione accuratamente corretta con numrose incisioni, Firenze, Bemporad, 1904.

Guidotti Aristide, *Il libro della Giovinetta italiana*, Palermo, Sandron, 1895.

Lessona Michele, *Volere è potere*, Firenze Barbera, 1869.

Lessona Michele, *Volere è potere*, Sesto S. Giovanni, Madella, 1911.

Maffioli Dalmazio, *Diritti e doveri dei cittadini secondo le istituzioni dello Stato, per uso delle pubbliche scuole*, Milano, Editore-Libraio della Real Casa, Ulrico Hoepli, 1893.

Mancini Fortunato, *La Toscana : elementi di geografia e storia per le scuole elementari delle provincie di Firenze, Lucca, Pisa, Arezzo, Siena, Massa e Carrara, Livorno, Grosseto.* Torino, presso la direzione del giornale scolastico l'Unione e G. B. Paravia (tip. A. Fina), 1886.

Mantegazza Paolo, *Testa ovvero Seminare idee perché nascono opere*, Milano, Treves, 1887 (ristampato nel 1993 da Edizioni Colonnese, Napoli).

Mantegazza Paolo, *Le glorie e le gioje del lavoro*, Milano, 1870.

*Manuale per il buon uso del Frugolino : Libro di lettura per la terza urbana e rurale*, Milano, *Risveglio educativo* e Antonio Vallardi coedit., (stab. tip. Antonio Vallaridi), 1889.

Marcati Guido Antonio, *In cammino, Fanciulli ! Libro di lettura per la classe quarta elementare maschile e femminile (con forme al programma governativo 29 gennaio 1905), Approvato dalle Commissioni prov. per i libri di testo*, Roma, Libreria scolastica nazionale, s.d.

Martelli Niccolo, *Lettere. Dal primo e dal secondo libro*, Lanciano, Carabba, 1916.

Mazzini Giuseppe, *I doveri dell'Uomo.* Adattati all'intelligenza dei fanciulli delle scuole elementari, Firenze ,Bemporad, 1904.

Mazzini Giuseppe, *Doveri dell'Uomo, edizione ad uso delle scuole raccomandata dal Ministero della Pubblica Istruzione*, Quindicesima Edizione, Roma, Giuseppe Civelli, 1905.

Mazzini Giuseppe, *Dai doveri dell'uomo. Brani coordinati da A. Ferrari pei Giovanetti italiani*´ Milano, Luigi Ronchi, 1905.

Mottura C. e Parato G., *I primi doveri morali e civili, insegnati per via di esempi e di massime*, seguiti da brevi biografie di illustri italiani. Libro di lettura per le scuole elementari e popolari del Regno, Torino, Paravia, 1880.

Mottura C. e Parato G., *Nuova grammatica della lingua italiana* con nozioni intorno ai principali generi di conponimento ad uso delle scuole, Torino, Paravia, 1871.

Neretti Luigi, *Storia, Patria per le scuole elementari.* Vol. IV, Sesta classe, Firenze, Bemporad, 1914.

Orsi Pietro, *Come fu fatta l'Italia.* Conferenze popolari sulla storia del nostro Risorgimento 1815-1924, Torino, STEN, 1925 (1891).

Parato Antonino, *Piccolo compendio della storia d'Italia esposta per biografie contenente la storia romana, del medio evo e moderna ad uso speciale delle scuole primarie superori e delle scuole popolari del Regno, Edizione steretopia coll'aggiunta della vita di Vittorio Emanuele.* 15ª ristampa arrichita della Carta geografica d'Italia, Approvata Libro-Testo dai Consigli Provibciali scolastici di Firenze, Genova, Alessandria, Pavia, Bologna, Grosseto, Piacenza, Forli, Ravenna, Perugia, Napoli Caserta, Avellino Teramo, Basilicata, Bari, Reggio di Calabria, Como, Ancona Cuneo, Catania, Messina, Sondrio, Cagliali, Mantova, Aquila, Lucca, Massa e Carrara, Salerno, ecc. Premiata con medaglia di primo grado dal sesto congress pedagogic in Torino, Torino, Paravia, 1879 (1865), reprints (Milton Keynes UK, Lightming Source, 2012).

Parato Antonino, *Cielo e terra. Quarto libro di letture.* Proposto ai fanciulli delle scuole elementari superiori d'Italia da Antonino Parato, Torino, Paravia, 1885.

Parato Antonino, *Il libro dei fanciulli, proposto alla scuole primarie d'Italia*, Torino, Paravia, 1884.

Parato Givanni, *Racconti tratti dalla storia romana di Monsignor e compendiati second I programmi approvati per le scuole*, Torino, Tip. Scolastica, 1854.

Parato Givanni, *Storia sacra* di Monsignor Pellegrino Farini, compendiati ad uso delle scuole elementari con brevi riflessioni morali da Giovanni Parato, Torino, Paravia, 1915.

Parravicini Luigi Alessandro, *Giannetto*. Opera che in Firenze ottenne il premio promesso al piu bel libro di lettura ad uso de'fanciulli e del popolo, e che è adottata come premio e come libro di lettura nelle scuole elementari d'Italia, utilissima per le scuole serali e festive,ec. Milano, presso V. Maisner e comp. editori libraj, Successi a Carlo Turati, 1873.

Parravicini Luigi Alessandro, *Giannetto*. Opera che in Firenze ottenne il premio promesso al piu bel libro di lettura ad uso de'fanciulli e del popolo, e che è adottata come premio e come libro di lettura nelle scuole elementari d'Italia, e utilissima per le scuole serali e festive e per le biblioteche popolari di L. A. Parravicini, Milano, presso V. Maisner e compagna editori, 1885.

Pecorella Corradino, *Guida per il retto uso del "Cuore e vita". Libro di lettura la terza classe elementare maschile* di G. Gabrielli e G. Pecorella, Palermo, Santron, 1896.

Perodi Emma, *Cuoricino ben fatto. Libro di lettura per le scuole e le famiglie*, Firenze, Bemporad, 1891.

Piazzi Giovanni, *Vittorie Umane*. Libro di lettura per le scuole elementari, composto, secondo i programmi del gennaio 1905, *Presso la Forte per la seconda classe*, con illustrazione e tavole colorate di A. Mazza e di altri artisti. Seconda Ristampa della seconda Edizione riveduta e corretta, Milano, Trevisini, s. d.

Piazzi Giovanni, *Vittorie Umane*. Libro di lettura per le scuole elementari, composto, secondo i programmi del gennaio 1905, *La Via Fiorita per la quarta classe*, con illustrazione e tavole colorate di grandi artisti. Milano, Trevisini, 1905.

Piazzi Giovanni, *Vittorie Umane*. Libro di lettura per le scuole elementari, composto, secondo i programmi del gennaio 1905, *La Via Forte per la sesta classe*, con illustrazione e tavole colorate di grandi artisti, Milano, Trevisini, 1906.

Provera Antonio, *La Lombardia : la geografia e la storia delle provincia di Bergamo, Brescia, Como, Cremona, Mantova, Milano, Pavia, Sondrio*. Torino, direzione dell'Unione dei maestri (tip. A. Finn), 1886.

Puccianti Giuseppe ed Giuliani Enrico, *Vittorio Emanuele e il Risorgimento d'Italia (1815-1878)*, Libro compilato ad uso delle scuole, Milano, Treves, 1887.

Rotondi Pietro, *Storia di Milano narrate agli alunni delle nostre scuole* da Pietro Rotondi, Preside del R. Liceo-Ginnasio Cesare Beccaria, Nuova Edizione, Milano, Agnelli, 1885.

Scavia Giovanni, *Dell'insegnamento della grammatica italiana e dei primi esercizii di composizione nelle scule elementari inferiori. Guida teorico-pratica*, Torino, Tip. scolastica di Sebastiano Franco e figli e comp., 1854.

Scavia Giovanni, *Nozioni di grammatica italiana ad uso delle classi elementari superiori*, Nuova edizione aprovata con Decreto Ministeriale del 24 gennaio 1858, Torino, Tip. scolastica di Sebastiano Franco e figli e comp. 1858.

Scavia Giovanni, *Prime nozioni di grammatica italiana ad uso delle classi elementari inferiori*, Nuova edizione aprovata con Decreto Ministeriale del 1. giugno 1858, Torino, Tip. scolastica di Sebastiano Franco e figli e comp., 1859.

Schiattaregia B., *Vita di Vittorio Emanuele II primo re d'Italia, scritta per i fanciulli e le fancielle delle scuole municipali di Roma e d'Italia*, Torino, Paravia, 1878.

*Scelto di Fior di memoria pei fanciulli*, seconda edizione, Trieste Colombo Coen, 1862.

Silvola F., *Sunto della storia di Casa Savoia, dalla sua origine fino nostri tempi*, Milano, Tip. Civelli, 1862.

Smiles Samuel, *Self-Help: With illustrations of Chracter and Conduct*, London, John Murray, Albemarle Street, 1859.

Smiles Samuel, *Chi si aiuta Dio l'aiuta, ovvero Storia degli uomini che dal nulla seppero innalzarsi ai più alti gradi in tutti i rami della umana attività*, tradotto dall'originale inglese da S. Strafforello con note, Milano, Editori della biblioteca utile, 1865.

Smiles Samuel, *Chi si aiuta Dio l'aiuta (Selfe-help) ovvero Storia degli uomini che dal nulla seppero innalzarsi al più alti gradi in tutti i rami dell'umana sttivita'*, nuovamente recata in italiano, sill'ultima edizione, con autorizazione dell'autore da Cesare Donati, 76ª edizione italiana, Milano, Treves, 1915.

Socci Ettore, *Umili eroi della Patria e dell'Umanità*. Narrazioni storiche ad uso delle scuole. Raccomandate dal Ministero della Pubblica Istruzione (Circolare 21 Ottobre 1903), Milano, Nazionale, s. d.

Soli Giovanni, *Cominciamo la vita ! Libro di lettura per la quarta classe elementare maschile*, colle occassioni per lo svolgimento del programma governativo 29 novembre 1894. Edizione speciale per le Scuole di Roma su quella approvata dal Ministero della Pubblica Istruzione, Edizione steretipa, Milano, Trevisini, 1904.

Tarra Giulio, *Letture graduale al fanciullo italiano. III. Libro per le classi maggiori elementari*, Milano, G. B. Messaggi, 1863.

Tegon Carlo, *Frugolino (un passo avanti) : libro di lettura per terza urbana e rurale gia" seconda urbana e rulare*. Milano, *Risveglio educativo* e Antonio Vallardi coedit., (stab. tip. Antonio Vallaridi), 1888.

Tegon Carlo, *I miei doveri : classe prima superiore. Settima edizione illustrata*. Brescia, tip. Apollonio, 1885.

Thouar Pietro, *Lettere graduali*, con nuovi racconti per fanciulli, Grado Primo, Edizione ottava. Approvata dal Consiglio Scolastico Provinciale, Firenze, Felice Paggi, 1866.

Thouar Pietro, *Nuova raccolta di scritti per fanciulli*, ordinata ad uso delle scuole dal prof. Pietro Dazzi, Firenze, Felice Paggi, 1873.

Troya Vincenzio, *Elementi di grammatica italiana ad uso delle scuole elementari*, Asti, Raspi, 1851.

Troya Vincenzio, *Grammatica elementare della lingua italiana. Parte prima ad uso delle classi inferiori. Parte seconda ad uso delle classi superiori*, Torino, Stamperia Reale, 1852.

Troya Vincenzio, *Secondo libro di letture ad uso delle scuole elementari*, Genova, Sordo-muti, 1853.

Troya Vincenzio, *Terzo Libro di Letture per la terza classe elementare. Conforme al programmi ministeriali, Terza edizione adorna di figure*, Genova, Tipografia del R. I. dei sordo – muti, 1882.

Yorick figlio di Yorick (avv.P. C. Ferrigni), *Il Gran Re al Pantheon.* Sesto anniversario dalla morte di Vittorio Emanuele II (9 gennaio 1884), Roma, Müler, 1884.

Vamba, *I bimbi d'Italia si chiaman Balilla. I ragazzi italiani nel Risorgimento nazionale.* Firenze, Bemporad, 1915.

Zambonin Giovanni, *Nuovo testo sussidiario per gli alunni e le alunne della classe 6ª elementare, Nozione pratiche riassuntive di Grammatica-Aritmetica-Sistema metric-Geometria-Geografia-Storia Patria- Educazione morale e Istruzione civile-Scienze Naturali e Fisiche-Igiene ed economia domestica*, in conformità dei Programmi e Istruzioni ufficiali del 29 gennaio 1905, 9ª edizione riveduta e migliorata. Approvato dai Consigli Scolastici Provinciali del Regno, Palermo, Sandron, 1922.

〈ファシズム期の教科書・児童書・塗り絵・宿題帳〉

Ambrosini Luigi, *Il secondo libro di lettura per la II classe elementare.* Disegni di A. Mussino, con approvazione definitive della Commissione pei libri di testo (Boll.Uffi. n. 25 del 23 giugno 1925, p. 2519), Torino G. B. Paravia, 1930.

Bedeschi Valentino, *Il disegno del Maestro, Illustrazioni schematiche ala lavagna*, Brescia, G. Vannini, 1939.

*Bianco e Nero. Almanacco del Guerin Meschino per il 1936 —XIV*, Milano, Guerin Meschino, Anno XIV (1936).

Biloni Vincenzo, *La vita di Mussolini narrata ai fanciulli d'Italia*, Brescia, Vannini Giulio,1929.

Brocchi Virgilio / Gustarelli Andrea, *Allegretto e Serenella. Santa natura. Volume per la terza classe*, Milano, Mondadori, 1924.

Brocchi Virgilio / Gustarelli Andrea, *Allegretto e Serenella. I piccoli amici. Volume per la quarta classe*, Milano, Mondadori, 1924.

Caccialupi Pietro/ Ferrero Anna, *Bimbi d'oggi che, in Vacanza, non oziano, per chi ha frequentato la classe terza*, Milano, La Prora, 1936.

Caiati Giuseppe, *Le origini e il cammino della nostra civilità, esposti ai ragazzi*, Volume Primo, Grecia e Roma per la quarta classe elementare, Firenze, Vallecchi, 1924.

*Canzoniere Nazionale, Canti corali religiosi e patriottici trascritti per voci di fanciull*i, Roma, Libreria dello Stato, 1929.

*Collegio Insegnante della "Diana Scolastica". Tutti i temi assegnati dale Commissioni esaminatrici dall'inzio dei Concorsi Magistrali ad oggi schematizzati, con un'aggiunta di Temi Mussoloniani e uno studio introduttivo,*

Bologna, La Diana Scolastica, 1933.

Corvi Giuseppe, *Il conflitto italo-etiopico, spiegato ai nostri fanciulli*, Milano, La prora, s. d.

De Pasqua Francesco, *La rugiada*. Libro di lettura per la terza elementare suburbana e rurale, (Programmi il novembre 1923), Lanciano, Carabba, 1925.

Ferrari Andrea, *Per imparare a leggere. Esercizi di lettura meccanica*, Milano, La Prora, 1934.

Ferraris M. / Ruynat A., *Fanciullezza, fanciullezza*... Letture per la nuova scuola italiana. Con numerose riproduzioni fotografiche e illustrazioni di A. Mussino. Quinta classe elementare, Firenze, Bemorad, 1925.

Gariglio Anna, *Compiti per le Vacanze. Classe prima*, Torino, Briscoli, 1934.

Gravelli Asvero, *Primavera fasciata. Letture per le scuole elementari urbane*. Classe terza, Milano, Mondadori, 1929.

*Guida della Mostra della Rivoluzione Fascista*, Firenze, Vallecchi, 1932.

*Igiene : Difesa e salute della razza*, Novara, De Agostini, 1939.

*L'Impero italiano dell'Africa orientale, Il libro della V. classe elementare*, Roma, La libreria dello Stato, 1936.

*L'Impero d'Italia. Il libro della V^a classe elementare*, Roma La Liberia dello Stato, Anno XVII (1938).

Leonardi Dante (Giacomo Lo Forte), *Spighe d'oro*. Letture ad uso delle scuole elementari. Con numerose illustrazioni. In conformità dei programmi per le scuole elementari del 1° ottobre 1923. Classe 5^a. Nuova edizione riveduta e riordinata. Testo approvato definitivamente nella prima categoria dalla Commisione Centrale Ministeriale, Palermo-Roma, Remo Sandron, 1923.

Miccoli Armando, *Scintille : corso di letture per le scuole elementari, classe seconda*, Milano, Mondadori, 1925.

*Nuovo Album di disegni e coloratura, ad uso delle classe elementari*, Torino, Salvadeo, 1936.

Partito Nazionale Fascista, *Il primo libro del fascista*, Roma, Libreria del Litorio, 1938.

Partito Nazionale Fascista, *Il secondo libro del fascista, in Roma nell'anno*, XVIII (1939).

Perroni V., *Il Duce ai Balilla. Brani e pensieri dei discorsi di Mussolin, ordnati e illustrati per i bimbi d'Italia*, Roma, Libreria del Littorio, 1930.

R. M., *La scuola sul piano dell'Impero*, Bologna, La Diana Scolastica, 1937.

Sardo A., *Mussolini. Libro dedicato ai Giovani*, Milano, Dante Aligfieri, 1927.

Spina E., *Compiti per le vacanze. Giovinezza imperiale. Classe quarta*, Torino, Taurinia, 1937.

### 国定教科書（学年別・出版年順）

〈1年生〉

Quercia Tanzarella Oronzina (Ornella), *Sillabario e prime letture*, Roma, La Libreria dello Stato, 1930 (ill. M. Pompei).

Belardinellie Bucciarelli Dina, *Sillabario e prime letture*, Roma, La Libreria dello Stato, 1930 (ill. A. Della Torre).

Marucucci Alessandro, *Sillabario. Scuole rurali*, Roma, La Libreria dello Stato, 1930 (ill D. Cambellotti).

Belardinelli Bucciarelli Dina, *Il libro per la prima classe*, Roma, La Libreria dello Stato, 1934 (ill. P. Pullini).

Zanetti Maria, *Il libro della prima classe*, Roma, Libreria dello Stato, 1936 (ill. E. Pinochi).

Cottarelli Gaibam V. / Oddi N., *Il libro della prima classe*, Roma, La Libreria dello Stato, 1940 (ill. R. Scrilli).

〈二年生〉

Quercia Tanzarella Oronzina (Ornella), *Il libro della II classe*, Roma, La Libreria dello Stato, 1930 (ill. Mario Pompei). サルデーニャ、シチリア、カンパーニャ地方などでは継続使用。

Belardinelli Bucciarelli Dina, *Il libro della seconda classe*, Roma, La Libreria dello Stato,1930 (ill. P. Pullini). 一九三〇～三一年学期だけ。

Marucucci Alessandro, *Il libro della seconda classe rurale*, Roma, La Libreria dello Stato,1930 (ill. D. Cambellotti). 一九三〇～三一年学期と一九三四～三五年学期（改訂版）に使用。

Quercia Tanzarella Oronzina (Ornella), *Il libro della II classe*, Roma, La Libreria dello Stato, 1930 (ill. Mario Pompei).

Petruzzi Alfredo, *L'italiano nuovo, letter della 2a classe elementare*, Roma, Roma, La Libreria dello Stato, 1936 (ill. P. Bernardini). 一九三六～四〇年学期で使用。

Ballario Pina, *Letture per la seconda classe dei centri urbani, Quartieri Corridoni*, Roma, La Libreria dello Stato, 1941.

〈三年生〉

Deledda Grazia, *Il libro della terza classe elementare, letture*, Roma, La Libreria dello Stato, 1930 (ill. P. Pullini). 一九三〇～三五年学期まで使用。

Padellaro Nazareno, *Il libro della terza classe elementare, letture*, Roma, La Libreria dello Stato 1935 (ill. C. Testi). 一九三五～三八年学期まで使用。

Petrucci Alfredo, *Letture per la terza classe dei centri rurali. L'artatro e la spade*, Roma, La Libreria dello Stato,1939 (ill. P. Pullini).　一九四〇～四四年学期まで農村の学校で使用。

Zanetti Adele e Maria, *Letture per la terza classe dei centri urbani*, *Partia*, Roma, La Libreria dello Stato, 1939 (ill. M. Pompei).　一九四〇～四四年学期まで都市部の小学校で使用。

〈四年生〉

Novaro Angiolo Silvio, *Il libro della IV classe elementare*, *Letture*, Roma, La Libreria dello Stato, 1930 (ill. Bruno Bramanti).　一九三〇～三七年学期まで使用。

Bargellini Piero, *Il libro della IV classe elementare*, *Letture*, Roma La Libreria dello Stato, 1938 (ill. A. Della Torre).　一九三八～四四年学期まで使用。

〈五年生〉

Forges Davanzati Roberto, *Il libro della V classe elementare. Il Balilla Vittorio.* Racconto di Roberto Forges Davanzati, Roma, La libreria dello Stato,1930.　一九三〇～三八年学期まで使用。

Sapori Francesco, *Il libro della quinta classe. Testo di letture per le alunne. Amor di Patria*, Roma, La libreria dello Stato, 1935.　一九三五～三八年学期まで使用。一九三六年度はロンバルディーア州だけで使用。

Rinaldi Luigi, *Il libro della quinta classe elementare*, *letture*, Roma, La Libreria dello Stato, 1939 (ill. A.Canevari).　一九三九～四四年学期まで使用。

## 参考図書

〈邦　文〉


フルヴィオ・コンティ、北村暁夫訳「『イタリア』を作ること――統一から統一・五〇周年記念にかけてのナショナル・アイデンティティの構築（一八六一年～一九一一年）」『日伊文化研究』五一号、二〇一三年。

シモーナ・コラリーツィ、村上信一郎監訳　橋本勝雄訳『イタリア二〇世紀史　熱狂と恐怖と希望の一〇〇年』名古屋大学出版会、二〇一〇年。

サミュエル・スマイルズ、中村正直訳『西国立志編』講談社学術文庫、二〇一一年。

アンヌ・マリ・ティエス、斎藤かぐみ訳『国民アイデンティティの創造』勁草書房、二〇一三年。

マリーナ・テゾーロ、小林勝訳「イタリアにおける君主制、国家、国民　一八四八年～一九四六年」『日伊文化研究』五一号。

エンツォ・トラヴェルソ、柱本元彦訳『全体主義』平凡社新書、二〇一〇年。

平川祐弘『天ハ自ラ助クルモノヲ助ク――中村正直と「西国立志編」』名古屋大学出版会、二〇〇六年。

藤澤房俊「イタリアにおける慰霊空間の誕生」『歴史評論』二〇〇〇年　五月号。

藤澤房俊「史料紹介　一九世紀イタリアの小学校教科書」『東京経済大学人文自然科学論集』一～五、二〇〇一～二〇〇三年。

山手昌樹「研究動向　ファシスト・イタリアの女性動員――Petra Terhoeven, *Oro alle patri* を読んで」『上智史学』第五三号、二〇〇八年一一月。

〈欧　文〉


Aris Rota Arianna/ Ferrari Monica/ Morandi Matteo (a cura di), *Patrioti si diventa. Luoghi e linguaggi di pedagogia patriottica nell'Italia unita*, Milano, Angeli, 2009.

Armenise Gabriella, *La pedagogia "igienica" di Paolo Mantegazza*, Lecce, Pensa Multimedia, 2003.

Ascenzi Anna / Sani Roberto (a cura di), *Il libro per la scuola tra idealismo e fascismo. L'opera della Commissone central per l'esame dei libri di testo da Giuseppe Lombardo Radice ad Alessandro Melchiori (1923-1928)*, Milano, Vita e Pensiero, 2005.

Ascenzi Anna, *Metamorfosi della cittadinanza. Studi e ricerche su insegnamento della storia, educazione civile e identità nazionale in Italia tra Otto e Novecento*, Macerata, EUM, 2009.

Bacigalupi Marcella/ Fossati Piero, *Da plebe a popolo. L'educazione popolare nei libri di scuola dall'Unità d'Italia alla Repubblica*, Milano, Università Cattolicam 2000 (Firenze, La Nuova Italia, 1986).

Baioni Massimo/ Conti Fulvio/ Ridolfi Maurizio (a cura di), *Celebrare la nazione. Grandianniversari e memorie pubbliche nella società contemporanea*, Milano, Silvana, 2012.

Barausse Alberto, *Libri di testo e manuali per la scuola : alcuni itinerari nella storia contemporanea italiana*, in Maria Adelaide Gallina (a cura di), *Scegliere e usare il libro di testo. Riflessioni ed esperienze nella scuola dell'obbligo*, Milano, Franco Angeli, 2009.

Bartoli Langeli Attilio, *La scrittura dell'italiano*, Bologna, il Mulino, 2000.

Bertoni Jovine Dina, *Storia dell'educazione popolare in Italia*, nupva edizione riveduta, Bari Laterza, 1965 (I ed. Torino, Einaudi, 1954).

Betri Maria Luisa (a cura di), *Rileggere l'Ottocento. Risorgimento e nazione*, Torino, Comitato di Torino dell'Istituto per la Storia del Risorgimento Italiano, 2010.

Betti Carmen, *L'Opera Nazionale Balilla e l'educazione fascista*, Firenze, La Nuova Italia, 1984.

Bonetta Gaetano, *Scuola e socializzazione fra '800 e '900*, Milano, Angeli, 1989.

Bonetta Gaetano, *Corpo e nazione. L'educazione ginnastica, igenica e sessuale nell'Italia liberale*, Milano, Angeli, 1990.

Brezzi Camillo, *Laici, cattolici, Chiesa e Stato dall'Unità d'Italia alla Grande guerra*, Bologna, il Mulino, 2011.

Bric Catherine, *Riti della Corona, riti del fascio*, in Emilio Gentile (a cura di), *Modernità totalitarian. Il fascismo italiano*, Roma-Bari, Laterza, 2007.

Burgio A. (a cura di), *Nel nome della razza. Il razzismo nella storia d'Italia (1870-1945)*, Bologna, il Mulino, 1999.

Cambareri Serafino *Positivismo e pedagogia in Italia fra '800 e '900. G.D. Romagnosi-C. Cattaneo-S. Tommasi-R. Ardigo-A. Gabelli*, Catania, C. U. E. C. M., 1988.

Cambi Franco / Ulivieri Simonetta, *Storia dell'infanzia nell'Italia liberale*, Firenze, La Nuova Italia, 1988.

Cardillo Massimo, *Il duce in moviola. Politica e divismo nel cinegiornali e documentari «Luce»*, Bari, Dedalo, 1983.

Caviglia Stefano, *L'identità salvata. Gli ebrei di Roma tra fede e nazione. 1870-1938*, Bari, Laterza, 1996.

Cazzaniga Gian Mario (a cura di), *Storia d'Italia.* Annali 21, *La Massoneria*, Torino, Einaudi, 2006.

Charnitzky Jurgen, *Fascismo e scuola, La politica scolastica del regime (1922-1943)*, Firenze, La Nuova Italia, 1996 (Die Schulpolitik des faschitischen Regimes in Italien (1922-1943), Tubingen, Nax Niemeyer Verlag, 1994).

Chiosso Giorgio, *Alfabeti d'Italia. La lotta contro l'ignoranza nell'Italia unita*, Torino, Società editrice internazionale,2011.

Cives Giacomo (a cura di), *La scuola italiana dall'Unità ai nostril giorni*, Firenze, La Nuova Italia, 1990.

Colin Mariella, *I bambini di Mussolini, Letteratura, libri, letture per l'infanzia sotto il fascismo* (*Les enfants de Mussolini. Littérature, livres, lecture d'enfance et de jeunesse sons le fascisme*, Presse universitarires de Caen,2010), Brescia, La Scuola, 2012.

Collotti Enzo, *Il fascismo e gli ebrei. Le leggi razziali in Italia*, Roma-Bari, Laterza, 2005.

Colombo Paolo, *La monarchia fascista 1922-1940*, Bologna, il Mulino, 2010.

Colombo Paolo, *Il Re d'Italia, Prerogative costituzionali e potere politico della Corona (1848-1922)*, Milano, Angeli, 1999.

Conti Fulvio, *Massoneria italiana Dal Risorgimento al fascismo*, Bologna, il Mulino, 2003.

Cuaz Marco, *Alle frontiere dello Stato. La scuola elemetare in Valle d'Aosta dalla restaurazione al fascismo*, Milano, Angeli, 1988.

D'Azeglio Massimo, *I miei ricordi*, Vol.I, Firenze, Barbera, 1867.

De Felice Renzo, *Storia degli ebrei italiani sotto il fascismo*, Einaudi, Torino, 1988.

De Fort Ester, *La scuola elementare dall'Unità alla caduta del fascismo*, Bologna, il Mulino, 1996.

De Fort Ester, *Storia della scuola elementare in Italia*, vol. I. *Dall'unità all'età giolittiana*, Milano, Feltrinelli, 1979.

De Grazia Victoria, *Consenso e cultura di massa nell'Italia fascista*, Bari, Laterza, 1981.

Del Boca Angelo, *L'Africa nella conoscienza degli italiani*, Bari, Laterza, 1992.

Del Nero Vittorio, *La scuola elementare nell'Italia fascista. Dalle Circolari Ministeriali 1922-1943*, Roma,

Armando, 1983.

De Mauro Tullio, *Storia linguistica dell'Italia unita*, Roma-Bari, Laterza, 1993

De Rocco Noris, *Plagiati e contenti. Un anno di scuola con i bambini del Duce*, Milano, Mursia, 1994.

Di Luzio Adolfo Scotto, *L'appropriazione imperfetta. Editori, biblioteche e libri per ragazzi durante il fascismo*, Bologna, il Mulino, 1996.

Di Poli Redi Sante, *Scuola e sviluppo economico nell'Italia giolittiana 1900-1915*, Torino, Sintagma, 1990.

Formiggini Gina, *Stella d'Italia. Stella di David. Gli ebrei dal Risorgimento alla Resistenz*, Milano, Mursia, 1970

Galfré Monica, *Il regime degli editori. Libri, scuola e fascismo*, Bari, Laterza, 2005.

Gallina Maria Adelaide (a cura di), *Scegliere e usare il libro di testo. Riflessioni ed esperienze nella scuola dell'obbligo*, Milano, Angeli, 2009.

Gaudio Angelo, *Scuola, Chiesa e fascismo*, Brescia, La Scuola, 1995.

Genovesi Giovanni Lacaita Carlo G. (a cura di), *Istruzione popolare nell'Italia liberale. Le alternative delle correnti di opposizione*, Milano, Angeli, 1983.

Gentile Giovanni, *La riforma della scuola in Italia*, Terza edizione rivista e accresciuta a cura di Hervé A. Cavallera, Firenze, Le Lettere, 1989.

Gentile Paolo, *L'ombra del re. Vittorio Emanule II e le politiche di corte*, Comitato di Torino dell'Istituto per la storia del Risorgimento italiano, Torino, 2011.

Gentile Rino, *Giuseppe Bottai e la riforma della scuola*, Firenze, La nuova Italia, 1979.

Germinario Francesco, *Fascismo e antisemitismo. Progetto razziale e ideologia totalitaria*, Bari, Laterza, 2009.

Gibelli Antonio, *Il popolo bambino. Infanzia e nazione dalla Grande Guerra a Salò*, Torino, Einaudi, 2005.

Imbriani Angelo Michele, *Gli italiani e il Duce. Il mito e l'immagine di Mussolini negli ultimo anni del fascismo (1938-1943)*, Napoli, Liguori, 1992.

Isnenghi Mario, *Il mito della Grande Guerra*, Bologna, il Mulino, 2007.

Isnenghi Mario /Rochat, G. *La Grande Guerra 1914-1918*, Bologna, il Mulino, 2008.

Isnenghi Mario (a cura di), *I luoghi della memoria, Personaggi e date dell'Italia unita, Simboli e miti dell'Italia unita, Strutture ed eventi dell'Italia unita*, Roma-Bari, 1996-1997.

Isola Gianni, *L'immagine del suono. I primi vent'anni della radio italiana*, Firenze, Le Lettere, 1991.

Israel Giorgio, *Il fascismo e la razza. La scienza italiana e le politiche razziali del regime*, Bologna, il Mulino, 2010.

*Italia Judaica. Gli ebrei nell'Italia unita 1870-1945*. Atti del IV convegno internzionale Siena 12-16 giugno 1989, Roma, Ministero per i beni culturali e ambientali. Ufficio centrale per i beni archivistici, 1993.

Koon Tracy H., *Belive, Obey, Fight. Political Socialisation of Youth in Fascist Italy, 1922-1943*, Chapel Hill-London, University of North Carolin Press, 1985.

Lanaro Silvio, *Nazione e lavoro, saggio sulla cultura borghese in Italia 1870-1925*, Venezia, Marsilio, 1979.

Lanaro Silvio, *Retorica e politica*,Roma, Donzelli, 2011.

Lanaro Silvio, *Il Plutarco italiano : l'istruzione del ‹polpolo» dopo l'Unità*, in C.Vivanti (a cura di), *Storia d'Italia, Annali, IV. Intelletuali e potere*, Torino, Einaudi, 1981.

La Rovere L. *"Rifare gli italiani" : l'esperimento di creazione dell' "uomo nuovo fascista"*, in *Annali di storia dell'educazione e delle istituzioni scolastiche*, 2002.

Leuzzi Maria Cristina, *Alfabetizzazione nazionale e identità civile. Un piccolo popolo per una grande nazione (1880-1911)*, Roma, Anicia, 1998.

Levra Umberto, *Fare gli italiani. Memoria e celebrazione del Risorgimento*, Torino, Comitato di Torino dell'Istituto per la storia del Risorgimento italiano, 1992.

Marciano Annunziata, *Alfabeto ed educazione. I libri di testo nell'Italia post- risorgimentale*, Milano, Angeli, 2004.

Mazzonis Filippo, *La Monarchia e il Risorgimento*, Bologna, il Mulino, 2003.

Matard-Bonucci M. A., *L'Italia fascista e la persecuzione degli ebrei*, Bologna, il Mulino, 2008.

Mola Aldo Alessandro, *Storia della Massoneria italiana. Dalle origini ai nostril giorni*, Milano, 1992 (1976).

Molinari Maurizo, *Ebrei in Italia: un problema di identià (1870-1938)*, Firenze, La Giuntina, 1991.

Mondini Marco, *La politica delle armi. Il ruolo dell'esercito nell'evento del fascismo*, Bari, Laterza, 2006.

Monteleone Franco *La radio italiana nel periodo fascista : Studio e documenti 1922-1945*, Venezia, Marsilio, 1976.

Ostene M., *La scuola Italiana durante il fascismo*, trad., it. Bari, Laterza, 1981.

Passerini L., *Mussolini immaginario. Storia di un biografia 1915-1939*, Bari, Laterza, 1991.

Patriarca Silvana, *Italianità. La costruzione del carattere nazionale*, Roma-Bari, 2010 *(Italian Vices. Nation and Charactor from the Risorgimebto to the Republic, New York, Fordham University Press, 2010)*.

Pelleriti Carmela, *Le Edizioni Carabba di Lanciano. Notizie e annali 1878-1950*, Manziana, Vecchiarelli, 1997.

Pivato Stefano, *Pane e grammatica. L'istruzione elementare in Romagna alla fine dell'800*, Milano, Angelli, 1983.

Pivato Stefano, *Movimento operaio e istruzione popolare nell'Italia liberale.Discussione e ricerche*, Milano, Angeli, 1986.

Polenghi Simonetta, *"Figli della Patria". L'Educazione militare di esposti, orfani e figli di truppa tra Sette e Ottocento*, Milano, ISU, 1999.

Friz Luigi Polo, *La Massoneria italiana nel decennio post unitario*, Milano, Angeli, 1998.

Porciani Iraria, *La festa della nazione. Rappresentazione dello Stato e spazi sociali nell'Italia unita*, Bologna, il Mulino, 1997.

Prociani Iraria, *Il libro di testo come oggetto di ricrca : I manuali scolastici nell'Italia postunitaria*, in *Storia della scuola e storia d'Italia dall'Unita ad oggi*, Bari, De Donato, 1982.

Rebuffa Giorgio, *Lo Statuto albertino*, il Mulino, Bologna, 2003.

Ricuperati Giuseppe, *La scuola nell'Italia unita*, in *Storia d'Italia*, V, *I documenti*, 2, Einaudi, Torino, 1973.

Ridolfi Mauruzio / Tesoro Marina, *Monarchia e Repubblica. Istituzioni, culture e rappresentazioni politiche in Italia (1848-1948)*, Milano, Mondadori, 2011.

Ridolfi Mauruzio, *Il PSI e la nascita del partito di massa, 1892-1922*, Roma-Bari, 1992.

Ridolfi Maurizio, *Il partito educatore : aspetti della cultura politica dei repubblicani italiani tra Otto e Novecento*, in *Italia contemporanea*, giugno, 1989, n. 175.

Ridolfi Maurizio, *Il partito della repubblica. I repubblicani in Romagna e le origini del PRI nell'Italia liberale (1872-1895)*, Milano, Angeli, 1989.

Roggero Marina, *L'alfabeto conquistato. Apprendere e insegnare nell'Italia tra Sette e Ottocento*, Bologna, il Mulino, 1999.

*Roma nell'età giolittiana. L'amministrazione Nathan, Atti del Convegno di Studio (Romam 28-31 maggio 1984)*,

Roma, Edizioni dell'Ateneo, 1986.

Romanelli Raffaelle, *Il commando impossibile. Stato e società nell'Italia liberale*, Bologna, il Mulino, 1988.

Sarfatti Michele, *Mussolini contro gli ebrei. Cronaca dell'elaborazione delle leggi del 1938*, Torino, Zamoranti, 1994.

Sarfatti Michele, *Gli ebrei nell'Italia fascista. Vicende, identità, persecuzione*, Torino, Einaudi, 2000.

Scuola elementare statale "Lorenzio il Magnifico", Circolo didattico di Campi Bisenzio-Classe 5 C, *Il vecchio libro. La scuola del ventennio fascista : balilla e piccole italiane, soldati e massaie*, Firenze, Edizioni Polistampa, 2002.

Sica M., *Storia dello scautismo in Italia*, Firenze, La Nuova Italia, 1973.

Simonini Augusto, *Il linguaggio di Mussolini.* Introduzione di Omao Calabrese, Milano, Bompiani, 2004.

Soldani Simonetta/ Turi Gabriele (a cura di), *Fare gli italiani. Scuola e cultura nell'Italia contemporanea*, I (La nascita dello Stato nazionale), II(una società di massa), Bologna, il Mulino, 1993.

Tagliacozzo Franca/ Migliau Bice, *Gli ebrei nella storia e nella società contemporanea*, Firenze, La Nuova Italia, 1993.

Talamo Giuseppe, *Istruzione obbligatoria ed estensione del suffragio*, in *Stato e società dal 1876 al 1882. Atti del XLIX Congresso di Storia del Risorgimento Italiano*, Roma, Istituto per la Storia del Risorgimento Italiano, 1980.

Tannenbaum E. R., *L'Esperienza fascista. Cultura e società in Italia dal 1922 al 1945* [*The Fascist Experience. Italian Society and Culture* (*1922-1945*)], Milano, Mursia, 1974.

Tarozzi Fiorenza / Vecchio Giorgio (a cura di), *Gli italiani e il Tricolore. Patriotismo, identità nazionale e fratture sociali lungo due secoli di storia*, Bologna il Mulino, 1999.

Terhoeven Petra, *Oro alla patria. Donne,guerra e propaganda nella giornata della Fede fascista*, Bologna, il Mulino, 2003.

Tobia Bruno, *Una cultura per la nuova Italia*, in Sabbatucci G., / Vidotto V. (a cura di), *Storia d'Italia. Il nuovo Stato e la società civile (1861-1887)*, Roma-Bari, Laterza, 1995.

Vergani Viscardo / Letizia Meacci Maria, *1800-1945. Rilettura storica dei libri di testo della scuola elementare*, Pisa, Pacini Editore, 1984.

Vivanti Corrado (a cura di), *Storia d'Italia*, Annali *II Gli ebrei in Italia*, II. *Dall'emnancipazione a oggi*, Torino, Einaudi, 1997.

Verucci Guido, *L'italia laica prima e dopo l'Unità 1848-1876*, Bari, Laterza, 1996 (1981).

Wanrooij Bruno, *Mobilitazione, modernizzazone, tradizione*, in *Storia d'Italia, 4. Guerre e fascismo* (a cura di G. Sabbatucci e V. Vidotto, Roma-Bari, Laterza, 1997.

Zunino Pier Giorgio, *L'ideologia del fascismo. Miti, credenze e valori nella stabilizzazione del regime*, Bologna, il Mulino, 2013 (1985).

## あとがき

文を書き、それを出版することを、漢語では「問世」と言うそうである。それは自分の考えを「世に問う」という意味であるが、本書はそのような大それたものではない。近現代イタリアの少国民形成というテーマで史料を収集し、そのなかに、時に「おもしろい、いいぞ、これは使える」と自然に声が出る本、文章を見出した時、ささやかな喜びを感じる。それが積み重なり、一冊にまとまったのが本書である。

教科書の運命は決して幸せなものではない。使い終わると、本棚に並べられることもなく、押入れの奥に詰めこまれるか、捨てられる運命にある。しかし、本書の執筆は楽しいものであった。一〇〇年前、七〇年前の教科書のなかに、通学途中に子どもが摘んで教科書に挟んだ押し花や、勉強にあきた少年が描いた先生と思われる肖像画があった。労働者の識字教育用の本には、トリーノの電車の切符の半切れがはさまれていた。これらは想像力をかき立て、花を摘む少女、悪戯描きをする男の子、振動する電車のうす暗い明かりで熱心に勉強する労働者の姿がまざまざと目に浮かんだ。

イタリアの国家に対する帰属意識、ナショナル・アイデンティティは決して強いものではない。そのことは統一一五〇周年にあたる二〇一一年にも議論となった。しかし、国家に対する帰属意識は強くないとしても、ファシズムを負の遺産とする歴史認識を踏まえて、自ら共和制を選択したイタリア国民の民主主義に対する意識は強いものである。それは、教科書に対する政治の介入を絶対に認めない、子どもの多様な個性を自由に育むという教育理念にも見ることができる。

それこそ、共和国を選択したイタリア国民が戦後に開始した、新しい国民形成の重要な要素である。国家とそれを構成する国民の歴史的評価は、国家に対する帰属意識の強弱ではなく、負の歴史を謙虚に認め、その反省をもとに掲げられた国家の普遍的な理念、その実践のなかに見なければならない。

日本の国民国家論に詳しい牧原憲夫さんには貴重なコメントを頂いた。若く有能なファシズム期の研究者である山手昌樹さんには、一次史料をいとも簡単にコンピューターで探し出し、ファシズムに関連する書籍を貸して頂いたばかりでなく、数多くのコメントを頂いた。今回も、私の自慢の姪、藤澤祥子さんが原稿を徹底的に点検してくれた。この三人の方に深くお礼を申し上げる。

二〇一五年二月一六日　　八王子にて

藤澤房俊

## ま　行



## や　行



## ら　行

## た　行



## な　行



## は　行

## は　行



## ま　行



## ら　行

# 事項索引

## あ　行



## か　行

## さ　行

## さ　行



## た　行



## な　行

# 人名索引

## あ 行



## か 行

《著者紹介》

藤澤房俊（ふじさわ・ふさとし）

1943年　東京に生まれる。

1976年　早稲田大学大学院博士課程修了。文学博士。

現　在　東京経済大学名誉教授。

主　著　『赤シャツの英雄ガリバルディ――伝説から神話への変容』洋泉社，1987年。

『シチリア・マフィアの世界』中公新書，1988年，講談社学術文庫，2009年。

『匪族の反乱』太陽出版，1992年。

『「クオーレ」の時代――近代イタリアの国家と子供』筑摩書房，1993年，ちくま学芸文庫，1998年。

『大理石の祖国――近代イタリアの「記憶の場」』筑摩書房，1997年。

『第三のローマ――イタリア統一からファシズムまで』新書館，2001年。

『ピノッキオとは誰でしょうか』太陽出版，2003年。

『マッツィーニの思想と行動』太陽出版，2011年。

『「イタリア」誕生の物語』講談社選書メチエ，2012年，など。

MINERVA 歴史・文化ライブラリー㉘
ムッソリーニの子どもたち
――近現代イタリアの少国民形成――

2016年1月15日　初版第1刷発行　〈検印省略〉

定価はカバーに
表示しています

著　者　藤　澤　房　俊
発行者　杉　田　啓　三
印刷者　坂　本　喜　杏

発行所　株式会社　ミネルヴァ書房
607-8494　京都市山科区日ノ岡堤谷町1
電話代表　(075)581-5191
振替口座　01020-0-8076


冨山房インターナショナル・新生製本

ISBN 978-4-623-07519-5
Printed in Japan